여행학교
로드스꼴라 이야기

여행학교 로드스꼴라 이야기

초판 1쇄 펴냄 2017년 2월 27일
2쇄 펴냄 2019년 5월 25일

지은이 김현아
펴낸이 고영은 박미숙

펴낸곳 뜨인돌출판(주) | 출판등록 1994.10.11.(제406-251002011000185호)
주소 경기도 파주시 회동길 337-9
홈페이지 www.ddstone.com | 블로그 blog.naver.com/ddstone1994
페이스북 www.facebook.com/ddstone1994
대표전화 02-337-5252 | 팩스 031-947-5868

ISBN 978-89-5807-629-2 03370

이 도서의 국립중앙도서관 출판예정도서목록(CIP)은 서지정보유통지원시스템 홈페이지(http://seoji.nl.go.kr)와 국가자료종합목록시스템(http://www.nl.go.kr/kolisnet)에서 이용하실 수 있습니다. (CIP제어번호 : CIP2017004237)

여행학교

로드스꼴라 이야기

|김현아 쓰고 엮음|

뜨인돌

책을 내며

이 책은

여행학교 로드스꼴라가

지난 8년

길 위에서 배우고 놀고 연대한 이야기를 엮은 것입니다.

청소년 교육여행

의 현장에서

두루 활용되고

요긴하게 쓰이는

공공재가 되기를 바라는 마음으로

길 위의 이야기가

또 다른 길을 만나

더욱 확장되고 풍요로워지기를 바라는 마음으로

고군분투의 시간들을

펼쳐 보입니다.

4.16

그날 이후

모든 여행길에

배 한 척을 끌고 다녔습니다.

산길이든

들길이든

하늘길이든

바닷길이든

앞으로도, 그렇겠지요

우리 가슴의 별이 되어

세상의 모오든 길에

동행하겠지요

세월호의 친구들.

차례

제1부 길머리 과정

제2부 길가온 과정

| 2장 | 동시대와 만나다(길가온 2과정)

제3부 길너머 과정

A VERY
STEAKHOUSE
WELL DONE
Calle Tarija 243 B
Tel. 591-2-2310750
.uñaimugre.
11

| 프롤로그 하나 |

;

여행학교 이전

1.

20여 년간 나는, 여행자였다.

2.

여행에서 내가 만났던 건 인류가 쌓아 온 시간이었다. 사바나의 숲에서 평원으로 걸어 나와 두 발로 섰던 한 종(種)이 생존을 걸고 벌인 치열한 고군분투, 집요하고도 섬세했던.

불을 발견하고 야생의 이종(異種)을 길들이고 쌀과 옥수수 밀 따위를 제철에 수확하기까지 수만 년에 걸친 도전과 시행착오, 갈구, 야망. 그것들이 만들어 낸 노래와 춤, 그림, 허공을 흐르는 전설. 별의 이동을 읽어 생의 지도를 만들어 내고 도저한 강의 흐름을 바꾸고 때로 바람마저 지배하려 했던 한 종의 환호 탄식 울음이 켜켜이 밴 만리의 장성과 공중의 정원과 물레, 갑골의 문자, 저 간곡한 종소리. 끝내 이해되지 않는 것들,

복종하지 않는 것들, 길들여지지 않는 것들에 대한 맹렬한 분노와 경외가 만들어 낸 카니발, 마쯔리, 축제. 그리고

봉분,

쓸쓸하지만 그윽한, 여전히 에로틱한.

그 길에서 불현듯 만난다. 내 안의 인류, 빙글빙글 나선형의 춤을 추며 내 안을 떠도는 그 수억의 사람, 그 수억의 사랑.

3.

흑인들은 아름다웠다. 그들의 땅에서. 반짝이는 까만 피부와 길고 마른 몸의 소녀들, 위엄과 기품이 배어나는 남자 노인들, 끊임없는 수다와 웃음으로 생을 윤나게 하던 중년의 여자들. 아프리카에서 만난 흑인들은 할리우드 영화에 나오는 흑인들과는 달랐다. 듣기만 해도 가슴이 두근거리는 북소리, 개성과 품위를 지닌 야생의 동물들, 흐드득 피어나는 붉은 꽃까지, 왜 인류의 시원이 아프리카였는지 어렴풋이 고개가 끄덕여졌다. 잔혹한 침탈과 편견과 고난 속에서도 그들은 여전히 춤추고 노래하고 서로를 돌보며 '아프리카적'인 삶을 살고 있었다. 메콩델타의 사람들이 메콩델타적인 삶을 살듯, 사하라의 사람들이 사하라적인 삶을 살듯.

인간 삶의 양식은 기후와 고도와 토양과 강수량에 기대어 결정되는 듯했지만 그 결정의 고갱이는 아름다움을 향해 있었다. 4천 미터 알티플라노 지역의 안띠꾸초도 맛있었지만 프로방스 지역의 사또브리앙도 진진했다. 티베트의 버터차도 영국의 홍차도 오솔오솔 몸이 떨려 올 때 그만이었다. 혀에 감기는 와인도 좋았지만 짜르르한 보드카도 좋았다. 그 땅의 모든 것들은 그러할 만한 이유가 있었다. 사람의 몸조차. 검은 것이 아

름답다는 말이 은유나 상징이 아니라 실제로 아름답다는 것을 여행을 하며 비로소 알게 되었고, 티베트 캄보디아 라오스 중국 일본 한국의 부처님이 모두 그대로 부처님임에 옴마니밧메훔 합장하게 되었다. 나마스테, 인샬라, 아멘, 그 지극한 간구, 하나이면서 삼라만상인, 삼라만상이면서 하나인.

4.

리마의 야외 레스토랑, 주문한 음식이 차려지고 막 포크를 드는데 한 아이가 울타리 너머 말간 눈으로 날 바라본다. 에쿠야, 이러지도 저러지도 못하고 있는데 웨이터가 아이를 내쫓는다. 고급 레스토랑의 요리가 모래알을 씹는 듯하다. 원 달러 원 달러, 대여섯 살이나 되었을까, 조악한 기념품을 내밀며 옷자락을 잡다 눈이 마주치면 말갛게 웃는다. 앙코르와트, 오래된 사원에 조각된 무희의 얼굴 위로 아이의 얼굴이 겹쳐진다. 델리의 길거리, 한 여자가 바닥에 앉아 갓난아이에게 젖을 먹이며 위태롭게 손을 내민다. 탱고의 선율이 흐르는 라보까, 형형색색 눈부신 여행지의 한가운데, 몸의 절반을 거꾸로 접어 아이가 쓰레기통을 뒤진다.

세상의 모든 여행지에서 나는 세상의 가장 가난한 사람들과 마주쳤다. 가난의 구조는 단순하지 않았다. 제국주의, 독재, 민족, 성, 종교 따위가 중층적으로 꼬여 있었고 시장과 권력, 자본의 전지구화와 이주, 정의와 부정의, 성장과 분배, 조세와 복지, 자선과 지원 따위가 때론 촘촘히 때론 엉성하게 얽혀 있었다. 머루 같은 눈동자의 아이가 그 줄의 끄트머리에 매달려 나에게 손을 내밀었다. 모터사이클 다이어리, 청춘의 한 시절을 남미 대륙을 떠돈 후 체 게바라는 생의 방향을 결정했다던가.

5.

전봉준, 김개남, 손화중, 최경선… 동학 이야기에는 남자들만 등장한다. 박물관의 스토리에도 말목장터에 걸려 있는 그림에도 사발통문 작성지의 기념 조각에도 죄다 남자들뿐이다. 사사천물물천(事事天物物天), 세상의 모오든 것들이 하늘이라는 동학의 정신을 헤아려 볼 때 그 시절 동학교도들 중에는 여자들도 있을 법한데 어찌 이토록 완벽하게 여자들은 보이지 않는 걸까.

물론 어떨 땐 삼천 명의 여자들이 떼 지어 등장하기도 한다. 부여 낙화암, 벼랑에서 뛰어내렸는데도 눈알이 빠지거나 목이 꺾여 피투성이가 되지 않고 하늘하늘 꽃잎처럼 떨어져 내렸다는 삼천궁녀. 그녀들은 최고 권력자의 눈을 멀게 한 탕녀들이지만 동시에 국가의 멸망 앞에서 몸을 던진 성처녀이기도 하다. 매혹과 공포를 동시에 야기하는 이율배반적인 그녀들은 그러나 이름이 없다. 여자들의 이름을 부르는 건 때로 어려운 일이다. 계백의 부인만 하더라도 이름이 없어 천삼백 년이 넘는 세월 동안 그저 '계백의 부인'이라고만 불린다.

당신은 검을 빼어 드시는군요
목이 떨어진 뒤 얼마까지 서로를 바라볼 수 있는 걸까요
아니면 눈이 금방 흐려질까요?
여보 아이들의 눈을 가려 주세요
아니면 제 치마끈을 드릴 테니
그것으로 목을 얽으시면 어떻겠어요?
칼날에 동강 나는 것은 너무 무서워요

(중략)

패장의 가솔은 노예가 된다지만
노비로라도 살아가다 보면
자식, 자식, 그 자식의 자식 때라도
다시 사람답게 살 수 있지 않을까요?

(중략)

잘려나간 제 목에 붙은 눈이
잘려나간 아이들의 목에 붙은 눈과
마주쳐요 아이들의 눈은 휘둥그래졌어요
믿어지지 않…아…

– 양애경 「계백의 아내」 중

자연스럽고 익숙한 것들을 의심하는 눈,을 뜰 때 그녀들, 비로소, 돌아본다.

6.

베트남전 당시 한국군에 의한 민간인 학살 지역 답사를 하면서 나는 정말 많은 사람들을 만났다. 부드러운 살 속에 당시의 파편이 아직도 박혀 있는 런 아저씨, 시체 더미 사이에서 홀로 아이를 낳은 릉 티 퍼이, 생후 3개월 만에 빛을 잃었지만 3개월의 기억으로 환하게 웃을 줄 아는 도안 응히, 턱과 혀가 날아가 버린 응웬 티 니…….

이들은 모두 학살의 현장에서 살아남은 사람들이었다. 비탄과 슬픔의 벼랑, 도망갈 수도 외면할 수도 없는 삶의 막다른 자리에서 가슴마다 봉분을 만들고, 해마다 돋아나는 무덤 위의 푸른 잔디를 보며 견뎌 온 세월의 이야기를 들을 때면, 소리 없이 한 점 꽃잎이 지고, 투두둑 때 없이 소나기가 내리기도 했다. 땅끝 만리까지 엎드려 울던 사무치는 밤들, 온몸의 피가 다 마르던 절통한 사연들을 그들은 30년 만에 처음 만나는 한국인인 우리에게 털어놓았다. 세월이 가면 잊히는 것은 따로 있었다. 별빛이 아름다울수록, 고구마가 달수록, 우물의 물이 맑고 찰수록 더욱 사무치는 기억이라는 것이 세상에는 있었다.

아우슈비츠, 오키나와, 난징, 팔레스타인, 르완다, 보스니아, 아프가니스탄, 제주, 광주, 광화문…….

7.

너는 네가 낳은 아기를 밟아 죽이려 했다고 한다. 사람들은 네가 아기를 낳은 후 식욕부진으로 잘 먹지 못했고 심리적인 불안정에 시달렸다고 했다. 네가 살던 곳보다 천 배나 좁은 곳에 갇혀 밤낮으로 관람객들에게 시달린 스트레스가 아니겠냐며 너의 이상행동을 추측했지만 나는 네가 의도적으로 아기를 죽이려 했다고 믿는다. 차고 딱딱한 시멘트 바닥, 쇼를 위한 잔인하고도 혹독한 훈련, 사리분별 없는 구경꾼들, 평생 포로의 삶을 사느니 차라리 생을 시작하지 않는 것이 좋겠다고 너는 판단했을 것이다. 이 삶을 반복시키지 않기 위해 몇 차례나 짝짓기를 거부했지만 새끼가 필요했던 인간들은 강제 교접을 행했다. 팔랑이는 귀, 길게 뻗은 코, 무엇보다 초롱한 눈. 아마 너는 마음이 급했을 것이다. 몇 번만 더 젖을 물리면 어쩌면 수치와 모욕으로 가득한 생으로 아기를 내몰지도 모른다고, 지속되어선 안 되는 삶이란 게 있다고, 심장이 밖으로 나올 듯 쿵쾅거렸지만 너는 눈 질끈 감고 아기의 숨통을 눌렀을 것이다.

호모사피엔스와 코끼리는 거의 동시에 출현했다. 그러나 한 종은 걷잡을 수 없이 팽창했고 또 한 종은 멸종의 위기에 빠져 있다. 어떤 한 종이 사라진다는 것은 단순히 한 종의 사라짐만을 의미하는 것은 아니다. 거미줄처럼 복잡하고 섬세한 종들의 이해관계에 따라 또 다른 종의 멸종을 초래하게 된다.

마사이마라, 넓고 넓고 넓은 대평원, 코끼리 가족이 유유자적 생을 즐기고 있다. 뿌우뿌우 소리를 지르는 아기 코끼리, 커다란 귀를 위엄 있게 흔드는 엄마 코끼리, 시크한 표정의 이모 코끼리. 오래 그들이 이 별에 함께 살았으면 좋겠다.

동물원에 갈 것인가 말 것인가, 돌고래 쇼를 볼 것인가 말 것인가. 코끼리를 탈 것인가 말 것인가, 고릴라 투어를 할 것인가 말 것인가…….

8.

샤워는 꿀맛이다. 하루 종일 걷느라 흠뻑 땀을 흘린 데다 밤이면 금방 떨어지는 고산의 기온 탓에 몸은 으슬으슬, 그럴 때 따뜻한 물 샤워는 하루의 피로를 말끔히 씻어 주는 행복한 마무리 일정. 안나푸르나의 등성이에 늠름하게 서 있던 나무 세 그루가 내 샤워를 위해 베어지는 것만 모른다면 산을 오르는 내내 포기하고 싶지 않은 일과다.

히말라야 주요 등산로의 숙소에서는 따뜻한 샤워를 요구하는 여행자들 때문에 나무를 때서 물을 데워야 한다. 지역 주민들은 자신들이 사용해야 할 땔감마저 여행자들을 위해서 쓴다. 나무는 점점 고갈된다. 고갈되는 것은 나무뿐만이 아니다. 인도 고아의 한 5성급 호텔이 소비하는 물은 지역의 다섯 개 마을에서 소비하는 양과 맞먹고 그 호텔에서 묵는 투숙객들은 지역 주민들보다 28배나 많은 전기를 소비한다. 18홀의 골프 코스가 하루에 소모하는 물의 양은 약 2백만 리터로 말레이시아 농부 100명이 쓰는 물과 맞먹는다. 다국적기업들은 맹그로브 숲을 밀어 버리고 주민들이 생활을 위해 사용하던 강의 물줄기를 끌어다 수영장을 만들어 산호섬을 '꿈의 리조트'로 만든다. 리조트에서 흘러나온 폐수나 온수는 바다 생태계를 교란시켜 물고기들을 떠나게 만들고 주민들은 호텔의 비정규직 일꾼이 되어 불안한 하루하루를 살아간다. 가이드북에 나오지 않는, 여행 그 로망의 이면.

9.

언어를 넘어서는 것들이 있다.

세렝게티

이과수

빅토리아폭포

티베트

안데스

언어가 도달하지 못하는 곳, 언어가 통제할 수 없는 곳, 언어가 상상할 수 없는 곳,

그곳에서 물은 물이 아니고 풀은 풀이 아니며, 야크는 그 이름이 야크일 뿐 야크가 아니고 나는 그 이름이 나일 뿐 내가 아니다. 오소소 전율이 휩쓸고 간 몸 위로 뜨거운 눈물이 넘친다. 감았던 눈을 뜨면 우주의 마음이 펼치는 눈부신 환幻, 찰나이면서 팔십육억 사천만 년인 이 순간, 오오, 일렁이는 빛의 꽃으로 피어나는 거기 당신 내 사랑.

스스로 여행지를 선택하고 어떻게 여행할 것인가에 대해 고민하고 구체적인 일정을 짜고 경비를 마련하려는 노력을 할 때 여행자는 비로소 길 위의 저 수많은 이야기와 마주칠 수 있다. 무엇을 먹고, 어디서 자며, 걸어야 할지 차를 타야 할지, 선택과 결정을 반복하며 일상을 낯설게 볼 때, 의식주를 스스로 챙기며 생의 주체가 될 때, 위기와 갈등의 순간을 창의적으로 극복해 갈 때, 몇 푼의 동전으로 최고의 순간을 만들어 낼 때 여행자는 독립적이고 자유로운 영혼이 된다. 다행인지 불행인지 여행에는 정답이 없다. 그 비정형적이고 자율적이고 이질적이며 다양할 수밖에 없는 경험은 때로 불안을, 상처를, 고독을, 하여 마침내 생의 목표를 던져줄 것이니 흔들리고 휘청거려도 좋다. 저 나무, 저 안개, 저 노인, 생을 다한 것들, 일렁이는 빛의 파도 비로소 스승이 될 것이니 길 위에서 그대 마음껏 나부끼길. 저 창공의 깃발처럼.

| 프롤로그 둘 |

;

새로운 길을 떠나다

대안학교 교사, 여행사 직원, 대학원생, 잡지사 기자 등 다양한 전력을 가진 사람들이 하자센터 306호로 모였다. 이들을 잇는 공통점은 여행이 개인의 삶과 사회의 변화에 기여할 수 있다는 믿음이었다. 열띤 토론과 서로간의 배움과 격려를 거쳐 마침내 MAP이 만들어졌다. Make Amazing Planet! '세상을 변화시키는 여행자들'이라는 슬로건을 내걸고 사회적기업 MAP의 문을 열었다.

우리는 여행사업과 교육사업, 두 가지 일을 동시에 진행하기로 했다. 일과 배움, 노동과 학습이 한 공간에서 동시에 이루어졌으면 하는 바람에서였다. 청소년들은 어른들의 일터를 기웃거리며 일과 노동과 직업에 대한 어깨너머 경험을 하고, 어른들은 아이들의 성장을 지켜보는 즐거움과 그 과정에 개입하는 책임감을 가져 보자는 게 우리의 의도였다.

여행사업부는 공정여행을 바탕으로 하는 여행 상품을 만들기 시작했고 교육사업부는 여행학교 준비에 착수했다. 아직 이름이 정해지지 않은 '길 위의 학교'에 대한 본격적인 논의가 시작되었다.

각자의 경험과 기억을 통해 우리는 여행이 인류가 쌓아 온 지혜를 배우고 다양한 문화와 접속할 수 있는 훌륭한 학습의 장이 되리라는 것을 의심하지 않았다. 여행을 통해 세상에 귀를 여는 법을 배우고, 삶을 다르게 사는 법을 발견하고, 누구와 연대하며 세상을 살아가야 할지를 조금쯤 알게 되었을 때 생을 살아갈 배포가 생겼다는 이야기에 모두 동의하며, 청소년들 역시 길 위에서 자신의 삶과 마주할 수 있지 않을까 헤아려 보았다. 무엇보다 모래바람 이는 사막에, 황막한 고원에, 지평선도 보이지 않는 아득한 대평원에 우리의 학생들을 세워 놓고 싶었다. 가르치지 않아도 저절로 깨우칠 것이기에, 생은 만끽하는 것임을.

풀리지 않는 문제가 있다면, 해결해야 하는 과제가 있다면, 함께 만들어야 할 미래가 있다면 -부모와의 갈등, 또래 집단과의 관계, 미래에 대한 불안, 차별, 불평등, 전쟁, 난민, 핵 따위- 그곳에 교실을 열자! 책상과 칠판과 교무실이 있는 학교가 아니라 토론과 스승, 현지인들과의 만

남을 통한 소통이 있는 시간과 공간이 학교가 된다면 그곳이 치열한 배움의 현장일 것이다. '다른' 사람들 속으로 관계를 확장해 가는 법을 배울 수 있도록, 다문화를 수용하는 감수성이 계발되도록, 주변 환경을 스스로 개선할 줄 아는 사람으로 성장할 수 있도록, 우정과 연대의 여행 지도를 만드는 것이 교사가 할 일이라는 데 우리는 흔쾌히 합의했다. 오래된 미래의 길, 다양성이 공존하는 조화로운 세상으로 가는 지도를 만드는 일이 여행학교 교사의 주요 업무가 될 것이었다.

스토리텔러, 스스로를 살리고 가족을 살리고 이웃을 살리는

여행을 하는 동안 우리는 새로운 풍경, 낯선 사람들, 익숙하지 않은 음식들을 만나게 되고 어쩌면 이 땅에서는 자라지 않는 나무들, 볼 수 없었던 새들, 전설 속에서나 있을 법한 기이한 동물들을 만나게 되기도 한다. 그들은 모두 오래된 이야기를 품고 있다. 인류의 다양한 삶의 방식, 인간이 생겨나기 이전부터 있었던 종의 역사, 사막과 바다를 가로지르고 상상과 현실을 넘나드는 이야기……. 눈 설지만 매혹적인 이야기를 만나는 일이 여행이기에 여행자는 스토리텔러가 될 수밖에 없다.

마르코폴로도 박지원도 한비야도 그 의도야 무엇이었든 이곳의 이야기를 저곳으로, 저곳의 이야기를 이곳으로 전하는 역할을 했다. 『동방견문록』은 서양 세계에 파장을 일으키며 동방 열풍을 불러일으켰고 『열하일기』는 '산천, 성곽, 배와 수레, 벽돌, 언어, 의복제도' 등으로부터 '장복이의 귀밑 사마귀' '여인네들의 몸치장' '장사치들이나 낙척한 선비들의 깊은 속내' '1시간에 70리를 달리는 말의 행렬' 등에 이르기까지 낯선 열하로 우리를 안내한다.

현지인들에게도 여행자는 새로운 이야기를 전하는 사람이다. 여행자의 옷과 카메라, 노트북, 가방 따위는 물론 낯선 냄새와 기운은 그 땅에 살고 있는 사람들에겐 또 하나의 새로운 세계다. 나는 네팔을 여행하지만 네팔 사람들은 나를 통해 한국이라는 나라를 여행하는 셈이다. 한 사람이 여행을 떠난다는 건 그가 품은 세계를 또 다른 곳으로 이동시키는 것이라 할 수 있기에 여행자의 몸은 상호의 교감이 발생하는 장소다.

우리는 여행학교의 학생들이 저곳의 이야기를 이곳으로, 이곳의 이야기를 저곳으로 전하는 스토리텔러가 되기를 희망했다. 경계와 경계에 송송 구멍을 만들고 살짝 틈을 벌려, 스스로를 살리고 가족을 살리고 이웃을 살리는 이야기를 여기에서 저기로 저기에서 여기로 흐르고 번지고 옮아가게 할 때 여행자의 몸은 나비이고 새이고 바람이고 향기이리라. 말랑말랑하고 유연하고 중심과 뿌리의 경계 없는 몸과 마음을 가졌을 때에야 비로소 가능한 일이다.

무엇을 배우고 익혀야 견고한 것들을 흔들고 넘나들고 촉촉하게 만드는 존재가 될 수 있을까.

무엇을 가르치고 배울 것인가

배움은 특별한 장소에서 특별한 텍스트를 통해 이루어지는 것이 아니다. 생에는 몇 갈래의 길이 있는지, 저 길의 모퉁이를 돌면 무엇이 나올지, 마음 속 켜켜이 쌓여 있는 불안의 핵은 무엇인지 의심이 있는 곳에서 배움은 시작되고, 내 앞에 이미 고귀한 분투로 우주의 율동을 헤아린 이 있었으니 그가 나의 스승이다. 살아가는 매 순간을 자신들의 공부가 이루어지는 현장으로 만들었던 이들을 찾아 널리 배우고, 따져 물으며, 곰곰이 생각하고, 환히 분변하여, 독실히 행하는 사람이 되기를! 학교를 준비하며 우리가 품었던 염원이다.

여행을 중심으로 수행하는 프로젝트들은 개인과 사회를 이해하는 과정이 되고, 다양한 네트워크 속에서 진행되는 문화작업은 어떤 일을 하고 살지를 가늠해 보는 밑바탕이 될 수 있도록 구체적인 그림을 그려 나갔다. 학교에서 배운 것을 바탕으로 여행기획자는 물론 문화기획자, 지역전문가, 작가, 영화감독, 교사 혹은 자신에게 알맞은 창업 등 다양한 분야에서 자신에게 적절한 직업을 찾고 생활을 영위할 수 있다면 더없이 좋은 일이리라 즐거운 상상을 해 보며.

매 학기 한 번의 여행을 교육과정의 중추로 삼고 외국어 및 다양한 예술 장르를 결합하는 동안 전체 판이 만들어졌다.

1. 외국어

여행자는 다른 곳에 가서 이야기를 듣고 나누고 전달하는 사람이다. 다른 언어권의 사람과 자유롭게 이야기할 수 있는 외국어 배우기는 여행학교 학생들의 필수 과정이다. 영어를 기본으로 하되 여행지에 따라 그 나라의 언어를 배운다.

2. 글쓰기와 글 읽기

여행길에서 만난 수많은 이야기를 통합하고 해석하고 표현하는 글쓰기는 스토리텔러의 가장 기본적인 토대다. 인터뷰, 생애사, 에세이, 자기평가서 등 다양한 장르의 글쓰기를 통해 '하고 싶은 이야기'와 '해야 하는 이야기'를 자유롭게 넘나들며 표현하는 훈련을 한다.

3. 또 하나의 문화적 언어

악기, 춤, 노래, 사진, 영상 등 다양한 장르를 실험하고 모색하는 과정을 통해 언어 이외에 또 하나의 자기표현 방식을 개발한다. 또 하나의 문화적 언어는 다른 문화권의 사람과 교류하고 소통하고 공감하는 귀한 통로이며, 저곳의 이야기를 이곳으로 이곳의 이야기를 저곳으로 전하는 데도 훌륭한 매개체가 된다.

4. 네트워커 훈련

여행자는 지역을 종횡으로 가로지르며 네트워킹할 수 있는 능력을 갖추어야 한다. 그러기 위해선 자신이 여행하는 지역의 문화와 사람에 대해 깊이 공부하고 넓게 사귀어야 한다. 누구와 함께, 혹은 연대하며 살아갈지에 대한 중추를 마련하는 일이기도 하다.

5. 길 위의 인문학

윤리와 도덕의 시초, 사적 소유의 역사, 계급의 발생과 인류의 혁명사, 관혼상제 인간의 통과의례, 시공간의 기원……. 인간을 이해하고 세상을 읽어 낼 수 있다면 의연하고 담대하게, 그윽하고 평온하게 생을 마주할 수 있으리라.

스승은 가르침으로 배우고 제자는 배움으로써 진보하는 공부의 정원에서 우리가 길어 올리고 싶은 삶의 지혜들이었다.

1. 여행 지도 만들기

여행을 준비하는 데서부터 여행은 시작된다. 여행하고자 하는 지역에 대한 문화, 역사, 지리학 공부를 하며 입체적이고 다층적으로 시공간을 이해한다. 여행지와 관련한 문학 작품들과 인문서, 영상물, 다른 이들의 이야기를 꼼꼼히 찾아보고 강의를 들으며 우리만의 여행 지도를 만든다.

2. 여행 프로젝트

마을 잔치, 인터뷰, 농사일, 마을 지도 만들기 등 다양한 것들을 현장에서 공부하고 작업한다. 접속에서 일어나는 갈등과 충돌, 이해와 우정, 환대와 어울림 속에서 변화하는 나와 우리를 들여다본다. 공정하게, 젠더감수성으로, 평화의 시선으로, 환경을 생각하며, 따로 또 같이, 우리는 제대로 여행하고 있는가 질문하며.

3. 여행 이후의 작업

여행이 끝나는 곳에서 다시 공부는 시작된다. 여행 중의 경험들이 DNA에 아로새겨져 있는 기억과 만나 새로운 이야기를 만들어 내는 이 과정은 집중과 몰두가 가장 필요한 시간이다. 고치고 다듬고 수정하고 다시 고치고 다듬고 수정하는 작업을 반복하며 작품이 만들어지는 동안, 완성을 향해 가는 몸의 기억 또한 함께 빚어질 것이다. 경험이 서사가 되어 마침내 공감과 공명을 만들어 내기까지 조금은 혹독한 성실과 끈기로 버텨 내는 과정이다.

우리는 이것을 3년에 걸쳐 진행하고 각 과정들을 길머리 과정(1학기), 길가온 과정(2,3,4학기), 길너머 과정(5, 6학기)이라 부르기로 했다.

로드스꼴라의 사람들

드디어 학교의 이름이 정해졌다. 로드스꼴라! '길'이라는 영어 Road와 '학교'라는 뜻을 가진 라틴어 Schola를 합쳐 만든 말로, 길 위에서 배우고 놀고 연대하고자 하는 마음을 담은 여행학교의 이름이다. 교사는 '길별', 학생은 '떠별'로 부르기로 했다. 길별이란 북극성, 북두칠성 따위처럼 어두운 밤에 방향을 알려 주는 별 혹은 나아갈 방향을 밝혀 주며 길잡이의 역할을 하는 대상을 비유적으로 이르는 길잡이별을 줄여서 부르는 말이다. 이제 막 길을 떠나는 떠별, 이쁘고 설레는 그들의 길잡이별이 되고자 하는 바람에서 나온 말이다. 학부모들은 '모별'이라 부르기로 했다.

여행길에서 길별과 떠별은 때로는 가르치고 배우는 사람으로, 때로는 공동의 프로젝트를 함께 수행하는 공동 작업자로, 때로는 기쁨과 슬픔을 나누는 동지로 만날 것이다.

내가 부르게 될 이름들

로드스꼴라는 16~22세 사이의 청소년들에게 문을 열어 놓기로 했다. 열여섯 살이라면 자기 앞가림을 충분히 할 수 있고 여행학교에 대한 이해를 하고 스스로 의사 결정을 할 수 있는 나이라는 게 중론이었고, 스물두 살까지 범위를 넓힌 건 막연히 대학에 갔다가 회의가 생긴 친구들이 다시 한 번 진로와 관련하여 다른 선택을 할 수 있는 기회를 여행학교에서 찾을 수 있으면 좋겠다는 의견을 반영해서다. 다양한 연령대가 서로 의지하고 도우며 생의 길동무가 된다면 무엇보다 소중한 학교의 존재 이유가 될 것이었다.

별칭을 부르기로 한 것은 나이 차가 나는 동기생들이 서로를 존중하고 기존의 관계를 성찰해 볼 수 있는 계기가 되었으면 하는 바람에서였다. '언니' '오빠' 라고 부르거나 불리는 순간 지금껏 한국 사회를 살아오며 부여된 역할의 함정에 빠질 수도 있지 않을까 우려했던 것이다. '언니'라고 불리는 순간 배려와 양보의 미덕을 가져야 하고 '오빠'라고 불리는 순간 용기와 의젓함을 갖춰야 하는 부담으로부터 벗어날 수 있도록, '언니' '오빠'라고 부르는 사람들 역시 자신도 모르는 사이에 책임 회피나 응석이라는 허방다리에 빠지지 않도록, 서로의 경험치는 정중히 받아들이되 회의나 작업에 있어서는 동등하게 서로를 바라볼 수 있도록 별칭으로 서로를 부르기로 했다. 길별들 역시 '선생님' 이란 호칭 대신 각자의 별칭으로 불리는 쪽을 택했다.

도도, 복태, 알리스, 어딘……. 떠별들이 부르게 될 우리의 이름이었다.

하자의 약속

로드스꼴라는 하자센터에 둥지를 틀었다. 그러므로 하자센터의 내부 약속은 기꺼이 로드스꼴라의 약속이 되었다.

하고 싶은 일 하면서 해야 하는 일도 할 거다.

나이차별, 성차별, 학력차별, 지역차별, 인종차별 안 한다.

어떤 종류의 폭력도 행사하지 않을 거다.

내 뒤치다꺼리는 내가 할 거다 / 남에게 피해 주지 않는다.

정보 때문에 치사해지지 않을 거다 / 정보와 자원은 공유한다.

입장 바꿔 생각할 거다 / 배려와 친절.

약속은 지킬 거다 / 못 지킬 약속은 안 할 거다.

신발 끈을 묶는다. 길이 내 앞에 있다.

여행학교
로드스꼴라로 초대합니다.

여행은 '다른' 세상과 만나 다양한 관계를 이해하고 또 하나의 길을 찾는 만남과 배움의 장입니다. 이곳이 아닌 저곳에서 다시 '이곳'을 바라볼 수 있는 시선이 생기고, 언어와 역사와 배경이 다른 사람과도 천만 개의 공감을 나누고, 자아가 확장되는 풍요로운 경험을 통해 경계를 넘나드는 '세계인'으로 성장하는 데 여행은 반드시 필요한 '학교'입니다. 특히 '세계정부'의 시민으로 살아갈 청소년들이 경계를 넘나드는 법, '다른' 세상과 접속하는 방식을 배우는 것은 매우 중요합니다.

로드스꼴라는 여행 속에서 철학과 역사와 인문학이 행복하게 조우하는 방식을 계발하고, 젊은 문화작업자들이 여행 과정에서 자신의 작업을 해낼 수 있도록 기획 지원하고, 여행의 결과물을 통해 또 다른 사람들에게 여행길을 안내하는 길라잡이들을 키워 내고자 합니다. 특히 아시아 각 지역과 지속적인 관계 맺기를 통해 젊은이들이 지역전문가로 성장할 수 있는 길을 함께 모색하고, 이후 진로들과 연계될 수 있는 길을 함께 찾아봅니다.

입학식과 졸업식이 있는 여행, 재능이 발견되고 격려되는 여행, 즐거운 상상과 창의적 에너지가 서로를 북돋우는 행복한 여행학교로 여러분을 초대합니다.

초대합니다

안녕하세요~ 로드스꼴라입니다.
여행 학교 로드스꼴라 1기 떠별들이
길머리 과정을 마치고 수료식을 합니다.
그래서 1기 떠별들의 수료를 축하해주세요.
재밌는 공연이 준비되어있으니 많이 와주세요 ^^;

when : 2009.06.26 금요일 오후 6시
where : 하자센터 2층 999

“

로드스꼴라는 기적의 학교다.

”

조한혜정(하자센터 대표)

| 제1부 |

길머리 과정

로드스꼴라의 첫 학기인 길머리 과정은 여행을 하기 위한 가장 기본적인 것들을 공부하는 시간이다. 한 마을을 천천히 그리고 섬세하게 들여다보고, 사람들을 만나 이야기를 듣고, 마을 지도를 만들고, 도보여행 코스를 만드는 훈련 따위를 통해 떠벌들은 지역에 접근하고 소통하고 이해하는 과정을 경험한다. 또한 함께 먹고 자고 작업하며, 사소하다고 생각되지만 오히려 관계를 좌우하는 주요한 갈등을 들여다보고 해결하는 방식도 배우게 된다. 우정과 신뢰, 작업자로서 올바른 품성을 갖추는 것이 세계를 이해하기 위한 첫걸음임을, 세계시민이 되기 위한 자질임을 몸으로 학습하는 과정이다.

길머리 과정에서는 다음과 같은 순서로 세 번의 여행을 하게 된다.

여행 ❶ 여행자의 몸만들기

여행 ❷ 도보여행

여행 ❸ 마을을 만나다

길머리 여행 ❶

여행자의 몸만들기

1) 여행에 앞선 준비운동

여행은 낯선 곳에서 새로운 것들을 보고 듣고 맛보는 일이기도 하지만 동시에 익숙했던 것들을 다시 보게 되는 경험을 하는 일이기도 하다. 때로 여행이 깊은 혹은 아픈 성찰이 될 수 있는 이유는 습관적으로 해 오던 일을 멈추고 문득 그 반복을, 무연히 들여다볼 수 있는 계기가 되기 때문일 것이다. 컨베이어 벨트에서 잠시 내려 컨베이어 벨트를 볼 수 있는, 짧지만 치명적인 여유 혹은 시선. 누구도 예측할 수 없는 일이 기다리고 있다 한들.

로드스꼴라의 첫 여행지는 금단재다. 충청북도 괴산군 청천면에 자리한 고즈넉하고 아늑한 한옥에서 일주일을 머물며 쫀쫀하고 섬세하게, 집중적으로 여행자의 몸을 만드는 프로젝트를 진행한다. 건강하고 아름다운 몸을 만들기 위해 근육을 키우고 심폐기능을 강화하듯, 낯선 문화를 만나는 유연하고 탄력적인 몸도 여러 가지 훈련을 통해 다듬어지고 정교해진다. 제대로 된 여행자의 몸을 만들어 길을 떠날 때 더욱 행복하고 자유로운 여행자가 될 가능성이 높다.

여행은 기본적으로 의식주를 해결하는 일부터 시작된다. 오늘은 어디에서 잘까? 무얼 먹지? 양말은 몇 켤레가 남았나, 오늘쯤은 빨래를 해야 하는데……. 일상에서야 아무런 고민 없이 해결되던 일들, 학교를 마치면 집에 가면 되고 옷은 벗어 세탁기에 넣으면 되고 엄마가 차려 준 밥을 먹으면 되는, 너무 익숙해서 의식도 못 했던 일상들이 매일매일 스스로 해결해야 하는 '일'이 되는 것이 여행이다. 금단재에서 하는 일은 바로 그 의식주를 챙기는 일이다.

의생활과 관련한 여행자의 몸 훈련은 신발을 가지런히 벗는 일부터 시작된다. 누군가 함부로 벗어 놓은 신발이 있으면 그것까지 가지런히 정리하는 것도 포함된다. 샤워를 하고 머리카락을 정리하는 일, 젖은 신발

을 세워 물기를 빼는 일, 습기 찬 실내의 창을 잠시 열어 놓는 일도 여행자의 몸을 만드는 기초 훈련이다. 아침에 일어나 침구 정리를 이쁘게 하는 일 역시 여행자의 복근을 강화하는 일이다.

로드스꼴라는 스무 명 정도의 사람들이 함께 여행한다. 스무 명이 머리를 감고 뒷정리를 하지 않는다면 하수구가 막힐 것이고 신발을 아무렇게나 벗어 둔다면 발 디딜 곳이 없을 것이다. 사소하지만 몹시 중요한 이 행동이 몸에 배었을 때 비로소 여행을 시작할 몸이 만들어졌다고 보면 된다. 의생활과 관련한 로드스꼴라의 슬로건은 이것이다. "내 뒤치다꺼리는 내가 한다!"

식생활과 관련한 로드스꼴라의 슬로건은 여섯 가지다.

첫째, 콩 한 쪽도 나누어 먹는다.

둘째, 내 입에 맛있는 것은 다른 사람의 입에도 맛있다.

셋째, 서로 권하면서 수저를 든다.

넷째, 내가 아닌 다른 사람을 위해 한 끼 맛있는 밥상을 차릴 줄 아는 사람이 된다.

다섯째, 지금 이 순간에도 굶고 있는 사람이 있다는 것을 잊지 않는다.

여섯째, 내가 먹는 것이 곧 나다.

은유나 상징이 아니라 실제로 그렇게 하자는 이야기다. 여행을 하며 때때로 끼니를 건너뛰는 일이 생기기도 하는데 이럴 때 누군가의 배낭에서 나온 빵 한 조각이 전체를 살리기도 한다. 로드스꼴라는 즐겨 이 일을 '오병이어(五餠二魚)'라 부를 것이다. 전체적으로 밥상을 읽고 양을 가늠하고 어떻게 나누어 먹어야 할지 생각하는 사람이라면 세계의 빈곤과 불평등에 대해서도 헤아릴 줄 알 것이다. 오늘 아침 내 밥상에 오른 멸치의 긴 여정을 살피고 그 인연에 감사하며 꼭꼭 씹어 내 몸을 만들 줄 아는 사람이라면 생사의 윤회를 아는 사람일 것이다. 소와 돼지와 닭과 오리가 기꺼이 몸을 바쳐 나의 근육과 뼈와 혈관이 되어 준 걸 안다면 인간과 인간 아닌 것들이 상생하며 살 줄 아는 지혜를 가진 인간으로 성장할 수 있을 것이다. 한 우주가 한 우주를 만나는 일이 밥상에서 일어나는 일임을 안다면, 하늘과 땅과 바람과 공기의 순환 속에 춤추는 자신을 홀연 발견할 수 있으리라.

머물 때는 마치 천년을 살 것처럼 살뜰하게 자신의 공간을 가꿀 줄 아는 사람, 떠날 때는 한 오라기 흔적 없이 떠나는 사람, 여행자다. 하루를 머물더라도, 한나절을 머물더라도 쓸고 닦고 다듬어 주위를 환하게 하는 사람이라면 잠시 머무는 이 생에서도 사위를 환하게 밝히는 사람이 될 것이다. 어쩌면 세상의 모든 생명은 여행자들이리라. 한 시절의 영화를 미련 없이 거두고 떠난 저 수많은 생명들처럼, "로드스꼴라는 이곳에 다녀간 적이 없다!" 이것이 주생활과 관련한 로드스꼴라의 슬로건이다.

花非花 霧非霧 (꽃이면서 꽃이 아니고 안개이면서 안개가 아니어라)

夜半來 天明去 (깊은 밤 찾아와 날이 새면 떠나가네)

來如春夢幾多時 (찾아올 때는 봄날 꿈처럼 잠깐이건만)

去似朝雲不覓處 (떠나갈 때 아침 구름처럼 흔적 없이 사라지네)

2) 여행자의 몸만들기 프로젝트 수업 목표

1. 몸과 음식, 환경에 대해 깊이 들여다본다. 내가 먹고 있는 것이 무엇인지, 어디로부터 온 것인지, 어디로 가는지 그 길을 들여다본다. 이 과정을 통해 나는 곧 내가 먹는 것임을 자각해 본다.
2. 식량의 세계화가 불러일으키는 문제에 대한 공부를 통해 로컬 푸드의 중요성을 인식하고 이를 실천하는 방식으로 생활협동조합운동에 대해 공부한다. 식량 주권, 종자 주권 등의 이야기도 함께 해 본다.
3. 직접 음식을 만들어 보는 공부를 통해 원재료가 내 입에 들어오는 과정을 들여다본다.
4. 일상적인 음식부터 시작해서 잔치 음식 만들기까지 실질적인 요리 실습을 통해 내가 아닌 다른 이를 위해 한 끼 밥상을 차리는 연습을 해 본다.
5. 짧은 시간이지만 농사를 경험한다.
6. 그 지역에 거주하시는 초대 길별들을 모시고 몸과 음식, 간단한 몸 돌보기 등을 공부한다. 초대 길별들의 귀농 생활자로서의 삶, 여행 중의 응급 처방, 생산자와 소비자가 행복하게 만나는 방식 등을 함께 이야기하며 서로의 삶을 들여다보고 이해한다.
7. 음식과 관련한 영화 보기와 시 읽기를 통해 먹을거리에 대한 다양한 해석이 곧 문화작업이 되는 공부를 한다.

3) 실전! 여행자의 몸만들기

충북 괴산군 청천면에 위치한 금단재는 '쿠킹 & 힐링 스쿨'이 열리는 한옥이다. 코끼리 뒤태를 빼닮은 속리산 자락들이 사면을 에워싸고 있으며, 맑은 물이 골짜기를 굽이굽이 흐른다. 풍수지리적으로 배산임수의 명당에 입지해 있다.

수더분하지만 기품이 흘러넘치는 두 주인장이 너그러운 웃음으로 반기는 금단재에서는 음식을 약으로 삼자는 약식동원(藥食同原 : 먹는 것이 약이다)을 모토로 장 담기 교실, 김장 교실 등 철에 따라 다양한 요리 교실이 열리는데, 단순히 음식을 만들어 먹는 것에 그치지 않고 음식이 만들어지기까지의 전체 과정을 체험하고 이해하며 직접 밭을 돌보고 작물을 보살피는 경험을 한다. 산과 들의 다양한 산나물과 풀을 배워 나감으로써 자연의 질서와 생태계에 대한 인식을 확장하고 책임감을 키운다는 생각이 중심이다. 쿠킹 & 힐링 스쿨에서 쓰이는 음식 재료들은 금단재 텃밭에서 직접 재배하거나 괴산 지역 농가들에서 생산되는 무농약과 유기농 산물이다. 유홍준, 임진택 등 저명인사들을 모시고 이야기를 나누는 맛있는 초대 프로그램이 열리기도 한다.

주인장 안혜령 선생님은 월간 〈뿌리깊은나무〉와 〈흙토피아〉 기자로, 방송국 다큐멘터리 구성작가로 일하다 '농부'가 되고 싶어 남편과 함께 충북 괴산으로 귀농했다. 농사짓는 중에 틈을 내어 전국귀농운동본부 운영위원으로 힘을 보태기도 하고, 글을 쓰며, 우리 춤도 배우고 있다. 『농부의 밥상』(2007)의 저자이기도 하다.

"살살 씻어 낸 봄나물들이 우리의 식탁엔 언제나 함께했다. 눈밭 속에 몸을 숨기고 있다 탁, 하고 새살을 드러낸 예쁜 것들은 모두 우리 입으로 들어올 수 있다고 누가 그러셨다. 4월 11일에서 16일까지 금단재는 딱 새순이 올라올 때였다. 괴산이라는 고장은 산속에 꼭꼭 숨어 있어서, 서울보다 늦게 봄이 왔다.
냉이가 뿌리째 날아다니고, 쑥들이 향기에 흠뻑 취해 춤을 추고 있었다. 민들레가 그 옆을 함께했고, 낯설었던 '머우대(머윗대)'는 몇 번 보니 반가웠다. 돌나물도 우직하게 부엌 한 쪽을 차지했다. 그 사이에서 떠별들은 볶고 지지고 까고 썰고 짓이기고 다지고 부치고 이리저리 휘저었다. 겨우 한 상을 차려 냈다." (아띠. 황지은. 3기)

금단재의 하루는 대략 이렇다. 아침에 일어나 청소를 하고 아침을 만들고 아침을 먹는다. 설거지를 하고 아침 모임을 한다. 점심 전까지는 노작을 한다. 점심을 준비하고 점심을 먹는다. 점심 설거지를 하는 동안 일찍 오신 초대 길별과 수다를 떤다. 초대 길별의 강의를 듣는다. 저녁 준비를 한다. 저녁 준비를 하지 않는 떠별들은 산책을 다녀온다. 저녁을 먹는다. 설거지를 한다. 영화를 본다. 닫기 모임을 한다. 작업할 것이 있다면 작업을 한다. 혹은 자러 간다.

* 2016년부터 여행자의 몸만들기 프로젝트는 경상북도 상주군 '아소재'에서 진행하고 있다.

06 : 30	둥근 해가 떴습니다♪
07 : 00	청소 시간 • 갈채 팀(갈채, 더기, 가재, 하림) 화장실 청소 • 아모르 팀(아모르, 여치, 신나, 아띠) 큰방 청소 • 애매 팀(애매, 하루, 대아, 완두콩, 쟈기) 아침 식사 준비 • 랏차 팀(랏차, 바리, 랏차, 푸른) 마당 청소
08 : 00	아침 식사 – 시래기국, 샐러드, 잡곡밥, 김치, 콩자반, 김, 양배추 쌈
09 : 10	모닝 살롱 – 어딘 : 이문재 시인의 「노독」 낭송 아침 식사로 먹은 음식 원재료 찾아보기
10 : 05	노작 – 생강·자주감자 심기, 우리가 쓰는 금단재 방 5개의 문패 만들기
11 : 00	아모르 팀 점심 식사 준비, 쑥·민들레를 뽑으러 간 랏차 팀
12 : 30	점심 식사 – 삼색주먹밥(잔멸치, 햄·김치, 피망·양파·버섯, 유부초밥), 버섯볶음, 달걀국
14 : 30	'한살림 생산자협회' 사무국장 김관식 선생님 강의 – 협동조합, 한살림 등
16 : 10	랏차 팀 저녁 식사 준비, 천년고찰 공림사로 도보여행 예행연습을 하러 간 나머지 팀
17 : 20	공림사에 도착, 자유 시간
18 : 00	공림사에서 금단재로 출발 땔감용으로 더기가 솔방울을 줍자 플로로께서 지어 주신 별명 '땔감 서덕 선생'
18 : 40	공림사 팀 도착, 저녁 식사 – 봄나물 비빔밥, 우엉조림, 된장국. 저녁 식사를 하고 정리하는 시간 & 쉬는 시간
20 : 00	〈Super Size Me〉 다큐 영화 보기
22 : 10	닫기 모임

밥 해 먹고 농사짓고

– 아띠(황지은. 로드스꼴라 3기)

나, 사랑에 빠져 버렸어

봄나물은 조물조물 무친다. 쪽파는 쫑쫑쫑 썬다. 우엉은 물에 훌훌훌 씻어 달궈진 팬 위에서 둘둘둘 볶는다.

연한 봄나물은 사랑스런 애인 살결 어루만지듯 조물조물 살살살 무쳐 줘야지, 목욕탕에서 때 벗겨내듯 박박박 문질렀다간 봄나물 특유의 맛이 죽는다. 쪽파는 쫑쫑쫑 썰어 줘야지, 떡볶이에 넣는 대파처럼 큼직큼직하게 썰면 그건 쪽파가 아닌 거다. 우엉은 껍질을 깎고 흐르는 물에 훌훌훌 가볍게 씻어 줘야지, 물에 넣고 떡 주무르듯 세월아 네월아 씻어서도 안 되고, 달궈진 팬 위에서 둘둘둘 볶아야지, 바람난 남편 들볶듯 달달 볶았다간 우엉이 도망가 버린다.

금단재의 부엌은 연한 황토빛이다. 주황색 조명은 따뜻함을 더한다. 마당에서 부엌으로 통하는 창호문은 군데군데 구멍이 나 있다. 따사로운 봄 햇살은 창호지 구멍으로 새어들어 부엌 곳곳을 물들인다. 부엌 한켠 정사각형의 자그마한 탁자 위에는 청초한 이끼 웅담이 놓여 있다. 그 밑엔 연한 쑥색의 빛바랜 카펫이 깔려 있다. 그 위에 엉덩이를 대고 꾸벅꾸벅 졸고 싶을 만큼, 금단재의 부엌은 아늑하고 따뜻하다.

그래서일까. 금단재의 부엌은 콧속을 행복케 하는 음식 냄새도 끊이지 않는다. 헌데, 그 음식 냄새보다 더 맛난 것이 있다. 바로 조물조물, 쫑쫑쫑, 둘둘둘 같은 것들이다. 기막히게 재료와 어우러지는 언어들이 금단재의 부엌에서 풍기는 음식 냄새보다 더 맛나다. 사담 아주머니와 안쌤의 입에서 흘러나오는 그 절묘한 표현들을 듣고 있노라면 음식 만드는 것에 절로 가락이 붙고, 음식을 먹지 않아도 맛있다.

한 가지 더! 고추장아찌의 맛은 맵싹하다. 맵싹이라… 난생처음 듣는 말이다. 눈을 동그랗게 뜨고 안쌤에게 묻는다. 맵싹한 게 무슨 맛인데요? 안쌤의 말간 눈동자에 난감함이 서린다. 나도 난감하다. 맵싹하다니, 그게 대체 무슨 맛일까? 맵고 싹싹한 맛인가, 맵고 싸한 맛인가, 맵고 쌉싸름한 맛인가 도무지 감이 안 잡힌다.

안쌤이 청양고추도 맵싹하다고 한다. 엊저녁에 먹은 새끼손가락만 한 고추장아찌의 맛이 떠오른다. 멋모르고 한입 큼직하게 깨물었다 상추를 7장이나 씹어 먹게 했던 작달막한 청양고추도 떠오른다. 그리고 '맵싹하다'를 다시 한번 음미해 본다. 아, 알겠다! 맵싹하다가 뭔지 또렷이 말하진 못하겠어도 청양고추가 맵싹하고 고추장아찌가 맵싹하다는 말에 고개가 주억거려진다.

금단재 내내 나는 부엌에 있는 것이 정말 좋았다. 요리가 재밌는 게 아니라 부엌에서 사용하는, 그리고 맛을 표현하는 다채로운 언어들을 듣는 게 좋았다. 졸린 눈이 순간 반짝이는 빛을 품을 만큼 재밌었다. 사담 아주머니와 안쌤의 입은 툭 건드리면 맛깔스러운 말들을 술술 풀어내는 마법 보따리 같았다. 금단재에서 5일을 보내면서 우리말에 대한 애정이 새삼스레 솟았다. 무궁무진한 우리말을 난 참으로 심심하고 재미없게 쓰고 있었다. 금단재에서 돌아와서는 틈나는 대로 국어사전을 펼쳐 읽곤 한다. 두껍고 지루해 보이기만 하던 사전이 한번 펼치면 도저히 손에서 놓을 수 없는 스릴러 소설 뺨

치게 재밌다.

소개팅 나갔다가 소개팅남은 뒷전이고 애먼 남정네에게 시선이 꽂히듯, 요리하러 갔다가 우리말과 사랑에 빠져 버렸다. 사랑은 하는 게 아니라 나도 모르는 새 쏙 빠져 버리는 거라더니 그 말이 딱 맞다.

너 참 각박한 환경에서 살았구나?

금단재에서 보내는 첫날밤이었을 것이다. 그날 기록한 자료들을 타이핑하고 밤 11시가 넘어 방을 나섰다. 마당을 걷던 중 무심결에 고개를 들어 밤하늘을 바라보았다. 진주 빛깔의 별들이 총총하게 빛나고 있었다. 입이 쩍 벌어지며 탄성이 터졌다. 두 눈에 저 별바다를 가득 채우고 싶어 뒷목이 빼근할 정도로 고개를 젖혔다. 우와, 나 이렇게 별이 많은 거 처음 봐. 바로 이게 별이 쏟아질 듯한 거야? 누구에게 하는지 모를 말이 새어 나왔다.

겨우 이 정도 가지고 그래? 너 참 각박한 환경에서 살았구나. 어디선가 등장한 어딘이 말했다. 젖혔던 고개를 바로 하고 어딘의 눈을 바라보았다. 입은 여전히 벌려진 채였다. 겨우 이 정도라고? 말은 하지 않았다. 하지만 내 눈이 물었을 거다. 어딘의 눈이 내게 말했다. 나는 봤지롱, 진짜 별바다를. 대충 그런 느낌이었다.

어딘은 나를 지나쳐 방으로 향했다. 나는 못 박힌 듯 그 자리에 멈춰 서 있었다. 나, 각박한 환경에서 살았구나. 어릴 적에 거름 냄새도 좀 맡아 주고, 흙도 좀 파 주고, 내 손에 죽어난 사마귀며 잠자리며 여치 개미 거미 등등의 곤충들도 세어 보면 열 손가락은 족히 넘어갈 텐데. 여름이면 평상에 누워 엄마 젖가슴을 주물럭대며 여름 밤하늘을 이불 삼아 곤히 잠들기도 했었는데. 봄비에 젖은 땅처럼 감수성 하나는 촉촉하다 자부하며 살았는데.

새삼 내 삶의 대부분을 메마른 도시에서 보냈다는 것을 기억해 냈다. 고등학교 시절, 내 글에선 회색의 콘크리트가 징글맞다는 표현이 자주 등장했었다는 것도 기억해냈다. 언제나 석양에 물든 세렝게티의 드넓은 초원을 그리워했었다. 가 본 적도 없으면서 말이다. 그랬다. 나 참 각박한 환경에서 살았었다. 비단 환경만이 아니다. 금단재에서 5일간 기록을 맡으면서 나는 내 안의 또 다른 각박함도 보았다.

아침이었는지, 점심이었는지, 저녁이었는지 기억이 나지 않는다. 그때의 부엌이 유난히 주황빛이었다고 기억하는 걸 보면, 해가 저물기 직전 저녁을 준비하던 때였던 것 같다. 요리 팀과 기록하는 사람만 남고 다른 떠별들은 공민사로 산책하러 갔었다. 실은 그날 무슨 음식을 만들었는지도 모르겠다. 단지 그날의 부엌에선 딱 한 가지 장면만이 선명하다.

큼지막한 냄비 안에 물과 멸치를 넣고 냄비를 센 불에 올렸다. 국물이 푹– 우러나오면 멸치를 건져 내라고 안쌤이 말했다. 안쌤의 옆에 붙어 노트에 그대로 옮겨 적었다. 국물이 푹- 우러나오면 멸치를 건져 내어라……. 아무 생각 없이 받아 적다 문득 궁금해졌다. 푹- 우러나오는 게 정확히 언제지? 안쌤께 질문했다. 그럼 몇 분이나 기다려야 해요?

안쌤이 난감한 얼굴을 한다. 뭐라고 대답해야 할지 모르겠다는 얼굴이다. 다시 물었다. 한 3분이면 돼요? 나는 국물이 푹- 우러나오면 멸치를 건져 내라고 적기보다는 몇 분 후에 멸치를 건져 내라고 정확히 적고 싶었다. 안쌤은 정확히 몇 분이라 말해야 할지 몰라 고심한다. 또 다시 물었다. 그럼 한 5분? 6분? 펜을 쥔 손은 당장 몇 분인지 정확히 쓰고 싶어 안달이 났다. 10분 이상이에요? 이젠 캐묻는 것 같기도 하고 추궁하는 것 같기도 하다. 안쌤의 표정을 봐서는 추궁당하는 것 같다. 결국은 제풀에 지쳐 몇 분인지 알아내는 건 포기해 버린다. 그냥 그대로 적을게요.

이런 비슷한 일이 금단재에서 레시피를 기록하는 동안 계속 일어났다. 안쌤과 사담 아주머니는 적당히, 말랑말랑해질 때까지, 아삭아삭해질 때까지, 한 주먹만큼, 손가락 한 마디만큼 같은 말을 한다. 펜을 손에 쥔 나는 캐묻는다. 적당히 어떻게요, 말랑말랑해질 때까지 몇 분이요, 아삭아삭해질 때까지 몇 분이요. 그러니까 정확히 얼마큼이요. 이만큼? 요만큼? 그렇게 말해 봤자 듣고 싶은 대답을 듣지 못하는 경우가 대부분인데도 자꾸만 묻는다. 자꾸만 정확히 딱 잰 것만을 적고 싶다. 요거 몇백 그램, 저거 몇백 그램, 계량기로 재료의 양을 딱 부러지게 잰 설명들을 쭉 나열한 서점의 여느 요리책처럼 말이다. 그래야만 속이 풀릴 것 같다. 그런 내 모습이 내가 보기에도 누군가의 말처럼 참 인간미 없다. 삭막하기 짝이 없다.

각박하고 메마르고 인정 없다는 도시에서 살아와서 그런 걸까. 뭐든 재고 따지고 계량하고픈 맘이 드는 건. 부엌 안에서 홀로 노트를 들고 펜을 쥔 내 모습이 괜히 멋쩍게 느껴질 때가 한두 번이 아니었다. 누군가 삶의 한가운데

서 생생한 생명력으로 충만한 채 삶을 만끽하고 있다면, 나는 그 언저리에서 노트 쪼가리와 어쭙잖은 펜대를 들고는 짐짓 똑똑한 척하며 그를 구경하는 느낌이었다. 삶이고 생명력이고 그 어느 것도 제대로 느껴 보지 못한 채 말이다.

나란 인간, 그때만큼은 정 떨어지더라.

일상을 잘 사는 몸

– 멀대(김지민, 로드스꼴라 5기)

음식을 먹는 게 일이라는 것을 여행을 시작하면서 처음으로 자각했다. 집에서는 늘 엄마가 만들어 놓은 반찬이나 국이 있었기 때문에 별다른 어려움을 느끼지 못했다. 그러나 금단재에 와서는 매 끼니를 직접 마련해야 했다. 집에서는 요리라고 해 봤자 라면이나 계란프라이가 전부였는데 금단재에서는 친환경 재료로 건강한 음식을 해 먹었고, 생각 없이 하는 요리가 아니라 앞치마와 머릿수건을 두르고 일머리를 정해서 시작하는 요리였다.

칼을 집어 들어 재료들을 썰고 뜨거운 불 앞에 서서 국을 끓였다. 맛있는 음식이 나오기를 소망하며 요리를 했다. 바람대로 음식은 맛있게 나왔고, 맛있다고 말하는 아이들을 보며 행복감을 느꼈다. 자기가 만든 요리를 맛있게 먹는 자식들을 보는 엄마의 기분으로 바라봤다. 밥을 다 먹고 설거지를 하는 것까지, 모든 것은 엄마가 아닌 내가 해야 할 일이었다. 내가 어지른 방을 치워 주던 엄마는 금단재에 없었다.

따뜻한 이불 밑에 들어가 있다가 방을 나올 때도 뒤를 돌아봐야 했다. 이불이 지저분하게 삐뚤어져 있지는 않은지, 불을 켜 두고 나오진 않았는지 확인했다. 신발을 벗고 방으로 들어갈 때에도 신발이 삐뚤어져 있진 않은지 뒤를 돌아봐야 했다. 그것이 여행자의 자세였다. 집에서는 자각하지 못했던 사소한 것 하나하나가 여행에서는 신경 써야 하는 일이 되었다. 그런 작고 사소한 것들이 여행자의 몸이며 여행자의 기본자세이고 배려이기 때문이다. 사실 일상에서도 그래야 하는데 그러지 못했다. 그랬던 나의 모습이 문득 새삼스럽게 느껴졌다.

이따금 미션이 주어지기도 했다. 무엇이든 상관없으니 특정한 사물을 20분 이상 바라보고 그려 오는 시간이었다. 나는 금단재 뒤에 있는 산 위로 올라갔다. 옆으로 휘어진 나무, 덩굴에 싸인 나무 등 다양한 나무들이 보였다. 계속 올라가니 돌길이 나왔다. 돌을 밟으며 걷다가 중간에 풀썩 주저앉았다. 마음에 드는 나무를 찾았다. 덩굴 같은 것이 몸을 감싸고 있는 가늘고 긴 나무였다. 앉아서 그림을 그렸다. 바닥에 떨어진 솔방울들도 그려 넣었다. 그림을 다 그리고 앉아서 가만히 생각에 잠겼다.

전날 밤에 들은 봄눈별의 이야기가 떠올랐다. 우리는 생태적인 삶을 고민하고 새로운 가능성을 모색하는 분들을 초대해 강의를 들었는데 봄눈별도 그중 한 분이었다. 봄눈별은 피리 연주를 들려주고 나서 말씀을 시작하셨다. 나는 봄눈별의 어린 시절이 가장 인상 깊었다.

그날 저녁 나는 봄눈별의 어린 시절 이야기를 들으며 엄마 생각이 나서 눈물을 흘렸다. 엄마와 봄눈별의 어린 시절이 비슷했기 때문에 더 심했다. 그러고 난 후 계속 엄마가 아른거렸다. 중학교 때 철없이 굴었던 행동들이 생각났다. 초점 없이 허공을 바라보던 내 눈엔 눈물이 고였고, 펜을 잡고 있던 손은 공책의 빈 공간을 찾아 엄마에게 보낼 편지를 쓰기 시작했다.

'엄마니까 괜찮아'라는 생각이 세상에서 가장 무섭다. '엄마도 힘들어'라는 생각이 세상에서 가장 어렵다.

일상에서는 일이 아니었던 것들이 여행에서는 일이 되었다. 샤워한 후엔 하수구에 있는 머리카락을 치우고, 나갔다 들어오면 신발장에 신발을 가지런히 놓고, 샤워한 후엔 커튼을 정리하고, 머리를 말린 후엔 떨어진 머리카락을 치우고, 가전제품 쓰고 난 후엔 전기선을 정리해서 원래 자리에 놓았다. 여행에서는 요리 하나를 할 때조차 많은 생각이 필요했고 뒤통수에도 눈을 달고 살아야 했다.

여행자의 몸에 대해 배우면서 내 뒤치다꺼리를 해 주던 엄마의 일이 사실 내 일이었다는 것을 깨달았다. 여행자의 몸은 여행뿐만 아니라 일상을 잘 사는 몸이었다.

여행은 비질을 타고

– 고담(김민지. 로드스꼴라 1기)

"여행학교 다녀요."

"그런 학교가 다 있어?"

사람들이 반짝하고 눈을 빛낸다. 차창 밖으로 손을 뻗어 바람을 가르던 어느 광고처럼, 근심걱정 없이 훌훌 떠나는 일을 이른바 여행이라 한다. 자질구레한 일상과 시시껄렁한 일과에서 벗어나 만끽하는 자유와 일탈. 그전까진 여행다운 여행 해 본 적 없던 나 역시 사람들의 표정에서 그런 낌새를 읽고 그런가 보다, 머릿속에 그렸다. 삶에서 동떨어진 축제 같은 나날! 그렇게 여행학교에 들어왔다.

1학기, 생애 첫 여행을 마치고 돌아온 내게 사람들은 다시 눈을 빛내며 물었다.

"가서 뭐했어?"

나는 잠깐 뜸을 들이다 입을 열었다.

"어, 마을 역사도 공부하고 주민들도 만나고, 이야기도 듣고 이곳저곳 둘러보고, 지도 만들고 그랬어."

당혹스러웠다. 모두 사실이었지만 앞서 튀어나오려 했던 대답 때문이었다. 응, 설거지했어, 마치고 나면 꼭 행주로 물기 훔쳤고, 문은 살살 닫았어,

안 그럼 옆방 사람이 자다가 깨거든, 전기 아꼈어, 마을에서 빌린 주민회관이라, 야채 썰었어, 나 여태 요리라곤 라면밖에 해 본 적 없걸랑……. 입 밖으로 말하지 않고 속으로 삼킨 건 반응이 예상됐기 때문이다. 아니, 여행 가서 그런 걸 했어?

했다. 그런 걸. 일상 탈출인 줄 알았던 여행은 알고 보니 일상의 끝판왕이었다. 매끼 무엇을 어떻게 해 먹을지 식단을 정하고 틈틈이 장을 봐야 했다. 사람 수를 고려해 쌀을 씻고 압력밥솥 다루는 요령을 익혔다. 누구는 짜다, 누구는 싱겁다는 간을 적절하게 맞췄다. 씻으러 화장실에 들어서면 밖에서 자꾸 똑똑 문을 두드리는 상황에서 더 빨리 씻을 방안을 연구했고, 이상적인 샤워 시간을 논의해 규칙으로 정했다. 사용한 걸레를 깨끗하게 빨아 햇볕에 말렸고, 이불을 예쁘게 접는 법을 공유했다. 맑은 바람이 불면 창문을 열었고, 방을 나설 때는 한번 슥 둘러보았다.

많은 것들을 보고 듣고 겪었지만 여정을 마치고 돌아왔을 때 가장 진하게 남은 배움은 그랬다. 당시에는 고개를 갸웃하던 것들이 그 후 두 번째, 세 번째 여행들을 튼튼하게 받쳐 주는 토대가 됐다. 관광 아닌 여행이라면 그렇다. 밖에서 사 먹기도 하지만 한두 끼는 알뜰살뜰한 밥상을 차리고, 주변 사람들과 건강한 관계를 맺기 위해 마음 쓰고, 어느 때보다 잘 가꾸어야 할 일상이다. 그래서 로드스꼴라는 첫 학기 첫 여행에서 의식주와 습관과 배려를 훈련한다. 좋은 여행자가 되기 위한 첫 번째 과정이다.

5기는 그 시간을 산 좋고 물 맑은 괴산 금단재에서 보내고 왔다. 앞치마를 두르고 비질하고 요를 털며 지낸 일주일을 실었다. 여행자의 몸을 다 만들었다면 이제 눈을 만들 일이다. 낯선 곳에서 생경한 얼굴, 생소한 풍경을 편견 없이 바라보고, 보이지 않는 이야기를 읽어 내고, 어떻게 하면 같은 세상에 살고 있는 너와 내가 한결 즐거울 수 있을지 질문하는, 나만의 시선이 여행자에게 필요하다. 그래서 4기는 코앞으로 다가온 베트남·라오스 여행을 준비하며 필독서를 읽고 강의를 듣고 영화를 본다. 한편 3기 떠별 신나가 로드스꼴라를 수료하며 만든 다큐 〈콩가루 모녀〉가 인디다큐 페스티발에서 상영되기도 했다. 소식을 듣고 많은 떠별들이 영화관을 찾아 기쁨을 함께했다. 그 후가 궁금한 소식들이 이 4월에 속속 들린다.

(로드스꼴라 소식지 〈로드락〉 2013년 4월호 '편집장의 글')

길머리 여행 ❷

도보여행

1) 걷기의 의미

걷는다는 것이 특별한 행위로 바뀐 건 최근 이삼십 년의 일인 듯하다. 일상을 가만히 들여다보면 하루에 한두 시간을 걷는 것도 흔치 않은 일이 되어 버렸다. 복잡한 지하철에서, 초조하게 버스를 기다리면서, 촘촘하게 조직된 일상을 살다 보면 여유가 만들어 내는 창의적인 생각들과는 점점 거리가 멀어지게 된다.

도보여행은 걷기를 통해 오감을 열고 그 감각들이 주변의 환경과 만나는 과정을 경험하게 되는 시간이다. 무심히 걷다 보면 떠오르는 생각들, 내 안에 집을 짓고 사는, 나도 몰랐던 기억들과 만나는 시간이기도 하다.

떠별들에게 도보여행은 무엇보다 동료애를 형성하는 시간이다. 함께 고난을 이겨 내고, 지친 동료를 격려하고, 완주를 통한 성취감을 더불어 누리며 소속감과 우정, 공동의 기억을 만들어 가는 과정이다.

2) 도보여행의 수업 목표

0. 내 인생의 무게는 내가 짊어진다. 도보여행 동안 꼭 필요한 짐을 꾸리고, 걷는 내내 그 짐은 내가 져야 한다. 무거우면 무거운 대로 버거우면 버거운 대로 내 인생의 무게를 내 어깨에 지고 간다.
1. 지도를 들여다보고 어느 길로 갈지 결정하고 배낭을 균형 잡힌 상태로 꾸리고 방향을 확인한다.
2. 맑거나 안개가 끼거나 비가 세차게 내리거나 상관없이 걷는다. 날씨의 필연성에 복종하며 오직 발걸음의 규칙성만을 믿으며 걷는다.
3. 걸으며 나를 만나 본다. 내 몸이 갖는 한계와 그 한계를 만났을 때 몸과 마음의 반응, 그 과정을 견뎌 내는 방식 등을 직접 몸으로 경험한다.
4. 나의 속도를 찾아본다. 함께 걷다 보면 누군가는 선두에서 걷기도 하고 누군가는 말미에서 천천히 걸어가기도 한다. 어떤 이는 뒤에 가면 불안한 느낌을 받기도 하고 어떤 이는 다른 사람과 어울리지 않고 혼자 걸어가기도 한다. 이 과정을 통해 나는 어떤 사람인지 들여다본다.
5. 도시에서 살다 보면 놓치게 되는 자연의 소리와 향기, 질감을 몸으로 받아들인다. 발바닥으로 전해 오는 땅의 결, 새소리, 바람 소리, 아침과 다른 저녁의 햇살, 강의 수면을 흐르는 햇빛의 몸과 만나 본다.
6. 떠별, 길별과의 멤버십을 만든다. 걸으며 함께 이야기를 나누기도 하고, 힘들어하는 동료를 돕기도 하고, 여행 중에 주어지는 역할들

에 충실하면서 긴 여행을 함께하는 길동무로서의 멤버십을 만들어 간다.

7. 도보여행 중에 만나게 되는 지역 분들과의 만남을 통해 네트워크를 형성한다.
8. 내 인생의 무게를 나누는 법을 익힌다. 몸이 많이 아프거나 컨디션이 너무 가라앉을 때는 "내 짐을 좀 부탁해"라고 말할 줄도 알아야 한다. 그래야만 다른 사람의 생의 무게를 나누어 질 줄 아는 사람이 된다. 네가 행복할 때 나도 행복하다.

"…다시 오랫동안 가야 다음 숙박지에 도착한다는 사실을 알기에 하루 종일 걷기 위해 출발했다면 오직 길을 따라 걷는 일만 남는다. 달리 어쩔 도리가 없다. 어쨌든 먼 길이 될 것이다. 한 걸음 한 걸음이 초는 뛰어넘겠지만 시간을 단축시키지는 못할 것이다. 어쨌든 밤은 찾아올 것이고 두 다리는 반복해서 한입씩 먹다가 결국에는 불가능한 거리를 집어삼킬 것이다. 그것은 피할 수 없는 운명이다. 결정할 것도 궁금해할 것도, 계산할 것도 없다. 걷는 것 말고는 할 것이 정말 아무것도 없다."

– 프레데리크 그로, 『걷기, 두 발로 사유하는 철학』 중

웬일이니, 다 걸었어!

– 아띠(황지은. 로드스꼴라 3기)

part ⓪ 도보여행 전

두려움에 잡아먹히다.

근데 말이에요, 내가 과연 할 수 있을까요? 9박 10일 동안 걷기만 하는 걸 할 수 있을까요? 하루에 8~9시간씩 내가 정말 걸을 수 있을까요? 근데 10일 동안 걷기만 한다는 거, 그거 가능하기는 해요? 아니, 내 말은 나한테 가능한 거냐구요.

허허허허. 왜 자꾸 이런 웃음만 나오지. 근데 아무리 생각해도 하루에 9시간을 어떻게 걷는다는 거지? 내 몸통만 한 배낭을 메고 말이야. 될까? 내 몸이 견뎌 낼 수 있을까? 무서워요. 진짜 무서워. 근데 중요한 건 가야 한다는 거지. 아아, 모르겠다! 어쩌겠어, 이미 가기로 했는데, 돈도 다 냈는데. 어떻게든 되겠지. 될 대로 되라지. 안 갈 수는 없잖아? 막상 닥치면 내 몸도 다 하지 않을까? 혹시 쓰러지는 거 아냐?

나 진짜 어떡해?

덜어내고 또 덜어내기

쌌다. 풀었다. 다시 쌌다. 다시 풀었다. 또 다시 쌌다. 세 번이나 짐을 꾸리고 다시 풀고 또 꾸린 뒤에야 탁탁, 손으로 배낭을 두들겨 가며 배낭 매무새를 잡을 수 있었다. 소파에 느슨하게 앉아 아직은 컴컴한 밤하늘을 바라보았다. 완도로 출발하기까지는 몇 시간도 채 남지 않았다. 싱숭생숭한 기분이 들었다. 아무리 생각해도 배낭은 여전히 무거웠다.

우등석을 타고 완도로 향했다. 완도 제일교회에 도착해 짐을 풀었다. 한쪽에 가지런히 놓인 짐들 중 유난히 내 배낭만 볼록한 것 같다. 볼록을 넘어서 불룩해 보인다. 저녁 먹고 잠깐 쉬는 시간에 침낭 속에 들어가 뒹굴뒹굴하면서도 배낭에서 시선을 뗄 수가 없다. 날씬한 친구 배낭과 둔해 뵈는 내 배낭 사이에서 두 눈알이 데굴데굴 굴러다닌다.

도저히 못 참겠다. 침낭에서 탈출! 배낭들이 모여 있는 곳으로 잽싸게 달려갔다. 지퍼를 열어 배낭을 엎었다. 양말은 많이 가져가는 게 좋다는 누군가의 말에 혹해 두둑하게 챙긴 두툼한 등산 양말 8켤레. 양말 두 개만 가져왔다는 하루에게 몇 개 넘겼다. 그냥 빨래하지 뭐. 혹시 추울까 싶어 챙긴 기모가 들어간 티셔츠도 뺐다. 혹시 몰라 많이 챙긴 보송보송한 수건들도 스포츠 수건 하나만 남기고 전부 청산도 짐으로 옮겼다.

배낭의 무게가 바로 네 인생의 무게라는 말을 들었다. 내 배낭에는 '혹시나' '혹시 몰라' '그래도…'로 시작해 챙겨진 짐들이 참 많았다. 필요한 것들만 넣는다고 넣었는데 걱정과 우려만 잔뜩 싸 가지고 왔다. 그것들을 덜어내느라 가방을 네 번이나 다시 싸야 했다. 가방 무게를 줄여야 하는데, 라고 머리는 계속 생각하지만 내 손은 생각만큼 짐을 덜어내지 못한다. 혹시나, 라는 녀석이 자꾸 내 손을 머뭇거리게 만드니까.

배낭에서 짐들을 덜어내는 건 도보여행이 시작되고도 계속되었다. 거의 매일 잠들기 전에 짐을 다시 쌌다. 나중엔 안 쓰는 것들은 아예 그냥 버렸다. 도보가 막바지로 치달을수록 가방이 점점 홀쭉이가 되어 갔다. 그만큼 내 어깨도 가벼워졌다. 짐을 줄이면 줄일수록 바리바리 내 몸 여기저기에 이고 다니던 걱정도 우려도 온갖 잡념들도 덜어지는 듯했다.

배낭의 무게가 내 인생의 무게라니, 참으로 신기하다. 인생은 내가 방구석에 앉아 생각했던 것보다 가볍고 사뿐한 녀석인가 보다. 배낭을 짊어지고 내 두 발바닥으로 직접 걸어 보니 이제야 알겠다.

'걷기'라는 놈과 처음 만나다

걸은 지 한 시간이 지났다. 처음 20분은 드디어 걷는다는 설렘에 살짝 흥분해 있었다. 그러다 국도 가장자리 길에 일렬로 줄지어 걷기 시작하자 이게 웬일, 벌써부터 발바닥이 후끈후끈하다. 나만 이런지 원래 그런지 알 수가 없으니 아리송한 표정만 얼굴에 떠오른다. 화끈한 열기가 순식간에 발바닥 전체로 퍼졌다. 그 상태로 몇 분 더 걸으니 슬슬 따가워져 온다.

국도를 지나서는 정도리 해수욕장에서 방풍림 구경하며 나뭇잎 몇 개 씹어 먹어 주고, 화흥포 항과 청해포구 촬영장을 지나는 길엔 바리가 따다 주는 찔레순도 벗겨 먹어 가며, 노오란 유채꽃과 파아란 하늘, 옥빛 바다와 바람에 흩날리는 꽃비에 취해 입을 헤 벌리고 구름 위를 걷는 듯 사뿐사뿐 느릿느릿 걸어갔다. 발바닥에 느껴지던 화끈거림은 어느새 홀라당 날아가 버린 듯했다.

남도의 풍경 속에서 꿈처럼 노닐다 퍼뜩, 발바닥의 감각이 돌아왔다. 완도 수목원으로 들어가는 길에서였다. 콘크리트 바닥에 발이 닿을 때마다 발바닥이 깨지는 것 같았다. 한 발 한 발 내딛기가 무서웠다. 둥둥 떠가거나 차라리 기어가는 게 나을 듯했다. 꼿꼿이 서 있던 허리엔 힘이 다 빠져 기역 자로 몸을 구부리고 걸었다. 콘크리트 바닥이 이젠 바늘밭이다. 착한 짓도 못 했지만 나쁜 짓도 못 하고 살았는데 산 채로 지옥에나 있다는 가시밭길을 걷는 기분이었다. 아, 죽겄다, 죽겄다……. 죽겄다는 소리를 입에 침이 마르게 했을 때쯤, 완도 수목원에 도착했다.

도착하자마자 긴장이 풀렸는지 이젠 수마가 덮쳤다. 수마가 왜 수마인지 체감했다. 해설사 선생님을 따라다니면서도 엉덩이만 붙이면 잤다. 수목원에서 국도까지 2km 남짓한 거리를 마치 천 리를 걷는 듯 다 죽어 가는 표정으로 걸었다. 걷는 게 아니라 발을 끌고 가는 모양새였다. 국도로 나와서도 길이고 또 길이고 또 길이었다. 걷고 또 걷고 또 걷는 수밖에 없었다. 어느새 해는 지고 사방은 어둠으로 물들어 가고 있었다.

고독한 중년의 샐러리맨이 야근 후 집에 들어갔더니 옆구리 살이 삐져나온 채 소파에 푹 퍼져 있는 마누라 얼굴마냥 징글징글한 것이 '걷는다'라는 거군. 징하기 그지없지만 그렇다고 떼어 낼 수도 없고 떼어지지도 않는 그것! 걷기라는 놈이 내게 준 첫인상이었다.

빗속의 36km, 몸 안에 자유를 새기다

'한없이 외치며 무한한 갈망을 쏟아 내고 싶었다. 무엇에도 얽매이지 않고 자유로워지고 싶었다.'

이 구절을 읽었을 때 가슴이 저렸다. 전율했다고 하기엔 거창하고, 누군가 가슴을 쥐어짜는 듯 눈가가 달아오르고 살짝 물기가 맺혔었다. 열세 살 소녀가 사납게 비가 내리치는 숲 속을 거침없이 누비며 작은 가슴에 뭉쳐 있던 갈망을 토해 내고 싶었던 것처럼, 나도 그랬다. 내 안에도 그런 욕망이 항상 존재했다. 빗속에서 36km를 걸었던 그날, 내 가문 가슴엔 단비가 내렸다.

우비를 입었다. 하늘은 검게 흐렸다. 비가 주룩주룩 내렸고 바람이 거세게 불어 우비 자락이 펴덕였다. 돌풍과도 같은 바람에 맞서 한 발 한 발을 내디뎠다. 바람 때문에 몸을 가누기가 힘들 정도였다. 완도대교 위에서 거세게 바람이 부는 구간을 지나 마을로 들어섰다. 바람은 덜했지만 비는 계속 내렸다. 우비에 달린 모자를 뒤집어쓴 탓에 주위 소리가 웅웅거렸다.

양옆으로 논뿐인 길에 들어섰다. 길은 널찍했다. 답답하고 덥게 느껴지던 모자를 벗었다. 분주히 안경 렌즈를 닦던 손을 멈추고 안경을 벗어 우비 주머니에 넣었다. 젖은 앞머리는 손으로 쓱쓱 빗어 넘겼다. 그러고는 무리를 앞질러 맨 앞에서 홀로 걸었다. 고개를 젖혀 하늘을 바라보았다. 하늘이 유난히 가까웠다. 눈을 감았다. 맨 얼굴 위로 빗방울들이 닿았다. 맑고 시원한 느낌에 입이 벌어졌다. 웃었던 것 같다. 그랬더니 입안의 점막과 혓바닥, 목구멍에도 빗방울이 맺혔다. 그럴 리 없는데 맛있었다. 그래서 꿀꺽꿀꺽 빗물도 삼켰다.

눈을 감고 하늘을 향해 고개를 젖히고 팔을 양옆으로 쭉 뻗은 상태로 길 위를 빙글빙글 돌았다. 어깨를 짓누르던 가방의 무게가 사라졌다. 가슴을 누르던 답답함도 그 순간엔 사라졌다. 그대로 빙글빙글 돌다 보면 어릴 적 보았던 만화 속 주인공처럼 하늘로 날아갈 수 있을 것 같았다. 등산화에 날개가 달린 듯했다. 전신이 가벼웠다. 어지러움마저 황홀했다.

지금 돌이켜 보면 그때 내가 느꼈던 것이 자유였나 보다. 아직까지도 그때 느꼈던 감각이 선명하다. 자유라는 것이 그토록 짜릿하기에 수많은 사람들이 끝없이 자유를 외쳐 왔나 보다.

내 발바닥은 의외로 강했다

완도에서의 도보여행이 저물어 갈 무렵, 여기저기서 물집 환자들이 속출했다. 나는 몇 개가 생겼네, 우와 너는 몇 개가 생겼구나, 물집 터뜨리는 게 은근 재밌다, 네 것도 내가 터뜨려 주면 안 되냐……. 물집을 훈장처럼 자랑하고 서로의 물집에 경악하고 몇몇은 물집에서 피학적이고 가학적인 쾌감까지 느낄 무렵, 심지어 물집 때문에 병원까지 가는 사태가 발생할 무렵, 나는 그네들을 멀뚱히 쳐다만 봤다. 등산화 끈을 잘못 묶어 신발이 헐렁해지는 바람에 뒤꿈치가 까진 것 말고는, 내게는 완도에서 도보여행을 하는 내내 물집이 전혀 생기지 않았기 때문이다.

정말 궁금했다. 왜 생기지 않는 거지? 내 발바닥도 아픈데 대체 왜 물집이

안 생기는 걸까? 사실 좀 서운하기도 했다. 처음엔 경악스러웠던, 바늘로 물집을 터뜨리고 실을 통과시키는 광경이 내심 부러웠기 때문이다. 저 짓을 하고 있는 저들만 도보여행의 진수를 맛보고 있는 듯한 느낌이랄까? 저들끼리만 통하는 뭔가가 있는 느낌. 물집 없는 나는 뭔가 석연치 않고 부족한 느낌. 왜일까. 왜일까. 왜 난 물집이 없는 걸까.

어느 날, 물집 난 발바닥들을 무심히 쳐다보다 무언가 발견했다. 물집들이 생긴 위치! 크기에 관계없이 물집이 나는 부위는 비슷한 것 같았다. 곧장 내 발도 들여다봤다. 물집이 날 만한 곳을 쓰다듬으니 거칠거칠하다. 잘 보니 물집이 생길 만한 곳에 이미 굳은살이 박혀 있다. 또 다시 물음표가 떠올랐다. 이 굳은살들은 뭘까. 너희들은 어디서 온 아이들이니? 내 발바닥에 일어난 일인데 그 연유를 잘 몰랐다. 미간에 주름 좀 잡고 곰곰이 생각해 보니 떠올랐다. 구두와 컨버스 때문이었다. 10cm 안팎의 힐을 신고 서울 바닥을 헤매는 동안, 발볼이 좁게 나온 컨버스에 볼 넓은 내 발을 억지로 넣고 다니는 동안 벌어진 일이었다. 발을 보호하는 쿠션이 없는 컨버스를 생각해 보면, 그리고 그 운동화를 신고 사방팔방 싸돌아다녔던 그 시간들을 떠올려 보면, 내 발바닥에 박힌 굳은살들이 이해가 됐다. 그땐 발이 아파도 그냥 참았고, 그러다 보면 감각이 무뎌지기도 하고 아픈 게 익숙해지기도 해서 물집이 생기는 줄도 모르고 그냥 넘어갔었던 것 같다. 어쩌다 물집이 생긴 걸 발견해도 그냥 두다 보면 저절로 굳은살로 변했고 말이다.

내 발은 이미 예전부터 물집이 생기는 고통을 감내해 왔고 여기저기 굳은살도 이미 박혀 있었는데, 나는 왜 그리 물집과 실과 바늘에 경악을 했던 걸까. 또 저들의 물집이 왜 그리 부러웠던 걸까.

왜긴 왜야. 제대로 보지도 않고 겁에 질렸던, 제 발바닥이 어떻게 생겼는지 모르고 어떻게 살아왔는지도 모르는 무심한 나 때문이지.

생활의 단순화

아침 해가 조금 덜 떴다. 일어난다. 눈도 조금 덜 뜬다. 끙끙거리는 소리를 내며 화장실로 기어간다. 얼굴에 물칠을 한다. 여유가 있다면 머리도 감아 준다. 누군가 이불을 개자고 한다. 이불을 갠다. 가방을 정리한다. 아침을 먹는다. 가방을 메고 한데로 모인다. 아침 체조는 생각나면 한다. 졸리면 시늉만 한다. 손을 모은다. 엉덩이가 움직이는 사람이 되자며 소리 한번 질러 준다. 파이팅도 해 준다. 그리고 걷는다. 걷는다. 걷는다.

점심때가 됐다. 밥을 먹는다. 행복해한다. 잠깐 쉰다. 행복해한다. 다시 걷는다. 걷는다. 걷는다. 해가 진다. 구시렁거리기 시작한다. 괜히 도보대장 짱평을 원망해 본다. 이 노래 저 노래 다 불러 본다. 발을 질질 끌며 마지막 고비를 넘어간다. 먼저 숙소에 도착한 누군가가 수고했다며 데리러 나온다. 배낭을 들어 주려 한다. 괜찮다고 거절한다. 방으로 들어간다. 가방을 맨 채로 털썩 누워 앓는 소리를 몇 번 낸다. 저녁을 먹는다. 행복해한다. 잠깐 쉰다. 행복해한다. 닫기 모임을 한다. 때로는 졸고 때로는 기절. 방으로 돌아와 스트레칭을 한다. 효소를 챙겨 먹는다. 씻는다. 잔다. 대략 이런 패턴으로 열흘을 보냈다.

일상에서는 잠들기 전에 생각이 많았다. 내일은 뭘 하고 뭐가 있고 뭘 해야 되고 뭘 챙겨야 되고, 오늘은 뭘 했어야 했는데 왜 안 했을까, 내일은 죽어도 해야지 안 하면 인간도 아냐, 오늘 뭐는 하지 말걸 괜히 왜 해 가지고 어쩌구저쩌구……. 도보여행 전에는 잠들기 직전까지 무언가를 생각하며 잤다. 도보여행 때는 누우면 그냥 잤다. 그리고 일어나서는 그냥 걸었다. 밥 주면 맛있게 밥 먹고 힘들면 힘들다 앓는 소리도 좀 내고 그리고 해가 저물고 밤이 되면 다시 잤다.

도보를 하면 할수록 점점 삶이 단순해지고 생각이 단순해졌다. 머릿속이 맑아지고 시원해졌다. 걷는 리듬에 온전히 몸을 맡기다 보면 잡념들도 사라졌다. 그렇게 사는 게 좋았다. 괜히 골머리 앓으며 복잡하게 사는 게 너무 피곤하게 느껴졌다. 도보여행 때처럼만 살면 몸은 피곤해도 나는 행복할 것 같았다. 물론 복잡하게 사는 것도 행복하다. 하지만 편하지는 않다. 일상에서도 도보여행 때처럼 살 수는 없는 걸까?

나 안데스 갈 수 있는 거예요?

오산은 화끈한 산이다. 해발 400m가 안 되는 정상까지 둘러서 가는 완만한 길이 없다. 일직선의 오르막길뿐이다. 체감 각도, 많이 봐줘서 70! 말 그대로 짧고 굵다. 찰나지만 아주 강렬해 잊기 어려운 풋내기 사랑 같다. 내게 오산은 그런 산이었다.

매봉산을 오를 때 이건 말도 안 된다며 징징거렸다. 오산을 오를 땐 스스로에게 주문을 걸었다. 나는 헉, 등산이 좋아, 헉! 나는 흐억, 오르막길을 사랑해, 허억! 나는 흐어억, 등산이 너무 좋아, 흐어어헉헉! 물론 효과가 있을 리 만무했다. 종아리 근육은 금방이라도 터질 듯 빼근해져 오고, 얼굴이 뜨겁다 못해 이젠 귓구멍이 뜨거워져 온다. 귓구멍에 자그마한 불덩이를 누가 던져 놓은 것 같다. 말소리는 나오지 않고 허억 허억 뜨거운 숨소리뿐이다. 눈알에서 땀이 흐르는 것 같다. 아니, 눈물인가? 눈물인가 보다.

뒤에 있던 길별 어딘에게 물었다. 나, 이래서 안데스 어떻게 가요? 어딘? 어디이인!

등산, 스스로에게 내리는 처방전

벌겋게 달아오르는 볼, 후끈 열이 오르는 얼굴, 그 덕에 느껴지는 약간의 어지러움, 헉헉대는 숨소리, 뻐근한 종아리 근육, 무거운 양 무릎, 땀에 젖어 팔과 등짝에 달라붙는 셔츠의 감촉까지. 등산을 하며 느끼는 이 모든 감각들이 이제 싫지만은 않다. 오히려 내 몸과 내 자신이 하나가 되는 느낌이 든다.

청산도에 와서 걸려 버린 향수병과 우울감, 머릿속을 가득 채웠던 온갖 잡념들을 다 몰아내고 뜨거움과 어지러움, 뻐근함과 끈적임으로 다시 내 머릿속이 채워지는 감각은 아주 기분이 좋다. 내가 누구인지 의심하지 않아도, 내가 나라는 것이, 내가 지금 살아 있다는 사실이 산을 오르는 매 순간 몸 안에 선명히 새겨지는 느낌이다. 잔뜩 열이 오른 머리는 떨어져 있는 친구와 가족들을 그리워할 여유도, 괜한 우울함과 무력감에 사로잡힐 여유도, 문득 고개를 내미는 후회와 의구심에게 자리를 내어 줄 여유도 없으니까 말이다. 지금 내 볼이 달아오르고 있구나. 셔츠가 땀에 흠뻑 젖었네. 무릎은 왜 이리

무거운 거야? 돌덩이라도 달았나. 종아리 완전 뻐근해. 돌겠네. 내 숨이 이리 거칠었나? 근데 이 산의 꼭대기는 언제 나오는 거야? 있기는 해? 오르막길을 오르는 내 머리는 이런 생각밖에 할 수 없으니까.

그래서 나는 산을 오를 때의 그 '힘듦'이 좋아졌다. 감기에 걸렸을 때 바이러스를 죽이기 위해 몸이 스스로 열을 내듯, 등산을 하면서 몸에 열을 내 내 안의 쓸데없는 것들을 없앨 수 있었다. 등산이 주는 고됨은 감기 때 감기약을 먹든 안 먹든 어쩔 수 없이 겪어야 하는 아픔과도 같다. 하지만 그 아픔은 언젠가 지나가기 마련이고, 아픔이 지나가면 치유가 찾아오는 법이다. 등산은 내가 혼란스러울 때 스스로에게 내릴 수 있는 처방전인 셈이다.

고생스럽기만 했던 등산, 이젠 내 삶에서 소중한 약 됐다.

해 보니까 되던데?

있잖아, 어딘이 나한테 생각보다 잘 걸었대. 근데 내가 생각해도 그래. 나 의외로 잘 걷는다. 진짜냐고? 진짜야. 지금 설마 안 믿는 건 아니지. 어떻게 잘 걸었냐고? 몰라. 그냥 하니까 되던데. 그냥 걸으니까 걸어지던데. 허허허허. 근데 진짜라니까. 야, 로드스꼴라 와서 내가 배운 게 뭔지 알아? 일단 해보면 된다는 거지. 안 될 것 같아도 다 된다니까. 그래도 안 되면 어쩌냐고? 그걸 말이라고 해? 그럼 안 하면 되지. 간단하지?

아, 배고파. 밥이나 먹으러 가자.

우리는 지금 듣는 중입니다

– 당신의 이야기는 내 인생에서 들었던 이야기 중 다섯 번째로 재미있어요.

– 어딘(김현아. 대표 길별)

"어이쿠."

문을 열고 들어오려던 지리산 둘레길 구례센터장님이 슬몃 웃으며 혼잣말처럼 중얼거린다.

"에너지가 장난이 아니네요. 뜨거워요, 뜨거워."

도보여행 중 어느 하루 이원규 시인을 초대한 날이었다. 게스트하우스의 좁은 방이 그날의 교실이었다. 하루 종일 걸은 떠별들이 저녁밥을 먹은 후 옹기종기 둘러앉아 시인의 이야기를 듣는 중이었다.

"바이칼 호수에 갔는데 배낭여행을 하는 독일 대학생 세 명을 만났어요. 그런데 이 친구들이 주민들한테 말을 사서 그 말을 타고 바이칼, 그 초원지대를 두 달간 다니고 있다는 거예요. 말은 타고 가다가 묶어 놓으면 그냥 알아서 풀 뜯어먹는대요. 돌아갈 때는 다시 그 말을 팔고 간다네. 두 달 동안 잘 키워 놓았으니 주민들은 다시 그 말을 사 가고.

놀랐지. 그런 식으로 여행을 할 수 있다는 발상에. 나는 생각도 못 했거든. 사람의 길을 자동차에 뺏기는 나라에 살다 보니 상상력에 한계가 생기는 거 같아.

사실 지리산 둘레길을 제안했던 건, 섬진강 국도를 4차선으로 만들려고 하기에 그 대안으로 제안을 한 거라. 원래 길이란 게 좋은 사람 그리운 사람 자꾸 만나러 가다 보면 생기는 건데 요즘은 길을 먼저 만들어 놓고 가라고 하니 그것도 문제인 거 같아.

걷다 보면 다리가 아파서 앉아야 돼. 그게 십 리야. 사실 하루에 가장 걷기 좋은 건 20km에서 25km인 거 같아. 생명평화순례를 하면서 강에 꽃 하나 던져 놓고 그 꽃을 따라가 봤거든. 그 꽃이 물길 따라 오는 게 하루에 그 정도 오더라고. 그러니까 자연의 속도라는 게 전라도 화개장터에 벚꽃 필 때 걷기 시작해서 서울 하자센터까지 가면 계속 봄을 즐길 수 있는 거야. 가을을 가장 길게 보려면 강원도부터 전라도까지 걸으면 돼. 그러면 20일 동안 계속 단풍을 보는 거야."

BMW 세계일주용 바이크를 타고 나타난 시인에게 떠별들은 열광했다. 시인은 말했다. 혹시 바이크를 배우고 싶다면 나에게 오라고. 급정거를 꼭 배워야 안전하게 탈 수 있다고. 벼랑에선 탈출구를 향해 몸을 돌리라고, 벼랑을 보면 거기로 떨어져 버린다고. 벼랑과 반대로 몸을 돌리는 시인의 포즈는 근사했다.

예정된 시간을 훌쩍 넘겨 밤이 이슥하도록 지리산과 여행과 글 쓰는 법에 대한 이야기를 나누고, 시인은 다시 그 멋진 바이크를 타고 집으로 돌아갔다. 경의선 화물열차가 개통되면 우리 다 같이 바이크를 타고 북한을 거쳐 시베리아를 거쳐 터키를 거쳐 유럽으로 여행을 가자고 약속하고 1년에 백만 원 내는 셋집으로 돌아가는 시인의 바이크 뒤를 떠별들이 쫓아갔다. 아주, 한참 동안이나.

여행을 시작하기 전 떠별들이 하는 가장 중요한 훈련 중 하나는 '듣기'다.

잘 듣는 것.

그이의 말을 잘 듣는 것.

동의가 되면 끄덕끄덕 고개도 끄덕이고, 우스운 대목에선 파안대소 웃어도 보고, 흥미로운 이야기엔 반짝반짝 눈을 빛내고.

어느덧 이야기를 하는 사람과 듣는 사람의 경계가 말랑말랑해지고 송송 구멍도 나고 살짝 틈새도 벌어지면 바람, 넘나든다. 희로애락, 생로병사, 우정, 연대, 호흡 들고난다. 경계와 경계에 꽃이 핀다.

어머나 선생님, 선생님이 하시는 이야기는 제 인생에서 들었던 이야기들 중에서 한 다섯 번째로 재밌는 거 같아요, 라는 표정을 지을 것.

로드스꼴라의 '듣기 슬로건'이다. 처음엔 뜨악하지만 한 달만 지나면 떠별들은 금방 안다. 그 표정을 짓는 순간 진짜로 그이의 이야기가 내 인생에서 들었던 이야기 중에서 한 다섯 번째로는 재밌다는 걸.

"해방 당시에는 산에 나무가 그래도 제법 울창했습니다. 해방 이후에 사회가 혼란하고 통제가 잘 안되고 하다 보니 땔감 사용 따위로 도벌과 남벌이 횡행했지요. 해방 이후 5~6개월 동안 화엄사 입구에서 나무를 베어 오는 사람들이 하루 천 명은 되었을 겁니다. 구례뿐 아니라 전국이 마찬가지였죠. 그러다 한국전쟁이 나고 더 대대적인 도벌이 이루어졌죠. 난리통에 불타 버린 집을 새로 지으려면 나무들이 필요했으니까요. 지리산 나무들은 임자가 따로 없었을 지경이었죠. 베어 가면 임자였으니까요. 백송, 전나무, 가문비나무들은 건축재로는 적격이었죠. 피아골의 백송, 잣나무, 전나무는 그때 다 절단이 났어요.

1960년대 들어서도 지리산 전체에서 도벌이 계속 이루어졌고, 이러다간 지리산의 나무가 다 없어질 거 같은 위기감에 제 아버지 우종수 씨를 비롯한 구례 사람들이 나서게 됐습니다. 우연한 기회에 미국과 일본에 '국립공원'이라는 제도가 있다는 걸 알게 된 이분들이 지리산을 국립공원으로 지정하는 운동을 하시게 됩니다.

비용은 구례군민 가가호호가 모두 참여해서 보탰습니다. 당시 구례군 가구 수가 1만2천 호 정도였는데 1만 가구에서 10원씩을 냅니다. 정부에 건의를 했지만 2년 동안이나 지지부진했고, 이래서는 안되겠다 해서 다시 각 가구마다 20원씩 내 더 적극적으로 운동을 합니다. 그리하여 마침내 1967년 3월 국립공원법이 통과됐고 그해 12월 28일 지리산이 국립공원으로 지정됩니다."

너무나 익숙해 원래부터 있던 것 같던 국립공원이 알고 보니 누군가들의 끈질긴 정성으로 만들어진 것임을 알게 된다. 세상은 어쩌면 아무도 알아주지 않지만 묵묵히 자신의 길을 가는 사람들의 땀방울과 소망으로 지속되는 건지도 모르겠다. 우종수 선생님을 비롯한 연하반 회원들, 이라고 불러 본다. 깊은 계곡 사이로 불어가는 바람, 같은 사람들.

"아이구, 그러니까 그때 내가 택시라는 걸 첨 타 봤지. 산동면까지 와서 거기서부터는 가마를 탔어. 밤에 처음으로 신랑 얼굴을 봤지. 술을 한 잔 따르고 나도 한 잔 받고 하는데 이 눈치 없는 영감이 커다란 감을 주는 거야. 내가 그걸 어떻게 먹어. 조그만 밤 같은 걸 줬으면 먹었을 텐디. 그러는디 문구멍으로 송송 구멍이 뚫리고 신랑이 옷고름을 한쪽 푸는겨. 웬걸, 그래 놓고는 신랑이 휙 나가는겨. 그때는 밤에 산사람(빨치산-편집자)들이 왔었거든. 그러니까 낮에는 마을에 와서 일하다가 밤에는 다들 지서로 가는겨, 소 끌고. 아이구 그 사연을 어떻게 다 말혀. 산수유 따서 앞니로 그 씨 다 빼내고. 내 이를 봐. 이렇게 닳았다구. 그래도 가본 데 중에는 싱가폴이 좋더만. 깨끗하고."

이야기들은 눈으로 코로 귀로 들어와 혈관을 타고 떠돈다. 훗날에 먼 훗날에 어쩌면 이 이야기들 내 생과 만나 또 다른 이야기를 만들어 낼지도 모르지만, 우리는 다만 지금은 듣는 중이다.

마을을 만나다

1) 마을프로젝트의 수업 목표

마을프로젝트('마을을 만나다 프로젝트 여행'을 줄여서 마을프로젝트라 부른다)는 한 지역을 천천히 들여다보며 그 지역에 쌓인 역사와 문화적 지형도를 읽어 내고 그걸 일구어 낸 사람들의 이야기를 듣는 것이 주된 목표다.

마을프로젝트에서 가장 중요한 것은 네트워크다. '여행학교'에 대한 관심과 이해가 있는 단체나 사람들이 있어야만 지역에서 청소년들이 한 달 정도 머물며 배우고 놀고 연대하는 일이 가능하다. 먼저 지역을 결정하고 네트워크를 찾을 때도 있지만, 네트워크와의 인연으로 마을프로젝트를 하게 되는 경우도 있다.

전라북도 진안의 경우 네트워크를 할 수 있는 지역단체와의 인연이 먼저였다. 로드스꼴라 1기가 진안에서 마을프로젝트를 진행했던 건 진안군 마을 만들기 지원센터장인 구자인 선생님의 지원 덕분에 가능한 일이었다. 이 센터는 진안 지역에 살고 있는 마을 사람들이 자신의 삶을 긍정하고 마을 일에 애착을 갖고 함께 일을 도모해 볼 수 있도록 다양한 지원을 하는 민관협력기관이다. 우리는 마을 만들기란 무엇이고 왜 그런 활동을 하는지, 주민 주도의 마을 만들기란 무엇인지, 민간과 행정의 긴장된 균형 관계는 어떻게 유지하는지에 대한 구체적인 이야기를 들으며 진안 지역에 대한 이해를 하고 로드스꼴라의 마을프로젝트를 준비했다.

구자인 선생님은 진안 내에서 흥미롭게 진행되고 있는 프로젝트를 소개하고 그 일을 맡아 하시는 분들을 소개해 주셨다. 이현배 '손내옹기' 대표를 비롯한 희망백운영농조합 회원들, 동네의 간사님들, 정미소 프로젝트를 하는 김지연 작가 등 여러 사람들이 다양한 일들을 시도하고 있었다. 풀뿌리 마을이 튼튼한 농촌 사회로 나아가기를 바라는 마음으로 일하고 있는 사람들을 만나는 건 떠별들에게 지역마다 길벗이 생기는 일이니 그보다 반가운 일이 없다. 청산도의 경우 홍진선 목사님이 길을 잡아 주셨고, 구례에서는 임현수 지리산 둘레길 구례센터장님이, 제주도에서는 '제주생태관광'의 윤순희·고제량 선생님과 달리도서관 박진창아 선생님 등이 지역과 로드스꼴라를 연결하는 역할을 해 주셨다.

지역 분들을 만나면 여행학교를 소개하고 우리가 마을에서 하고 싶은 일과 할 수 있는 일, 해야 하는 일을 조율한다. 20여 명의 떠별들이 한 마을에 북적북적 머무는 것보다는 4개 정도의 마을로 나뉘어 들어가서 조단조단 이야기도 듣고 일손도 돕다가 공동의 프로그램을 할 때면 모였다가 다시 헤어져 마을로 돌아가는 것, 마을프로젝트의 기본 틀이다. 떠별들이 머물 4개의 마을이 결정되면 그리로 들어가 이장님과 부녀회장님을 만나서 다시 여행학교를 소개하고, 마을에서 머물 수 있을지 허락을 청한다. 이장님들은 대부분 마을 회의를 통해 청소년들의 마을살이를 논의하고 결정한다. 마을에서 승낙을 하면 어디에 머물 것인지를 상의하여

정하고, 그 기간에 마을에서 주로 어떤 일들을 하는지 파악하여 떠별들이 함께할 수 있는 일을 가늠해 본다.

마을프로젝트의 주제를 결정하는 것은 그다음 단계인데, 어느 지역이 됐든 로드스꼴라가 가장 중요하게 생각하는 것은 농업과 관련한 일이다. 식량자급도가 20% 남짓밖에 안 되는 나라에서 살고 있다는 현실을 직시하는 것은 나와 내 가족, 내 이웃의 목숨을 살피는 중차대한 일이다.

곡물은 가격이 오르더라도 즉시 수요를 줄이거나 공급을 확대할 수 있는 상품이 아니다. 쌀값이 두 배가 되었다고 밥을 절반만 먹을 수 없고, 곧바로 생산량을 두 배로 늘릴 수도 없다. 지구온난화에서 비롯되는 이상기후, 지나친 산업화·도시화로 인한 경작지 감소, 육류 소비의 증가는 곡물의 안정적인 생산과 분배에 위험신호를 보내고 있다. 양파, 당근, 토

마토 등 우리가 일상적으로 먹는 야채에도 다국적기업의 로열티가 꼬박꼬박 붙는다. IMF 체제를 겪으며 대부분의 종자사업권이 다국적기업으로 넘어갔고, 언젠가부터 씨 받아 농사짓는 자연스러운 체계조차 흔들려 버린 상황이다. 에너지 위기 다음으로 식량 위기가 올 것이라는 관망이 지배적이다.

떠별들이 잠시 동안이라도 농사의 한 단계에 참여하고, 농토를 일구고 농업의 미래를 고민하는 사람들과의 만남을 통해 식량 주권, 종자 주권, 전 지구적인 식량 불균형 등에 대해 고민해 볼 수 있는 시간을 갖는 것은 그러므로 마을프로젝트의 가장 주요한 내용이 된다.

2) 마을로 들어가기 위한 준비

마을은 그대로 역사의 현장이다. 어딜 가나 이야기가 차곡차곡 지층을 이루고 있다. 삼국시대 백제와 신라의 경계였던 구례는 임진왜란 때는 왜군이 전라도로 들어가는 관문이어서 치열한 전투가 있었고, 여순사건(1948) 때는 반란군들이 지리산으로 들어가는 길목이 되면서 다시 한 번 역사의 주요한 현장이 된다. 고인돌에서 천주교 박해, 동학혁명에 이르기까지 진안 또한 흥미진진한 이야기들이 산재해 있고, 광부들의 이야기에서 최근 카지노까지 태백에도 이야기의 광맥이 묻혀 있다. 그뿐이랴. 설문대할망의 신화에서 삼별초, 광해군, 4.3까지 제주도야말로 이야기의 보고다.

현장에서 듣는 역사 이야기는 간간하다. 지역을 오래 연구하신 선생님들과의 만남은 텍스트에 은성한 그늘을 드리워 준다. 비를 긋고자 우연히 들어간 노인정에서 소설에나 나올 법한 이야기를 들을 때도 있다. 무심코 지나친 동구나무가 녹록잖은 사연을 품고 있고 황량하고 쓸쓸한 빈터에도 한 시절의 눈부신 꿈이 묻혀 있음을 알게 될 즈음이면 길 위의 모든 것이 스승임을, 비로소 알아차리게 된다. 왜 그 일이 유독 이곳에서 일어났는지 수긋 고개가 끄덕여지며.

'노인 한 분이 돌아가시면 박물관 하나가 없어진다.' 사람들은 마을프로젝트의 핵이다. 이웃집 할머니부터 면장님까지, 마을극단 사람들부터 판소리의 명인까지, 대를 이어 이 지역에 사는 사람부터 최근에 귀촌한 사람까지, 그이들 심중의 이야기를 만나는 것은 동시대의 호흡에 내 숨결을 얹는 일이다.

길별들의 사전 답사를 통해 마을프로젝트의 주제들이 윤곽을 드러내고 시, 문학, 역사서, 인문서, 영화 등 지역과 관련한 주요 텍스트들이 결

정될 즈음 학기가 시작된다. 떠별들은 한 달 정도 책을 읽고 강의를 듣고 영상을 보며 지역을 이해하고, 인터뷰 글쓰기·사진 작업·영상 작업 등 마을프로젝트를 진행할 준비를 마치면 마을로 내려간다. 한 달간 머물 짐과 사탕, 초코과자, 음료수 등등 마을 분들께 말을 걸 주전부리를 챙겨 들고.

3) 우정과 환대의 공간, 마을을 만나다

5기들은 전라남도 구례에서 3주간 머물며 마을프로젝트를 진행했다.

구례군은 하나의 읍과 여섯 개의 면으로 나뉘어 있다. 그래서 구례읍에는 군청과 읍사무소가 있다. 공용버스터미널에는 서울이나 부산으로 가는 장거리 버스들도 있지만 각 면과 연결되는 군내버스들의 종착점이 기도 해서 늘 붐빈다. 기차역인 구례구역도 있다. 옛날구례역이라는 뜻이 아니라 구례의 입구에 위치해 있어서 구례구역이다. 구례를 관통해 흐르는 서시강 옆으로는 공설운동장과 수영장, 축구장과 '지리산 둘레길 구례센터'가 이웃해 있다. 축협과 농협이 운영하는 대형 하나로마트가 두 개나 있고 빠리바게뜨, 불란서제과점이 있다. '아프리카'라는 레스토랑은 예상을 뒤엎고 파스타를 하는 요릿집이고, 시장에는 배우 이승기가 들른 수타짜장면집과 개그맨 이수근이 들른 수구레국밥집이 있다. '요거프레소'라는 카페는 스님들로 북적인다. 화엄사 연곡사 천은사, 이름도 드높은 고찰의 스님들은 요구르트를 좋아하시나 보다. 3일과 8일에는 오일장이 열린다.

장이 서는 날, 떠별들에게 미션을 주었다. 옛날 방식으로 대장간을 운영하는 덕암철공소 박경종 씨를 인터뷰하는 것이었다. 사십여 분쯤 흘렀을까, 라파엘과 동동을 비롯한 현천마을 팀이 약간의 흥분을 동반해 돌아온다. 어딘어딘, 저 진짜로 메질해 봤어요. 벌겋게 달구어진 쇠를 망치로 쳐 봤어요. 광양으로 놀러 오래요. 거기가 훨씬 더 체계적으로 해 놓았다고……. 떠별들의 손에 앙증맞은 애기낫이 하나씩 들려 있다. 아저씨가 선물로 주셨어요. 다음에 또 오래요. 한바탕 무용담을 펼친 떠별들은 다시 장 구경에 나섰다. 노점에서 한아름 과자를 사는 동동과 라파엘을 발견한다. 너무 많이 사는 거 아니야? 우리 먹을 거 아니구요, 아저씨 갖다 드리려구요. 머쓱하다. 다음에 광양에도 꼭 한번 가 볼 거예요.

"산동면은 백제시대 때는 구차례현이라 했고요. 일제강점기 때 산동면으로 개칭이 됐어요. 지역 특성은 여순사건의 접경지로서 피해를 많이 입은 고장이고요, 해발 100m부터 750m까지 분포가 되어 있어요. 구례를 삼대삼미(三大三味)의 고장이라고 하는데, 산이 크고 강이 크고 들판이 커서 삼대라 해요. 삼미는 한번 찾아보십시오. 특산품은 오이가 유명해요. 질이 좋고 상품성이 높아요. 산수유는 전국의 70퍼센트 정도 생산을 하고 있고요. 3월 중순 경에 축제가 있어요. 매화와 산수유가 같이 있는 곳엔 산수유가 먼저 피어요. 행정구역은 현재 15개 법정리에 34개의 행정리가 운영되고 있어요. 이장이 34명 있어요. 구례에 152개의 마을이 있는데 그중 34개 마을이 산동에 있어요. 교육시설은 초등학교가 2개, 중학교가 1개. 초등학교가 원래 4개였는데 2개는 폐교가 됐어요."

산동면 부면장님, 하찮은(?) 로드스꼴라 떠별들에게 산동면의 현황과 특색, 문화재며 보물, 가 볼 곳들을 자세히 알려 주신다. 각종 자료들을 손수 복사해 주시고 산동면 5만분의 1 지도를 캐비닛에서 찾아 주신다. 인구분포도는 재작년 것이 있으니 다음에 오면 올해 것으로 준비해 주겠다고 하신다. 떠별들이 준비해 간 박카스 한 통은 끝내 받지 않으신다. 학생들 다니면서 힘들 때 먹으라며, 그예 아이들 손에 되돌린다.

현천마을의 유래에는 다양한 설이 있다. 견두산 계곡의 바위가 검다고 해서 처음에는 '거므내'로 불렸다가 그 말이 바뀌고 바뀌어 현천이 되었다는 설도 있고, 계곡이 깊어 검게 보인다고 해서 검을 현(玄)에 내 천(川) 자를 써서 현천마을이라고 했다는 설이 있다. 마을 뒷산인 견두산이 현(玄) 자 모양으로 되어 있고 마을 뒤에 흐르는 내에는 옥녀봉의 옥녀가 매일같이 빨래를 하고 선비가 고기를 낚는 어옹수조(魚翁水釣)가 있어 그 아름다움을 형용하여 '현천'이라 하였다고도 한다. 가구 수는 39, 인구는 총

99명이 살고 있다. 92세부터 42세까지 있으며 아이들은 네댓 명 정도 된다. 인구수는 줄어들고 있다. 남성에 비해 여성의 비율이 높다. 혼자 사시는 할머니들이 많이 계시기 때문이다. 화순 최씨가 70%, 광산 김씨 25%, 5%는 그 외 다른 성씨를 가진 사람들이다.

"있나 어쩌냐."

아침상을 준비하는데 오점례 할머니 목소리가 들린다. 방문을 여니 부슬부슬 비가 오는데 할머니 두 손에 부추가 가득하다.

"솔이여. 부침개를 부쳐 먹든가 무쳐 먹든가."
"비 오는데 밭에 나가셨어요? 들어오셔요. 커피 한잔 하고 가셔요."
"아녀 아녀. 갈 데가 있어."

손을 저으며 할머니 휭하니 가신다.

부녀회장님은 김치를 주시고 이장님 댁에서는 두릅과 취나물, 쑥부쟁이 나물을 주셨다. 한울농장 한경민 농부의 어머님은 아이들 먹인다고 일부러 가마솥에 밥을 하셨고 순영농장 어머님은 혹여 모판 놓는 아이들 추울라 집에 있는 잠바란 잠바는 다 갖고 나오셨다. 아, 로드스꼴라는 인물 보고 뽑는겨? 아이들이 왜 이리 이뻐! 달산농장 주인장 중도는 떠별들의 고민을 즉문즉설로 풀어 주었다. 옆집 할아버지는 살아오신 이야기를 밤이 이슥토록 들려주시고 수줍어하시던 할머니도 생애담을 풀어 놓으셨다.

마을은, 우정과 환대의 공간이었다. 떠별들은 한 개인의 삶이 어떻게 역사와 맞물리는지 어렴풋 감을 잡고, 삶을 풍요롭게 만드는 것이 사람과 사람 사이로 이야기가 건너가고 건너오는 것임을 조금쯤 알아차렸다. 깊은 시선으로 조금 더 섬세하게 구례를 들여다보고 싶다고 떠별들은 말한다. 이 봄, 우리에게 마음의 고향이 생겨났다.

"친환경은 어딘가 거칠어"

– 현천마을 이장님 '김시현'을 만나다

– 조아(김지은. 로드스꼴라 5기)

이장님네 조상님이 여기에 뿌리를 내리게 된 건 조선시대 때다. 병자호란 때 아주 먼먼 조상님이 강화도에서 순찰사를 하시다가 전쟁터에서 순직을 하셨다. 그래서 가족들이 피난을 오는데 삼형제 중 한 팀은 이북, 한 팀은 논산, 한 팀은 여기로 오게 됐다. 그때부터 쭉 사셨는데, 일제강점기 때 징병에 끌려가느라 온 집안사람들이 없어지고 죽으며 대가 끊겨서 여기에 살 사람이 없게 되자, 이장님이 대를 잇기 위해 여기에 사시게 된 것이다.

이장님이 처음 농사를 짓기 시작했을 적에는 산에 아카시나무나 소나무밖에 없었다. 이장님이 산을 개간해 밤나무를 심기 시작하면서 동네 사람들도 하나둘씩 산을 개간해 과일나무를 심기 시작했다. 고사리 2헥타르(1헥타르=3,025평), 감이 3헥타르, 밤이 2헥타르, 감, 두릅, 취나물……. 그 많은 걸 혼자 다 하셨으니 고생을 참 많이 하셨을 때다. 지금도 여전히 밤, 감, 두릅, 고사리, 취나물 들을 기르고 판매하신다.

"저 아이들은 약을 먹고 자라지 않았어."

농약과 친환경에 대한 이장님의 태도는 너무나 확실했다.

"농약을 하면 훨씬 편하지. 근데 안전을 위해 유기농으로 하는 거지. 싼 수입산과 경쟁했을 때 살아남을 수 있는 방법으로 친환경이 중요한 거야. 사람들은 선택을 할 때 싼 거를 집기도 하지만 안전한 걸 사는 사람도 많잖아. 우리밀은 한 달만 있어도 벌레가 막 꼬여. 근데 미국 밀은 농약을 하도 쳐서 몇 달이 가도 벌레가 안 생겨. 그걸 어떻게 사람이 먹는가 그거여. 깨끗한 농산물, 색깔이 삐까번쩍한 농산물은 틀림없이 뭘 썼어. 약을 쓴 거지. 친환경은 어딘가 거칠어."

이어 곶감 이야기도 해 주셨다. 곶감 겉에 하얀 분이 있는 게 좋은 거라고, 감 색깔이 좋게 나오고 분이 없는 것들은 다 유황 소독을 한 것들이라 하신다. 농산물은 겉보기에 너무 좋으면 문제가 있는 거라는 사실을 알게 됐다.

이장님은 이 '귀한 아이들'을 포장해 보낼 때 소비자와의 신용과 신뢰에 대해 생각한다. 소비자가 감을 한 상자 주문하면 실한 아이들로 꽉꽉 채워서 넣고, 둥굴레도 맛보라고 조금씩 넣는다. 내 농산물을 주문한 데 감사의 마음도 전하고, 선물로 보낸 농산물이 괜찮다 싶으면 다음에 주문도 들어오고, 일석이조다.

"일단 신뢰를 쌓아야지, 신뢰가 없으면 아무것도 안 돼. 자네들도 사람한테 신뢰가 없으면 자기 기반을 닦을 수 없어."

인터뷰가 끝나고 이장님이 곶감을 하나씩 주셨다. 손으로 집어 죽 찢어 먹으니 약간 오돌오돌 씹히며 이내 사르르 녹아 달콤함이 혀와 잇몸을 감쌌다.

이 곳감 안에는 이장님의 모든 것이 들어 있다. 넓은 인심, 깨끗함, 한결같음, 푸근한 웃음까지도.

덧글 현천소리

우리는 항상 현천보다 늦게 하루를 시작했다. 비몽사몽 잠에서 헤어나지 못하는 여섯 시에서 일곱 시 사이면, 마을회관에서 "아, 아" 마이크 테스트를 하는 이장님 목소리가 들려온다.

"오늘 물세하고 공동전기세 정산하는 날이니 마을회관으로 오십시오이."
"어버이날을 맞아 청년회에서 점심 준비했으니 11시 반까지 회관으로 오십시오이."

구수한 이장님의 말투가 정겹게 마을에 퍼져 나간다. 때로는 웅웅거려서 우리가 못 알아듣는 말씀도 많았는데 마을 사람들은 그걸 어찌 다 알아듣는지 신통할 따름이다. 이장님의 방송 소리를 척척 알아듣는 날이 올 때, 그때서야 '현천마을 사람'이라고 말할 수 있는 거다.

그곳에선 무슨 일이 일어났는가?

– 라파엘(조영욱. 로드스꼴라 5기)

마을프로젝트 도중 우리는 '산수유 마을'로 유명한 산동면에 관한 이야기를 듣기 위해 부면장님을 찾아갔다. 산동면의 역사에 대해 이야기해 주실 수 있는 분이 있냐고 여쭙자 부면장님은 백정규 선생님을 추천해 주셨다. 「산동애가(山洞哀歌)」라는 노래와 백부전이라는 인물에 대한 이야기를 잘 들려주실 수 있을 거라는 말씀도 덧붙이셨다. 우리는 백정규 선생님을 만나기 위해 상관마을로 갔다. 선생님은 「산동애가」에 관해 우리나라에서 제일 잘 알고 있는 분이다. 선생님의 고모가 그 노래의 주인공이기 때문이다. 선생님은 백부전의 어머니, 즉 선생님의 할머니로부터 이 이야기를 계속 들으셨다고 한다.

백부전의 형제는 5남매였다. 백부전은 그중 막내였고, 원래 이름은 백순례인데 전처럼 곱다고 하여 부전이라고 불렸다. 백부전은 어려서부터 활동적이고 총명했다고 한다. 백부전이 열아홉 살이 되었을 때 여순사건이 발생했다. 군인들이 백부전의 집으로 들이닥쳐 백부전과 그의 셋째 오빠를 끌고 가려고 했다. 백부전에게는 세 명의 오빠가 있는데 첫째 오빠는 징용에 끌려가 돌아오지 않았고, 둘째 오빠는 여순사건으로 인해 먼저 죽었고, 마지막 오빠와 같이 살고 있었다. 군인들이 셋째 오빠를 데려가려고 하자 백부전은 집안에 대를 이을 남자가 없으니 자기가 죽겠다며 군인들에게 매달렸고, 군인들은 백부전만 데려가서 죽였다. 이때 백부전이 끌려가면서 불렀던 노래가 바로 「산동애가」였다고 한다.

백부전이 죽어야 했던 여순사건은 도대체 어떤 사건이었을까. 여순사건의 시초는 제주 4·3사건으로 거슬러 올라간다. 당시 이승만 정부는 제주 토벌 병력을 보충하기 위해 전남 여수에 주둔하고 있던 14연대 1개 대대의 추가 파병을 명령했고, 14연대가 이에 반대하여 반란을 일으킴으로써 여순사건이 발생한다. 여수에서부터 시작된 반란은 여수와 순천을 중심으로 전개되었는데 반란군들이 지리산으로 들어가면서 그 길목이었던 구례 지역의 민간인들이 큰 피해를 당하게 된다. 반란군의 짐을 들어 주거나 밥을 줬다거나 하면 빨갱이라는 이유로 억울한 죽음을 당해야 했다. 여순사건을 조사하던 도중 『다시 쓰는 여순사건보고서』라는 책을 찾게 되었는데 그곳엔 억울하게 죽은 사람들의 명단이 정말 많이 있었다. 반란군에게 죽은 사람들은 '반동'으로 찍혀 체포된 후 기준에 따른 심사도 없이 무고하게 희생되었고, 진압군경에 의해 희생된 사람들도 많았다.

선생님의 이야기를 들으며 어떻게 무고한 사람들을 이렇게 비참하게 죽일 수 있는지 너무 화가 났고 머릿속이 복잡해졌다. 또 역사라는 게 깊게 들여다보지 않으면 제대로 알 수 없겠다는 생각도 들었다. 일반 학교를 다닐 때는 역사라고 하면 딱딱하고 나와는 상관없는 이야기라고 생각했지만, 산동면에서 백정규 선생님의 이야기를 비롯해 여순사건에 대한 이야기들을 생생하게 들으니 역사라는 것이 바로 내 이야기가 될 수도 있다는 생각이 들기도 했다.

백부전의 언니는 평양으로 시집을 갔는데 삼팔선이 생기면서 소식이 끊겼다. 큰오빠는 징용으로 끌려가 생사를 알 수 없고 둘째 오빠와 백부전은 여순사건으로 인해 죽었다. 백정규 선생님은 5남매 중 유일하게 살아남은 백부전의 셋째 오빠의 아들이다.

언뜻 보면 별거 아닌 것 같던 노래가 알고 보니 여순사건 이야기였고 여순사건은 또 제주 4·3사건과 연결되어 있다. 내가 우리나라 역사에 대하여 얼마나 관심이 없고 무지한지를 새삼 알게 되었다. 앞으로 역사에 대해 깊이 공부를 해 보고 싶다.

덧글 하나 산동애가

잘 있거라 산동아, 너를 두고 나는 간다.
열아홉 꽃봉오리 피어 보지 못한 채로
가마귀 우는 골에 병든 다리 절며 절며
달비머리 풀어 얹고 원한의 넋이 되어
노고단 골짜기에 이름 없이 쓰러졌네.
살기 좋은 산동마을 인심도 좋아
산수유 꽃잎마다 설운정을 맺어 놓고
가마귀 우는 골에 나는야 간다.
노고단 화엄사 종소리야.
너만은 너만은 영원토록 울어다오.

「산동애가」 전문이다. 이 노랫말은 현재 산수유 테마파크 사랑공원에 비문으로 서 있다.

「산동애가」는 백부전이 어쩔 수 없는 죽음을 앞두고 슬픔에 차 부른 노래이다. 산수유 테마파크 사랑공원과는 별로 어울리지 않는 것 같다. 비문에 깃든 원래의 이야기가 잘 드러나도록 전시되었으면 좋겠다.

덧글 둘 지슬, 끝나지 않은 전쟁

〈지슬〉은 제주 4·3사건을 배경으로 한 영화이다.

'해안선 5km 밖 모든 사람들을 폭도로 여긴다'라는 말에 제주도 사람들은

피난길에 오른다. 하지만 차마 자신의 고향을 두고 갈 수 없었던 사람들은 군인들에 의해 비참하게 학살을 당한다. 4·3사건은 1948년 미군정에 의한 친일 세력의 재등장과 남한 단독정부수립 반대운동 과정에서 제주도민 30만 명 중 10분의 1인 3만여 명의 희생자를 낳았던 민간인 학살 사건이다. 당시 여수에 주둔해 있던 14연대가 정부의 제주도 파병 명령에 불응하여 일으켰던 반란이 여순사건이다. 이처럼 두 사건은 서로 연관이 되어 있고, 수많은 희생자들을 낳았다.

제주도 사투리로 감자라는 뜻의 지슬. 굶주린 채 돌아올지도 모를 자식을 위해 어머니가 죽으면서까지 품었던 지슬. 앞으로 감자를 먹을 때마다 떠오를 것이다.

덧글 셋 내가 왜 죽어야 하지?

『다시 쓰는 여순사건보고서』『큰 산 아래 사람들』『한국 현대사 산책 : 1940대편』

이번 에세이를 쓰며 내가 읽은 책들이다. 『다시 쓰는 여순사건보고서』에는 억울하게 죽은 사람들의 명단이 지역별 사건별로 정리가 되어 있고 『큰 산 아래 사람들』은 여순사건을 겪은 사람들의 증언이나 이야기를 엮은 책이며 『한국 현대사 산책 : 1940년대편』에는 역사라는 관점에서 본 여순사건이 나와 있다.

이 책들을 읽으며 내내 화가 났다. 그때 죽은 사람들이 불쌍했다. 어떻게 이런 사건들이 실제로 일어날 수 있을까. 더구나 우리나라 사람들끼리 그랬다는 것에 대해 부끄럽기도 하다. 내가 그 시대에 살았으면 어땠을까 하는 생각도 들었다. 군대는 오직 명령에 따라 움직이는 집단이라는 것도, 좌익이니 우익이니 하는 말도 아직은 잘 모르겠다. 앞으로는 이런 일이 일어나지 않았으면 좋겠다. 그러려면 역사에 깊은 관심을 가져야 할 것 같다.

"최석근 할아버지한테 가 봐"

– 현천마을 최석근 할아버지를 만나다

– 라온(배은하. 로드스꼴라 5기)

"할아버지 계세요?"

오늘도 최석근 할아버지를 찾으러 간다. 하지만 어김없이 "할아버지 없어. 운전하러 갔어!" 하는 할머니의 말씀. 에잇, 또 허탕이다. 최석근 할아버지는 운전면허증을 따기 위해 매일 바쁘시다.

그러던 어느 날 아침부터 비가 내렸다. 할아버지가 밖에 나가지 않았다는 정보를 입수하고 바로 달려갔다. 할아버지와의 첫 번째 만남은 비 덕분에 이루어졌다.

"할아버지 오늘은 시간 괜찮으세요?"

"그러세요. 저는 괜찮습니다."

손자뻘 되는 우리에게 존댓말을 하시고 입가에는 항상 미소를 머금고 계시는 할아버지. 차를 한 모금 드시고 조금씩 이야기를 풀어내셨다.

"우리 마을이 어째서 현천이냐면 산이 북쪽에서 한 가닥 내려오고 남쪽에서 한 가닥 내려온 모양이 검을 현(玄) 모양이고, 물이 흐른다고 내 천(川)을 써서 현천마을인 거라. 1979년도에 내가 마을 이장 일을 봤는데 그때까지만 해도 80여 호가 살았어요. 그랬는데 지금은 생활 때문에 도시로 나가서 39호밖에 남지 않은 거예요.

우리 집만 해도 할머니, 고모님, 누님, 작은아버지 해서 14명 정도 있었어. 박정희가 군사 반란을 일으킨 뒤에 경제 살린다고 산업화를 해서 그 후로 많이 나갔죠. 그전에는 도시에 나갈 줄도 모르고 농사만 보고 살았던 거지. 농토도 좁으니까 살기 힘들었고.

옛날에 우리들 결혼할 무렵에는 하루 일하면 쌀 한 되야. 근데 지금은 50되. 그렇게 물가가 올랐죠. 여기 시골 다방에서 커피 마시면 4,000원 하는데 쌀 한 되에 4~5,000원 하니 농사 해서는 살기가 어렵죠. 산수유도 요즘 변동이 있긴 해도 수확이 많으면 싸요. 쌀값보다야 비싸지만. 산동면은 산수유가 괜찮으면 벼 수확의 두 배 정도 나와요. 농사는 뭐 그저 그렇고…….

우리 현천마을에 내가 11살 때 여순사건이 일어났거든요. 14연대는 지리산으로 잠적해 버리고 3연대가 원촌초등학교에서 우리 교실 싹 뺏어 가지고 군인들이 주둔했었어. 현천이 다 타 버렸어. 뭐 서적 같은 거 보첩 같은 거 다 태워 뿔고, 우리 집은 하도 불 지른다 해서 미리 터 밑에다 멍석으로 중요한 거 덮어 놓고는 불붙지 말라고 물 조금 부어 놓고, 근데 나중에 가 보니 젖어서 못 쓰고 그랬어요. 우리 마을뿐 아니라 중동도 그랬고, 빨갱이들한테 먹을 거 줬다고 짐작하고 불 질러 버린 마을이 많았어. 사람도 많이 죽었고. 갑자기 그런 일을 당할 줄 모르고 대비 못 한 사람도 많았지. 마을 사람들을 지금 당산나무 쉼터 쪽으로 다 몰아내 놓고…….”

무슨 기억일까. 할아버지의 표정이 어두워졌다. 정적이 흐르고, 할아버지는 한참 망설이다가 다음 말씀을 이어 갔다.

“이런 말을 해도 되나……. 젊은 부인들은 싹 벗겨 버려요, 그 죽일 놈들이. 그리고 젊은 사람들은 무조건 다 패요. 반항하는 사람한테는 죽지 않을 만한 곳에다가 총을 쏴서 두 사람이 총을 맞았어요. 옆에 뻔히 서 있는 사람한테 총을 쏘니 사람들이 얼마나 놀랐겠어요. 그 사람들 아마 다 죽었을 거여. 그 시절에는 사람 목숨이 파리 목숨 같은 거였지. 파리는 달아나면 그만인데 사람들을 가둬 놓고 죽였으니…….

우리 형님이 지금 살아 계시면 여든 다섯인가 그런데 1946년 순천농림학교 5학년 때였나, 전쟁 때 산탄총에 당했나 봐요. 그렇게 형님을 잃었어요. 그리고 위로 세 살 형님이 있었는데 그 형은 열네 살 때 낭떠러지에서 그랬고, 그 뒤로 나하고 내 동생하고 둘이 살았어요. 지금 동생은 서울 가서 살지. 누님 두 분이 계셨는데 연세가 많아서 다 돌아가셨고."

가슴이 먹먹했다. 무언가 말을 하고 싶은데 무슨 말을 해야 할지 몰라 잠시 동안 방 안에는 무거운 침묵이 흘렀다. 도대체 역사라는 건 뭘까. 아무 잘못도 없는 사람들이 왜 억울한 일을 당해야 할까. 할아버지가 차를 드셨다.

"근데요 할아버지, 할머니랑은 어떻게 결혼하신 거예요?"

뜬금없는 질문을 하고 말았다.

"(웃음) 중매요. 그때만 해도 처녀 총각끼리는 서로 쳐다보기도 민망할 때였지. 결혼도 일찍 했어. 어머니가 연세가 많으셔서 내가 스물한 살, 안식구는 스무 살 때 결혼했어. 3년 만에 큰애를 낳고. 큰애가 지금 쉰네 살이지요. 큰애 낳고 바로 군대 갔지.

우리 자식들도 다 중매했어요. 막내만 연애했어요. 아니 걔도 그냥 친구같이 지내다가 결혼했어요. 나는 연애 못 하게 해요. 왜냐하면, 옛날 어른들도 그런 의미였겠지만 처음에는 서로 좋아서 만났겠지만 그게 끝까지 가야 하는데 중간에 이혼하잖아요. 그러니까 나는 연애는 허락 안 해요. 중매는 부모들이 서로 알고 맺어 준 것이기 때문에 뭔가 좀 다른, 그런 게 있겠죠."

할아버지는 남한테 피해 안 주고 지탄받을 일은 하지 않으면 된다고 말씀하셨다. 저렇게 점잖고 인자하신 분이 소년 시절에 겪었던 일을 생각하면 화가 난다. 그런 일을 겪고도 자애로운 미소로 우리에게 이야기를 들려주시는 할아버지가 새삼 존경스럽다. 마을 분들이 "현천마을 이야기를 듣고 싶으면 최석근 할아버지한테 가 봐"라고 하실 만하다.

덧글 여순사건 60년 특별 기획 〈잃어버린 기억〉

〈잃어버린 기억〉은 여순사건 60주년이던 2008년 11월 26일에 KBS에서 방영된 다큐다. 당시 6살, 9살, 11살 정도였던 아이들이 목격한 여순사건은 끔찍했다. 토벌대였던 12연대 2대대 중대장의 이야기. 사흘 만에 계엄령이 내려오자 토벌대는 반란군이라는 혐의가 있는 사람들, 밥을 주었다거나 상처를 치료해 준 사람들을 재판도 절차도 없이 '즉결 처분'했다. 계엄령을 자기들 마음대로 사람들을 사살할 수 있는 '살인 면허증'이라 생각한 것이다.

다큐에는 쌓여 있는 시체가 나왔다. 사람들은 울 수도 화를 낼 수도 없고, 단지 자신의 차례가 올 때까지 가만히 기다리는 것뿐이었다. 사진 속 사람들 하나하나의 표정은 나에게 역사라는 것을 곰곰이 생각하게 하였다. 다큐에서 할머니 할아버지들이 자주 하셨던 말씀이 귓가에 맴돈다. "그 사람들 아마 다 죽었을 거여."

● 곧 갈 2학기 여행지인 베트남. 나는 여행지라고 정해지기 전까지 베트남에 아무런 관심이 없었다. 그러나 2학기 여행지가 베트남으로 선정된 후 갑작스럽게 베트남을 알아 가고 있다. 누가 알았을까, 아무런 관심이 없었던 곳에 대한 책 한 권을 읽고서 그곳의 아픔에 대해 생각하게 될 것이라고. _ 멀대(김지민. 5기), 『하노이에 별이 뜨다』를 읽고

● 이게 전쟁이다. 전쟁은 이런 것이었다. 내가 알고 있던 1, 2차 세계대전, 임진왜란, 적벽대전, 워털루 전투, 6.25, 칸나에 전투. 이 모든 전쟁들은 이순신, 제갈공명, 히틀러, 나폴레옹, 한니발 등 한 인물의 이야기에 가려져 있었을 뿐이었다. 전투 중의 두려움, 전쟁 속의 광기어린 사람들.
'그는 벌벌 떨리는 두 손으로 자기 배에서 비어져 나와 뜨거운 김을 뿜고 있는 창자를 감싸고 있었어.' '꾸앙의 배가 터져 창자가 다 쏟아져 나왔다. 그러나 더욱 끔찍한 것은 온몸의 뼈가 거의 다 부러졌다는 것이었다. 옆구리는 움푹 패어 있었으며, 두 팔은 늘어져 덜렁거리고, 넓적다리는 시퍼랬다.'
이렇게 자세하고 사실적으로 묘사된 문장들을 보며 내 몸의 어딘가 저릿해 오고 아파 오는 듯 했다. 책을 읽는 내내 누군가 목을 누르고 있는 느낌이 들고 팔과 무릎이 저렸다. 왜 전쟁이 다시는 일어나선 안 된다고 하는지 알 것 같았다.
"아무리 좋은 전쟁도 가장 나쁜 평화보다 나을 순 없어."
바오닌의 말이다. 그 어느 곳에서라도 전쟁이 다시는 일어나지 않으면 좋겠다. _ 동동(한동현. 5기), 『전쟁의 슬픔』을 읽고

● 책을 덮자마자 너무 화가 나서 인터넷에 '베트남전쟁 한국군 학살'이라고 검색을 했습니다. 일반 사람들은 이 이야기를 알까 생각도 들었고, 이 이야기를 당장 알려서 우리의 잘못을 인정해야 한다고 생각했습니다. 검색을 해 보니 생각보다 많은 게시글들이 올라와 있었습니다. 그리고 생각보다 다양한 의견들이 많았습니다. 저와 생각이 같은 사람이 있는가 하면 어떤 사람은 어쩔 수 없었다고 말했고, 또 다른 사람은 무작정 한국군을 욕하지 말라고 했습니다. 심지어는 베트콩이 한국군의 모습으로 변장을 해서 사람들을 죽였다는 어이없는 이야기도 많았습니다. 그들의 이야기를 들으며 조금씩 저의 생각의 경계가 허물어지기 시작했습니다. _ 제비(이지우. 5기), 『전쟁의 기억, 기억의 전쟁』을 읽고

● 이 책을 통해서 전쟁의 그늘을 본 것 같다. 전쟁에는 수많은 목적이 존재한다. 정치적인 이유로 전쟁을 일으키기도 하고, 돈 때문에 일으키기도 한다. 특히 돈은 전쟁의 모든 것을 움직인다고 볼 수 있다. 전쟁에 쓰일 무기를 사는 것도 돈이고 군인들에게 생필품, 식량을 제공하려면 돈이 든다. 이번에는 그 돈들을 통해 한몫 챙기는 사람들의 이야기를 보았다. 그들은 민간인이 학살되는 이야기 같은 것을 보고받는 자리에 있다. 총알은 그들에까지 미치지 않는다. 그들에게 전쟁은 아픔이라기보다 돈벌이에 불과하다. 나는 서로 죽이고 아프기만 하는 전쟁이 왜 일어나는지 생각했었다. 그러나 전쟁이 모두에게 아픔인 건 아니었다. 누군가에겐 한몫 챙길 기회이다. 하긴, 전쟁이 모두에게 아프게만 작용한다면 전쟁은 일어나지 않았을 거다. _ 화이(김은균. 5기), 『무기의 그늘』을 읽고

● 베트남전쟁과 한국전쟁이 비슷하다고 생각했는데 다른 점이 꽤 많았다. 책의 초반에 빈이 어렸을 적 살던 마을의 연락책인 외팔이 민 아저씨가 나온다. 민 아저씨가 고생하는 모습을 보고 어린 빈은 우리가 할 수 있는 일이 무엇이냐고 묻는다. 민 아저씨는 타이르듯 대답한다. 적을 위해서 하는 것이 아니라고. 우리 자신을 위해서라고. 사람이 되는 첫째 도리는 다른 사람의 아픔을 알아야 하는 것이라고.

_ 라온(배은하. 5기), 『그대 아직 살아 있다면』을 읽고

● 작가는 빈농의 딸로 태어나 논밭 일을 하며 가난한 청소년기를 보내 왔고, 가난한 주변 이웃들의 삶을 보고 들으며 성장했다. 그래서인지 『끝없는 벌판』은 소설임에도 불구하고 어디에선가 혹은 앞으로 현실이 되어서 나타날 이야기 같았다. 내가 작가라면 고생 끝에 낙이 오는 감동적인 이야기를 써내려갈 것 같지만, 작가는 기약 없는 희망보다는 우리들의 현실에 대해 적나라하게 말했다. 우리 사회의 어둠을 우회하지 않고 직진하는 작가는 우리가 현실을 직시하는 것이 긍정적인 몇 마디의 말보다 더 값지다는 것을 이야기하고 싶은 것이 아닐까.

_ 알로하(김주리. 5기), 『끝없는 벌판』을 읽고

● 루시드폴의 노래 중 〈사람이었네〉라는 노래가 있다. 노래 가사에 이런 이야기가 나온다. '난 중동의 소녀, 방 안에 갇힌 열네 살, 하루 1달러를 버는.'

1달러. 우리나라 돈으로 치면 하루를 일해 2천 원 정도의 돈을 버는 것일까. 내가 지금까지 당연하다고 믿어 온 아름다운 세상이 그곳에는 없었다. 세상을 지배하고 있는 돈이라는 종이가 사람을, 자연을 죽여 가고 있

었다. 언제부터 사람들은 잃어버린 천 원은 아까워하면서 누군가에게 주어야 하는 백 원은 내어 주지 않게 되었을까. 몇 십 년간 카카오 농장에서 일을 해 온 아주머니가 초콜릿을 한 번도 먹어 보지 못했다는 이야기를 보았을 때, 세상엔 내가 모르는 아픔이 존재했었다는 걸 알게 되었다.

_ 길담(백록담. 5기), 『공정무역은 세상을 어떻게 바꿀 수 있을까』를 읽고

● "어쨌든 사람의 생명이란 고귀한 것 아닙니까? 지도원 동무도 살아남아야지요. 내가 죽고 없는데 해방이며 혁명이 무슨 소용이 있겠습니까." 해인대학을 다니다가 연합부대로 온 '김'이라는 학생이 한 말이다. 책을 읽기 전까지는 나 역시 그의 생각과 같았을 것이다. 내가 생각하기에는 나라를 바꾸기 위해 데모를 하다가 죽은 사람들도 왠지 억울했을 것 같고, 나도 싸우는 도중 죽게 되면 아주 억울할 것 같았다. 하지만 책을 읽고 그들의 뜻을 더 알아 가다 보니 목숨을 바쳐 싸우는 일이 아주 억울한 일은 아님을 알게 되었다. _ 순심(오세현. 5기), 『빨치산의 딸』을 읽고

● 이번 기회가 아니었으면 손도 대지 않았을 10편의 장편소설을 읽었다는 게 너무 뿌듯하고 감사하다. 처음 읽는 대하소설에 어떨 때는 정말 안 읽혀서 끙끙대기도 하고, 한 권 두 권을 읽어도 끊임없이 남아 있는 책들에 짜증날 때도 있었지만 그만큼 많은 도움이 됐다. 점점 속도가 붙어 한 권씩 집어던질 때는 얼마나 통쾌했는지 모른다. 중학교 때 역사 과목에서 근현대사를 정말 재미없게 외웠던 기억이 있다. 지금 머릿속에 남은 건 하나도 없지만.『태백산맥』읽으면서 이런 게 제대로 된 공부라는 걸 알았다. 빨치산, 여순사건, 이승만, 미소 어쩌구저쩌구……. 큰 단어들로만 알았던 것을 구체적으로 이어 나가고 맞춰 나가면서 공부를 새로

했다. 뒤로 갈수록 어려운 단어들이 많이 나와서 여전히 모르는 사실도 많지만 그래도 많은 것을 알게 되었다. 공부할 게 한도 끝도 없다는 말이 절실하게 이해가 됐다. _ 사랑(박예은. 5기), 『태백산맥』을 읽고

방학은 떠별들에겐 필독서를 읽는 시간이다. 10~20권 정도의 책을 읽고 리뷰를 쓰는 것이 방학 과제다.

모뉴먼츠 맨
H is for Hawk
메이블 이야기
정의를 부탁해
이기적 논어 읽기
멍청한 백인들
자발적 가난
김수영을 위하여
서로주체성의 이념
로드
전쟁의 슬픔
무기의 그늘
황석영
인류
최초의 남자
체 게바라
CHE GUEVARA
혁명적 인간
상처받지 않을 권리
국화와 칼

“

아이들의 언어가 하나같이 살아 있었다.
달변이건 눌변이건 제 언어로 말하고 있었다.
남의 생각이 아닌 제 생각을 말하는 친구들을 만나는 일은 언제나 즐겁다. 고백하건대, 내가 진심으로 로드스꼴라를 바라보기 시작한 것은 이 시간부터였다.

”

권산(지리산닷컴 운영자)
『로드스꼴라, 남미에서 배우다 놀다 연대하다』 리뷰집 중

| 제2부 |

길가온 과정

길머리 과정을 마친 떠별들의 다음 단계는 총 3학기로 구성되는 길가온 1~3과정이다. 이 과정에서는 '길 위에서 역사를 만나다'(길가온 1과정), '동시대를 만나다'(길가온 2과정)라는 주제로 두 번의 여행을 하고 그다음 학기(길가온 3과정)엔 출판, 연극, 영화, 음반 제작 같은 수료 프로젝트를 진행한다. 길가온 과정의 여행은 한반도를 벗어나 다른 나라로 가는, 로드스꼴라에서 하는 첫 외국 여행이다.

별들이 지구를 여행하는 방법

1.

해당 학기의 주제에 따라 여행할 나라가 결정되면 여행의 테마를 정하고 네트워크를 만든다. 예를 들어 하와이 여행의 메인 테마는 '사탕수수 이민과 사진신부'였다.

하와이는 대한제국의 첫 공식 이민지였다. 한반도에서 처음으로 '여권'이 만들어진 것도 하와이 이민자들의 미국 입국을 위해서였다. 여권을 들고 입국 심사를 받으며 조선 사람들이 첫발을 디딘 서양, 하와이. 그곳에서 그들은 노동을 하고 신문을 만들고 학교를 세우고 독립 자금을 모아 상하이로 보낸다. 세계적인 여행지이기도 하지만 우리에겐 20세기 초반 외세와의 갈등과 교류, 이주노동, 근대로 가는 여성들의 꿈과 희망 등에 대해 공부할 수 있는 특별한 공간이다. 디아스포라diaspora* 가 핵심 주제이긴 하지만 하와이가 품고 있는 다른 이야기들, 미군 기지와 평화운

* 이산離散, 즉 '흩어진 사람들'이라는 뜻의 그리스어. 팔레스타인을 떠나 온 세계에 흩어져 살면서 유대교의 규범과 생활 관습을 유지하는 유대인을 이르던 말에서 시작되었다.

동, 다문화, 원주민 이야기, 관광 시스템 등도 놓칠 수 없는 여행의 테마가 된다.

주제가 결정되면 네트워크를 시작한다. 자료 조사를 하다 보니 이민, 사진신부와 관련해서는 이덕희 선생님이 오랜 시간 연구를 하고 계셨다. 하와이대학을 통해 연락처를 받아 연락을 한다. 하자센터를 방문했던 하와이대 유준 교수님과도 연결이 되고, 한국에서 NGO 활동가였던 김숙경 선생과 하와이 NGO 활동가 수선과도 연락이 닿는다. 여름방학을 이용해 하와이로 날아가 만난다. 여행학교를 소개하고 하와이에서 우리가 하고 싶은 여행에 대해 충분히 이야기 나눈다. H여행사의 하와이 지부장 썸이 호텔 등 구체적인 업무들을 함께해 주기로 한다.

학기가 시작되면 여름방학 동안 필독서를 열심히 읽은 떠별들과 공부를 하고 작업 팀을 나눈다. 잡지 팀, 영상 팀, 연극 팀은 돌아와서의 결과물까지 가늠하며 차곡차곡 여행 준비를 한다.

2.

하와이에서 떠별들은 '따로 또 같이' 여행한다. 작업 팀별로 여행을 하다가 강의나 이민사 관련 장소에는 다 같이 모여 공부를 한다. 이덕희 선생님은 초기 이민자들의 캠프와 한인 교회, 사진신부들이 묻혀 있는 묘지, 사탕수수 농장 등 이민자들의 역사와 관련한 곳으로 총총히 떠별들을 데리고 다닌다. 유준 교수는 하와이대학으로 떠별들을 초대해 다문화와 관련한 유쾌한 강의를 해 주고, 김숙경 선생님의 주선으로 '피스 앤 저스티스(Peace & Justice)'는 하와이의 미군 기지와 평화운동에 대한 답사를 꼼꼼히 진행해 준다. 수선의 도움으로 사진신부 2세와의 만남도 이루어진다. 세계 최고 관광지의 관광 시스템 및 그와 관련한 일을 하는 사람들을 만나 관광 이면의 이야기도 듣는다. 훌라hula를 배우고 트롤리trolley를 타고 칠리새우를 먹고 수영을 한다. 차이나타운의 이쁜 파스타 집도 인터뷰한다. 돌아와서 만든 사진신부 이야기 〈무지개 너머〉는 청소년영화제에서 수상의 기쁨을 누린다.

영국 여행도 마찬가지다. 자본주의, 영국문학, 크리에이티브 커먼즈(Creative Commons), 축구, 연극, 뮤지컬 등의 주제가 결정되면 네트워크를 찾기 시작한다. 영국문학의 경우 『그대가 꿈꾸는 영국, 우리가 사는 영국』 『시인의 자리를 찾아서』 『소설가의 길을 따라』의 작가 김인성 선생님께 메일을 보낸다, 로드스꼴라가 하고 싶은 여행을 미리 하고 책까지 내셨으니 더할 나위 없는 길벗이 되실 것이다. 크리에이티브 커먼즈의 경우 아름다운재단의 주선으로 스프레드아이(SPREAD-i)의 김정원, 임소정 선생님과 연결된다. 로드스꼴라가 영국에서 만나고 싶은 단체들과 이미 일을 하고 있으니 얼마나 반가운가. 런던에서 미술사를 전공하는 박지희 선생님과도 접속한다. 숙소와 교통편 등 가장 실무적인 일들을 맡아 주고 작가, 화가 등 다양한 사람들과도 연계한다.

메일과 전화 통화가 매일매일 이어진다. 여행학교에 대한 소개와 질문이 이어지고 주제와 관련한 논의가 여행 출발하는 날까지 이어진다. 특강도 준비한다. 바쁘신 선생님들이 쾌히 시간을 내어 청소년들을 위한 맞춤형 강의를 해 주신다.

경제학 특강은 홍기빈 선생님. 자본주의의 태동부터 현재의 지점에 이르기까지 그 도저한 역사를 10회 특강 안에 담아낸다. 때로 조금 어렵기도 했지만 누구도 졸지 않았던 경제학 특강. “나도 애를 쓸 테니 여러분도 애를 써 주시기 바랍니다. 그렇게 쉽지만은 않은 것이 공부입니다.”

영국문학 특강은 김현숙 교수님이 두 차례. 제인 오스틴, 찰스 디킨즈, 토마스 하디, 브론테 자매들, 19세기에서 20세기로 이어지는 영국문학의 흐름 속에 영국 사람들의 사랑과 노동과 욕망과 꿈이 일렁인다.

2학기에 이어 소설가 김남일 선생님의 문학 특강. 문학이란 결국 삶의 총체임을 다시 한 번 일깨워 주셨던.

축구인문학. 스포츠와 클래식과 계급과 인권과 도시를 아우르다. 『축구장을 보호하라』『클래식, 시대를 듣다』의 작가 정윤수 선생님이 말하는 맨유와 박지성, 프리미어리그, 훌리건, 붉은악마 그리고 광화문.

런던을 베이스로 활동하여 이탈리아에서 수상을 한 이력은 물론 파리의 브랜드에서 경험을 쌓은, 2013년 탑 디자이너 우승자 신용균 디자이너가 들려주는 영국의 패션과 한국의 패션.

유럽의 사회적기업과 협동조합에 관한 이야기는 아름다운재단의 서유미 선생님이, 공정무역에 관한 이야기는 아름다운커피의 한수정 선생님이, 오픈 스튜디오에 관한 이야기는 『영국은 주말에 오픈한다』의 문호경 선생님이, 마침내 영국사는 조준배 선생님이.

그리고 우리는 날아갔다.

영국에서의 50여일, 우리는 참으로 많은 사람들을 만나고 많은 단체들을 만나고 공연을 보며 배우고 놀고 연대했다.

3.

로드스꼴라가 문을 두드렸을 때 현지의 많은 분들이 기꺼이 일본의 길별, 베트남의 길별, 카자흐스탄의 길별, 우즈베키스탄의 길별, 아르헨티나의 길별, 볼리비아의 길별, 페루의 길별이 되어 주었다. 수십 년 그 나라에 머물며 쌓아 온 경험과 배움과 네트워크를 아낌없이, 흔쾌히 청소년들에게 나누어 주었다. 떠별들은 현지 길별들의 등을 딛고 이곳에서 저곳으로 건너가고 건너왔다. 몸은 곧 다리였다.

교토의 아침,

"이거 먹어요."

떠별들에게 무심히 건네주는 송보영 선생님의 손엔 교토에서 가장 맛있다는 촉촉한 롤케익이 들려 있다.

하와이의 아침,

이덕희 선생님의 손엔 떠별들에게 줄 하와이 특제 간식이 들려 있다. 이건 따뜻할 때 먹어야 맛있어, 새벽에 일어나 사 온 마사라다는 수선의 마음처럼 따끈따끈했다.

네팔 길별 어르준 선생님은 고향집 집들이에 로드스꼴라 떠별과 길별을 초대해 주고, 런던 길별 박지희 선생님은 매콤한 비빔국수를 20인분이나 해 와서 피시앤칩스에 지친 입맛을 북돋웠다.

쿠스코까지만 안내하기로 했던 사이먼이 밤 버스를 같이 타고 기어이 이까까지 따라온다. 스페인어와 페루어가 유창하지 않은 길별과 떠별들을 위해서였지만, 오랜만에 이까에 가 보고 싶어서라고 말한다. 진정 잉카의 후예 같던 멋진 청년.

하노이 북부의 마이쩌우, 하루 종일 걷고 통역하고 가이드하느라 파김치가 되었을 텐데도 떠별들의 요청에 구수정 선생님 결국 베트남 귀신 이야기 보따리를 풀어놓는다, 은하수도 삼경인데 옹개종개 떠별들 잠 못 드는데.

기꺼운 헌신.
다정한 연대.
의로운 전승.

세상의 모든 밤하늘에서 빛나던 길잡이별. 그 별빛을 따라 우리는 여행했다.

1장

길 위에서 역사를 만나다

길가온 1과정

본격적으로 길 위에서 역사를 공부하는 단계다. 여행은 먼저 살아갔던 인간들의 욕망과 꿈, 지혜를 만날 수 있는 더없이 훌륭한 교과서다. 시공간을 넘나드는 흥미로운 경험을 통해 자신 안에 내재되어 있는 원대하고 끈끈한 인류의 오랜 소망과 만나는 시간을 갖게 될 것이다.
역사 속에서 누구의 이야기가 기록되어 남겨지고 누구의 이야기는 교묘하게 은폐되고 은밀하게 삭제되는가. 성과 계급과 인종과 종교는 한 개인을 어떻게 운명 짓고, 운명을 뛰어넘는 인간들이 만들어 내는 낯선 세계는 얼마나 경이로운가를 발견하는 일이 길가온 과정 첫 학기의 목표다. 로드스꼴라는 특히 디아스포라를 중심에 놓고 역사 여행을 한다.

경계와 경계에 꽃을 피우다
; 디아스포라 여행을 기획하며

떠났던, 떠날 수밖에 없었던 사람들의 이야기 속에는 설렘과 두려움, 희망과 비애, 애절한 그리움 혹은 분노 따위가 뒤엉켜 있습니다. 가지가지 그 욕망의 갈래길들을 따라가다 보면 한 시대의 그림과 맞닥뜨리게 됩니다. 계급과 종교, 성과 관련한 권력관계, 정치사회적 모순, 국경을 두고 벌이는 은밀한 접전, 흔들리는 하부 토대, 원대한 비전, 목숨을 걸고 꾸는 꿈, 꼬물꼬물 태동하는 새 시대의 기운.

한반도를 떠났던, 떠나야만 했던 사람들의 이야기를 찾아가면서 우리가 마주친 건 사적인, 지극히 사적인 이야기가 역사와 만나는 장면이었습니다. 디아스포라 로드를 따라가는 건 한 시대를 만나는 일이면서 동시에 한 개인을 만나는 일이었고, 한 가족의 이야기이면서 동시에 한 민족의 이야기이기도 했습니다. 이곳의 이야기이면서 저곳의 이야기이고, 남성의 이야기이면서 동시에 여성의 이야기이기도 했습니다. 개인의 생은 역사와 긴밀하게 결합되어 있고 일상은 치밀하게 정치와 맞닿아 있다는 걸 알게 되기도 했습니다. 경계와 경계에 꽃을 피운 사람들, 오래되었으나 여전히 설레고 여전히 두려운 그 이야기는 지금도 진행 중입니다.

재외동포재단의 2005년 통계에 따르면 현재 전 세계의 코리안 디아스포라는 6백63만8,338명으로 거의 7백만 명에 이릅니다. 이는 남북한을 합한 인구의 10분의 1에 달하는 것으로, 절대적인 숫자로는 5천5백만 중국인, 1천만 유대인보다 적지만 미국, 캐나다, 일본, 러시아, 중국을 비롯한 전 세계에 퍼져 있어서 흩어져 있는 국가 수로는 가장 많다고 합니다.

한반도인들이 본격적으로 이주를 한 건 삼국시대로 거슬러 올라갑니다. 7세기, 삼국이 통일되는 과정에서 신라에게 패한 백제의 유민들이 대거 일본으로 이주하게 됩니다. 물론 그 이전에도 한반도와 일본 사이에는 문물의 교류가 행해졌지만 많은 사람들이 한꺼번에 이주를 한 건 백제 멸망 시기입니다. 일본은 백제의 유민들을 받아들여 정착지와 벼슬을 주기도 했지요. 아스카, 나라, 오사카, 교토 등지에는 당시 백제와 관련한 이야기들이 많이 남아 있습니다.

이후 1860년대부터 일제에 의해 강제 점령이 일어나는 1910년 사이에도 많은 사람들이 한반도 밖으로 이주합니다. 1902년부터 시작된 미국 하와이 사탕수수 농장으로의 이주, 멕시코 유카탄 반도로의 이주가 이 시기에 일어납니다. 하와이 이주는 '여권'이 발급되는 첫 공식 이민이었다는 점에서 주목할 만합니다.

식민지 시절이었던 1910년부터 해방되는 1945년 사이에도 이주는 계속됩니다. 생존을 위해 만주와 일본으로 간 농민들뿐만 아니라 정치적 난민들과 독립운동가들도 외국으로 이주합니다. 또한 만주 지역 개발이나 일본의 광산, 제2차 세계대전의 전쟁터로 끌려가는 강제 이주가 일어나는 시기이기도 합니다.

한국전쟁을 전후해서도 다양한 이유로 한반도를 떠나는 사람들이 생겨납니다. 전쟁 고아, 미군과 결혼한 여성, 혼혈아, 입양, 유학 등의 이유로 많은 사람들이 미국과 캐나다 등으로 떠나고 1960년대에는 광부와 간호사들이 독일로 취업을 위한 이주를 떠납니다.

다양한 이유로 떠났던 사람들은 '그곳'에서 '이곳'을 바라볼 수 있었습니다. 이곳에서는 보이지 않던 '이곳'이 '그곳'에서 오히려 정확히 보이기도 했습니다. 그들은 이곳과 저곳, 근대와 전근대, 서양과 동양, 이미 지나간 시대와 아직 오지 않은 시대를 연결하고 넘나들고 사랑하며 수많은 이야기를 만들어 냈습니다. 이곳과 저곳의 경계에서 서성이고 결단하고 좌절하고 성장했던, 그 불굴의 이야기. 고단했지만 설레었던, 운명을 뛰어넘던.

로드스꼴라가 해마다 코리안 디아스포라 로드를 따라가며 만났던 이야기를 전합니다. 1기는 한일고대사의 현장을 답사했고, 2기는 연해주의 고려인들을 찾아가는 여행을 했습니다. 3기는 대한제국의 첫 공식 이민지인 하와이를 방문했습니다. 4기는 중국의 조선족을 찾아갔고, 5기는 베트남전쟁 중에 비극적으로 만났던 한국과 베트남의 관계를 돌아보았습니다. 국경과 국경을 넘나들며 살아 냈던 사람들의 이야기, 시작합니다.

1. 일본 여행

2009. 10. 20~10. 29 (9박 10일)

교토

고류지, 히라노 신사, 기요미즈데라, 헤이안 신사, 니조조, 재일동포 1세대 돌봄센터 '에루화', 평화박물관, 금각사, 아라시야마, 다카노 니이가사의 능, 후시미이나리 신사, 마쯔오 신사, 시모가모 신사, 망간박물관, 우토로 마을, 유니버셜 스튜디오, 독립여행

아스카

다카마쯔즈카, 이시부타이, 아스카데라, 오카데라, 고겐지, 타치바나데라

나라

나라마치, 고후쿠지, 도다지지, 호류지, 간고지, 홋케지, 사이다이지, 가스카다이샤

오사카

구마다 신사, 후지이데라와 야추지, 전왕인묘, 아스카베 신사, 시텐노지

| 모별님께 드리는 편지 |

일본 답사에 즈음하여

길머리 과정이 여행을 하기 위한 토대를 만드는 과정이었다면 길가온 과정은 본격적으로 길 위에서 역사와 인문학을 공부하는 단계입니다. 여행은 새로운 문화를 만나는 일이기도 하지만 오래된 역사를 만나는 길이기도 합니다. 이번에 떠별들과 함께할 '백제의 길, 백제의 향기'는 서울-공주-부여-익산-아스카-나라-교토-오사카를 잇는 프로젝트입니다.

일본으로의 여행은 5세기에서 6세기, 공간적으로는 중국-한반도-일본으로 이어지는 고대 동아시아 문명교류사를 추적하는 일이 될 것입니다. 복잡한 각종 기술과 물질문화, 사상이 이곳저곳으로 흘러 들어가고 나오고 하면서 중국-한반도-일본열도를 잇는 문화의 고속도로가 건설되던 고대의 도도한 흐름을 조망하는 것이 이 프로젝트의 주요한 목표입니다. 백제계 이주민들의 일본 정착과 백제문화의 일본 전래 등을 통해 국경이 어떤 식으로 흔들리고 만들어지는지, 교류와 소통과 이해가 어떤 방식으로 진행되는지를 들여다보며 21세기를 함께 살아갈 이웃 아시아와 어떻게 교류하고 소통할 것인가를 질문하는 여행이 되지 않을까 합니다.

이 과정에서 역사의 구멍도 만나게 되겠지요. 누구의 이야기가 기록되어 남겨지고 누구의 이야기가 교묘하게 은폐되고 은밀하게 삭제되는가. 성과 계급과 인종과 종교는 한 개인을 어떻게 운명 짓고, 운명을 뛰어넘는 인간들이 만들어 내는 낯선 세계는 얼마나 경이로운가를 발견하는 일이 이번 학기 로드스꼴라가 하고자 하는 작업입니다. 우리 떠별들이 먼저 살았던 동종에 대한 이해를 바탕으로 현재의 나와 우리를 읽어 내고, 누군가는 불합리하고 근거 없다고 생각하지만 그래서 새로운, 비전을 만들어 내기를 바라는 마음 간절합니다.

이를 위해 9월 한 달 동안 워크숍들이 진행됩니다. 『정말 거기에 백제가 있었을까』의 엄기표 선생님과 도쿄대학에서 비교문학을 연구하고 한양대에서 가르치는 김응교 선생님, 『길은 학교다』의 저자이자 영화 〈로드스쿨러〉의 감독인 이보라 작가를 초대하여 역사를 어떻게 바라보고 학습할 것인가에 대한 이야기를 나눌 예정입니다.

10월 한 달 동안은 답사가 진행됩니다. 연극, 영화, 가이드북 제작, 개인 프로젝트로 나뉜 팀들이 서울–공주–부여–익산–정읍–서산–아스카–나라–교토–오사카로 이어지는 백제의 길을 탐사하며 자신들의 문화작업으로 연결시켜 나갈 것입니다.

일본 여행에서는 백제 유적지를 답사하는 것 외에 '외국에서 독립여행하기'라는 과제를 동시에 진행합니다. 말이 통하지 않는 외국에서 스스로 지도를 읽고 버스표를 사고 자전거를 빌려 이동하는 등 혼자서 여행하는 법을 학습할 것입니다. 일본에 살고 있는 많은 사람들을 만나 스스로의 네트워크를 만드는 방식도 배울 것입니다. 백제 유적지 답사만큼이나 중요한 공부라고 생각하고 있습니다. 이 과정을 통해 떠별들은 스스로 기획하고 진행하고 결과물을 창조해 내는 문화작업자로 성장할 것입니다.

관심과 격려로 지켜봐 주신다면 더욱 깊어지고 넓어지리라 믿습니다.

2009년 9월

로드스꼴라 길별 일동

백제라는 아득한 나라

-고담(김민지. 로드스꼴라 1기)

"엥? 차라리 조선을 해요. 고려라든지."

백제를 주제로 역사 여행을 떠난다는 말에 평소에는 새초롬하게 앉아만 있던 아이들도 목소리를 높인다. 딱히 싫은 것도 아니지만 탐탁지는 않다는 반응들. 애정을 가지고 공부해야 하는데, 백제라면 영 곤란하다. 어디 톡톡 튀거나 예쁜 구석, 차라리 싫은 구석이라도 있어야지. 주인공도 아니야, 조연도 아니야, 천하의 악역도 아니고, 얼굴도 기억 안 나는 카메오. 가뜩이나 역사라면 눈앞이 깜깜한데.

역사, 보다는 국사라는 말이 더 익숙하다. 늘 사물함 한구석에 콕 박혀 있던 국사책은 꼭 거대한 암기노트 같았다. 토씨 하나까지 완벽하게 외워야 했던 그 숫자들이야말로 수학 시간보다 진절머리 났다. 시험만 끝나면 언제 그랬냐는 듯 말끔하게 증발되는 온갖 문자와 숫자들. 허탈하기 이를 데 없지만, 왜 이런 부질없는 짓을 해야 하냐고 질문하진 않았다. 왜긴? 시험 잘 봐야지.

이땐 이랬다, 저땐 저랬다, 와글와글 떠드는 그 속에 백제는 빼꼼히 손가락 하나 내밀고 있었다. 굉장히 섬세하고 부드러웠다는 그 손. 그래서 지금도 입이 쩍쩍 벌어지도록 아름다운 작품을 빚어내곤 했다는. 하지만 그보다는, 우와, 여기까지가 다 우리 땅이었대, 탄성을 내지르게 하는 정복 국가 고구려가 훨씬 더 자랑스럽고, 작은 고추가 맵다더니 최후에 살아남아 승리의 깃발을 흔드는 신라가 훨씬 더 대단해 보인다.

그런데, 왜 하필 그 나라야, 라고 큼지막하니 쓰여 있는 얼굴들. 모처럼 나온 여행 이야기에도 설렘은커녕, 사뭇 비장해 보이기까지 한다. 배낭여행, 무전여행, 도보여행, 신혼여행도 아냐, 역사, 여행이라니까! 역사 여행? 도통 그림조차 그려지지 않는다. 매년 바람이 선선해질 즈음 단체로 떠나곤 하던 수학여행도 경주니 부여니 하는 유서 깊은 고도로 향하곤 했지만, 역사 여행이라기보다는 친목과 마음 수련의 장에 더 가까웠다. 그러니 여행으로 역사를 배운다는 그 말이, 아직은 당최 이해할 수 없는 미궁의 수수께끼처럼 들릴 밖에.

이 여행이 아니면 한평생 들춰 보지도 않았을 책들이 빼곡히 적힌 필독서 목록을 유심히 훑는다. 며칠 뒤, 제목만 들어도 정신이 혼미한 책들을 책상 위에 산더미같이 쌓아 놓는다. 한 권 펼쳐 들었다가, 얼마 지나지 않아 좌우 격렬하게 헤드뱅잉. 벌써 몇 십 페이지째 왕성이 어디 있었는지를 놓고 논쟁 중이다. 시작부터 말 많은 백제의 길 잇기, 쉽지 않다. 몇 번을 되풀이해도 머릿속에 들어오지 않는 문장들을 그래도 꾹꾹 씹어 읽어 나간다. 여기저기 영상 자료도 찾아보고, 교수님을 초청해 강의도 들어 보지만, 어쩐지 거리는 좁혀지지 않는다. 다가가지도, 다가오지도 않는 까마득한 거리. 여전히 형체도 없이 맴도는 백제의 모습. 휘이휘이 가쁜 손놀림으로 안개를 걷어 내고 겨우겨우 길을 다 잇는다. 서울에서 시작해 바다 건너 일본 교토에서 마치는 백제의 길. 아직도 백제는 손가락 하나 내밀고만 있는데, 덜컥 떠나야 할 시간이 왔다.

생애 첫 외국 여행, 유럽도 미국도 아니고 백제, 누가 상상이나 했을까. 주섬주섬 여행 가방을 싸는데 설렘은 고사하고 아아, 찝찝하다. 그 나라, 만날 수나 있을까. 짐보다는 이상야릇한 걱정 한가득 두 어깨에 짊어 메고 집을 나선다. 호흡 한번 크게 들이마시고, 천천히 걸음 내딛는다. 아득한 그 길을 따라 한발 한발.

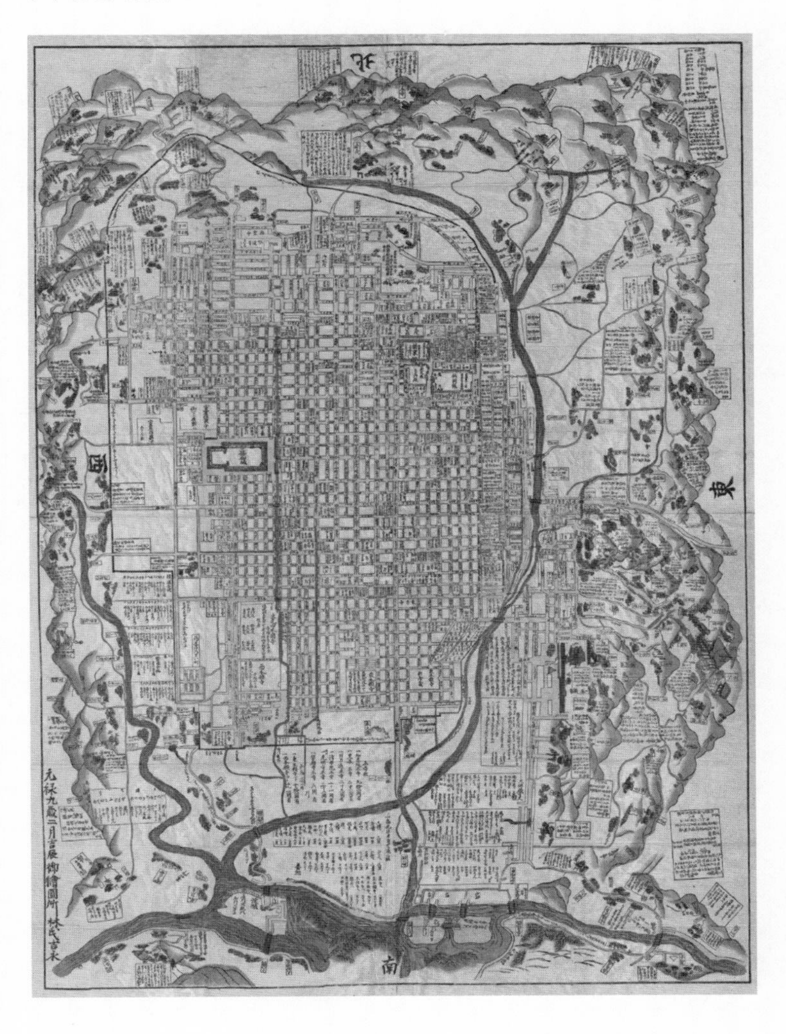

계절들 피고 지는 아스카

– 미아(차민지. 로드스꼴라 1기)

전차를 타고 아스카 가는 길, 드넓게 펼쳐진 논밭과 오래된 시간의 향기가 물씬 풍기는 성냥갑 같은 집들이 단정히 서 있는 풍경이 창밖으로 천천히 흘러간다. 설레면서도 차분히 가라앉는, 묘한 느낌이다. 고개를 돌리다 눈꼬리가 옆으로 길게 찢어진 남학생과 눈이 마주친다. 까맣게 그을린 얼굴에 주름을 만들며 씩, 웃는다. 살짝 두근거린다. 머리를 양 갈래로 땋아 내리고 새하얀 와이셔츠에 찰랑거리는 체크무늬 주름치마를 입었다면 어쩌면 일본 청춘영화 속 주인공이 될 수도 있을 거 같다. 웃어 줄까 말까, 망설이지 않는다. 눈을 접으며 입꼬리를 올린다.

– 쯔기와 아스카, 아스카에끼데스(다음은 아스카역입니다).

오색치마 펄럭이며, 다카마쓰즈카

아스카 역 인포메이션센터 앞에 있는 입간판에는 조그만 부채를 들고 주름치마를 입은 여자 넷이 그려져 있고 그 아래 '高松塚(고송총)-다카마쓰즈카' 라는 글씨가 적혀 있다. 방향을 알려 주는 화살표와 함께 '15分'이라고 친절히 소요시간까지 알려 주는 걸 보니 아스카에 오는 여행자들이 가장 가 보고 싶어 하는 곳인가 보다.

'키 큰 소나무가 있는 무덤' 이란 뜻의 이 오래된 무덤이 유명한 건 일본 최초로 발견된 채색벽화 때문이다. 한 명 눕기에도 빠듯해 보이는 무덤의 석실 내부에는 남주작, 북현무, 좌청룡, 우백호 사신도가 그려져 있고 양옆으로 여자들과 남자들의 군상이 있다. 천장에는 별자리까지 선명하다.

1,400여 년의 시간이 지났건만 주름치마에 남아 있는 색깔은 여전히 곱다. 세월이 흘러 저렇다면 원래의 색은 얼마나 더 고왔을까. 흥미로운 건 이 여자들이 고구려의 여자들과 닮았다는 것이다. 넓게 퍼지는 주름치마, 치마를 덮는 긴 웃옷, 둥그렇게 볼륨을 살린 머리 그리고 통통하게 오른 볼살. 국사 시간에 봤던 고구려 무용총의 여자들과 자매처럼 흡사하다. 천장의 별자리 역시 평양에서 관측된 별자리라 한다. 다카마쓰즈카에서 발견되는 고구려의 향기는 도래인(渡來人 : 한반도에서 일본으로 건너온 사람들)의 이야기로 이어진다.

대륙의 사람들이 더 살기 좋은 땅을 찾아 반도로 내려왔듯 반도의 사람들도 더 나은 환경을 찾아 혹은 또 다른 꿈을 가지고, 왜(倭)로 향했다. '아메리칸 드림'을 가지고 미국으로 향했던 한국 사람들처럼, '코리안 드림'을 가슴에 품고 한국을 찾아오는 필리핀 사람들처럼, 그 옛날 반도에 살던 사람들 역시 가슴 가득 희망을 품고 바다를 건넜나 보다. 지금이야 비행기 타고 한 시간이지만, 그 시절 배를 타고 일본까지 가는 건 꽤나 모험을 좋아했을 법한 사람들만이 할 수 있었을 것이다. 풍랑과 파도, 때로는 해적을 만날 위험을 무릅쓰고 뱃길을 열었던 사람들이라면 적어도 바람의 방향과 세기를 가늠할 줄 아는 지혜, 별자리를 읽어 내고 조수간만의 차를 이용할 줄 아는 지식, 거친 파도와 맞서 싸울 용기, 낯선 곳에 대한 동경과 호기심으로 빛나는 눈을 갖고 있었을 거고.

담대한 정신과 과학적 지식을 갖춘 사람들은 바닷길을 열어 왜로 갔고 그들은 대륙의 선진문물을 전달하는 역할을 했다. 초기에는 왜와 가까웠던 가야나 백제, 즉 반도의 남부지역 사람들이 많이 이주해 갔을 가능성이 높을 테고 선박 제조 기술이 발전하면서 점점 고구려나 중국에서도 내려왔을 것이다.

한 사람이 이주를 한다는 건 단순한 몸의 이동을 뜻하지 않는다. 그가 입고 있는 옷, 읽는 책, 사용하는 붓 같은 것뿐만 아니라 음식, 노래, 무덤의 양식, 철제 도구들, 사후세계에 대한 믿음, 철학, 역사 등 한 인간이 품고 있는 삶의 모든 요소들이 그대로 전이되는 것을 의미한다. 바다를 건너 도래해 온 이주민들은 왜의 토착문화와 만나 또 하나의 새로운 문화를 만드는 역할을 해낸다. 그중에서도 다카마쓰즈카는 특히 고구려의 흔적이 짙게 남아 있는 곳이다.

역사공원으로 꾸며진 다카마쓰즈카는 느긋하게 앉아 놀기에 좋은 곳이다. 돗자리 펴 놓고 누워 책을 읽다 졸다 하는데 오호, 꿈속에 언니들, 고구려의 언니들, 알록달록 치마를 입고 바다를 건너네. 펄펄 나는 저 꾀꼬리 암수 서로 정다워라, 공무도하, 공무도하, 노래를 하며, 언니들 바다를 건너네, 물 위를 걷네.

웃음 속에 꽃 피는, 오카데라

오카데라는 만만한 절이 아니다. 일자로 죽 늘어선 집들 가운데 위화감 없이 자리 잡고 있는 도리이부터 그렇다. 신사의 입구를 나타내는 일종의 문인 도리이는 불경한 곳(일반적인 세계)과 신성한 곳(신사)을 구분 짓는 경계로 보통 현란한 주황색으로 칠해져 있는데 오카데라의 도리이는 주위의 집들과 같이 회색빛을 띠고 있다. 무심히 자전거를 타고 가다 보면 스윽, 지나쳐 버릴 수도 있겠다. 성과 속의 경계라는 것이 그렇게 똑 부러지는 게 아니라는 걸 말하는 듯, 녹록치 않은 이 절의 내공이 느껴진다.

오카데라는 의연 승정(왜 왕실의 최고위 승려직을 일컫는 말인데 의연은 일본 역사상 두 번째로 승정의 지위에 올랐던 인물이다)이 지은 절인데 그는 백제에서 도래한 사람이라 한다. 반도의 사람들 중 유난히 백제인들이 많이 아스카 지역으로 건너오는데 아스카라는 이름 또한 그들로부터 유래되었다고 한다. '바다를 건너 날아온 새들'이 안착한 곳이라 하여 비조(飛鳥 ; 일본 발음으로 아스카)라 이름하였다는 설도 있고, 풍수지리적으로 어머니의 자궁을 닮은 '아주 편안한 안식처'라 하여 안숙(安宿 ; 일본 발음으로 아스카)이라 불렀던 데서 유래했다고도 한다. 어쨌든 멀고 고단한 바닷길을 건너온 도래인들에게 부드러운 구릉으로 둘러싸인 아스카는 분명 아늑하고 따뜻한 안식처였을 것이다.

대륙의 소식, 새로운 문물, 선진적인 시스템을 가지고 오는 백제계 도래인들은 왜로서도 환영할 만한 집단이었다. 도래인들은 주로 정치, 기록, 계산 등의 일을 하며 높은 직위에 등용되곤 했는데 그중에는 천황을 좌지우지하는 유력한 가문으로 성장하는 경우도 있었다. 소가 가문이 대표적이라 할 수 있다.

소가 가문의 시조인 목만치는 개로왕 시대의 인물이다. 고구려의 남진 정책으로 당시 수도였던 한성이 함락당하고 개로왕이 죽자 대신이었던 목만치는 웅진으로의 천도를 돕고 문주왕을 등극시킨 후 왜로 넘어온다. 당시 왜의 왕이었던 유우라큐는 한반도 정세는 물론 중국 정세까지 밝은 그를 반기며 측근으로 삼는다. 왕은 그에게 백제인이 특히 많이 사는 땅을 하사하고 '소가'라는 성을 하사한다. 이로써 목만치는 소가 가문의 시조가 된다. 목만치의 아들 이름은 소가노 카라코(韓子 ; 한인의 아들), 손자 이름은 소가노 고마(高麗 ; 고구려)다. 몸은 왜로 옮겨 왔지만 그 몸이 시작된 곳을 잊지 않으려는 디아스포라들의 마음이 느껴지는 대목이다.

아스카가 전반적으로 한적한 곳이지만 오카데라는 더욱 그러하다. 약간 높은 지대에 있어 선선한 바람이 불어오면 뎅그렁, 울리는 종소리를 빼고는 팔랑거리는 나비의 날갯짓 소리가 들릴 정도로 절은 고요하다. 색이 바래 오히려 그윽한 본당 안의 부처님은 한국에서 보던 형상과 많이 다르다. 감을락 말락 은근한 눈을 한 황금빛 불상을 생각했는데 오카데라 부처님은 커다랗고 통통한 데다 조금 무섭게 생겼다. 안 그래도 조용해 긴장되는데 까치발을 해야 할 지경이다. 불상 뒤쪽으로 돌아가면 에밀레종에 그려진 선녀와 똑같은 모습을 한 천인전도 보인다. 그래도 절 뒤편으로 이어진 산책 코스에선 마음껏 코를 흠흠거리고 두 팔을 휘두르며 걸어도 뭐랄 사람 하나 없다. 산책길의 끝에는 커다란 탑, 그 자리에 서면 아스카가 한눈에 내려다보인다. 아늑하고 편안하다. 안숙, 아스카.

오카데라를 둘러보고 내려가는데 표를 팔던 할아버지가 말을 건다. 일본어를 못하니 무슨 말인지 알아들을 수가 없지만, 방긋 웃으며 말씀드린다.

– 와타시와 칸코쿠진데쓰. 니혼고와 젠젠 무리데쓰(저는 한국 사람입니다. 일본어를 잘 못합니다).

일본어를 모르기에, 한국어를 모르기에 서로 어설픈 미소만 짓고 있는 지금, 문득 그 옛날 도래인들과 왜인들은 어떻게 소통했을까 궁금해진다. 첫 만남은 항상 어색한 미소로 시작되기 마련이다. 새 학기를 맞을 때면 낯선 짝에게 나 어려운 아이 아니야, 살짝은 가식적인 미소를 뿌려 줘야 하고, 소개팅에서 처음 만난 그에겐 어색한 눈웃음을 날려 줘야 하고, 면접관님 앞에선 경직되지 않도록 입 주위의 근육을 풀며 웃음을 지어 보여야 한다. 그래야 비로소 관계가 시작된다.

천오백 년 전이라고 다르지는 않았을 것이다. 나 나쁜 사람 아니야, 하는 미소와 바다 내음 폴폴 풍기는 웃음을 시작으로 문화와 문화가 만나고 사람과 사람이 만났으리라. 살짝 내린 눈꼬리와 부드럽게 올라간 입 매무새를 보며 비로소 긴장을 풀고 마음을 열었으리라. 말을 모르더라도 인류는 웃는 것을 알아보고 우는 것을 알아본다. 동종의 연대는 그래서 가능한가 보다.

– 사요나라, 바이바이, 안녕히 계세요.

세 가지 인사말에 할아버지가 환하게 웃으며 손 흔든다.

그날의 풍경, 그날의 빛깔

– 고담(김민지. 로드스꼴라 1기)

오래된 한반도, 도다이지

집 떠나 멀리 오면 향수병에 걸려 시름시름 앓을 때가 있다. 편의점 기무치 말고 엄마가 담근 김치가 먹고프고, 알다가도 모르겠는 일본인 말고 겉으로 다 드러내는 한국인이 보고프고, 버벅대는 일본어 말고 한국말로 나누는 대화가 간절해질 때, 그렇다고 돌아갈 삯은 없을 때, 여기로 간다. 세계에서 가장 큰 목조건물과 세계에서 가장 큰 청동대불이 있는, 나라(奈良)에서 가장 큰 사찰. 그리하여 '가장'에 죽고 못 사는 한국인이 압도적으로 많은 이곳, 도다이지다.

그 명성답게 길목부터 관광객으로 장사진을 이룬다. 사람들 머리 위로 하얀 깃발이 드문드문 솟아 있다. 티 나지 않게 슬슬 따라가며 유용한 설명을 한 귀로 엿듣는다. 부지런히 좇다 보니 어느새 널찍한 경내.

가장 먼저 보이는 것은 역시 대불이다. 못생겼다. 화재와 지진으로 여러 번 복원되어 처음의 모습과는 많이 변했다고 한다. 그대로 남아 있는 부분은 배나 손가락 등 극히 일부다. 이곳에는 특별한 기둥이 있는데, 밑부분에 작은 구멍이 뚫려 있다. 그곳을 통과하면 극락왕생을 보장받는단다. 꼼지락거리며 어렵사리 빠져나오면, 온갖 나라 말의 버전으로 환호가 터진다. 어쩐지 사람들은 대불보다도 이 작은 구멍에 잔뜩 열을 올리고 있다.

금당을 나서면 왼편에 새빨간 모자와 옷을 걸친 웬 할머니가 앉아 있다. 빈두루존자상인데, 그를 슥 문지른 손으로 아픈 부위를 매만지면 통증이 없어진다나. 그러나 눈동자가 누렇게 뜬 것이 정작 본인은 아픈 모양이다. 난간에 턱을 괴고 경내를 바라본다. 유난히 한국인들이 자주 눈에 띄는 풍경이

괜스레 묘하다.

거대한 대불을 주조한 장인은 백제계 국중공마려(國中公麻呂)였다. 고구려계 고려복신(高麗福信)이 총책임자로, 신라계 저명부백세(猪名部百世)가 현장 책임자로서 도다이지와 7당 가람 건축을 지휘했다. 당시 일본 인구의 절반이 참여한 대공사인 만큼 인심을 다스리고 재정을 모금하는 일 역시 중요했는데, 그것을 성공적으로 이끈 이 역시 백제인 왕인박사의 후손, 교기 승려였다. 심지어 도다이지의 발원 계기는 신라계 이주민들의 사찰에서 비롯되었고, 도다이지 건설 전에 그 터에서 3년간 화엄불교를 강설한 것도 신라의 고승 심상이었으며, 그를 초대한 이는 백제계 승려 양변이었다. 380톤에 달하는 대불을 주조하는 데는 엄청난 구리가 들어갔는데, 주요 조달원은 첨단 제철 기술을 가진 신라계 이주민들의 구리 광산이었다. 대불을 도금할 때 황금을 시주한 이 또한 의자왕의 후손 백제왕 경복(敬福)이었다.

그야말로 도다이지는 삼국의 합작품이다. 한반도에서 건너온 멋있는 아저씨들이 사이좋게 힘을 합치는 풍경이 머릿속에 그려지면서 절로 뿌듯하다. 눈앞에서는 이미 삼국의 아저씨들이 구릿빛 피부를 빛내며 어깨동무를 하고 있다. 완성된 도다이지를 배경으로. 자랑스럽다 못해 감동이다.

한국인이라서?

에이, 그때 한국은 없었다. 삼국 모두를 조상으로 두는 한국이라는 나라는 없었으니 한국인도 없다. 고구려, 백제, 신라는 엄연한 다른 나라였고, 도다이지 건설 당시 백제와 고구려는 신라-당나라 연합에 멸망한 뒤였다. 조선이 일본에게 나라를 빼앗겼을 때 얼마나 원통해하고 분노했는지를 떠올려 보면 상황 파악이 된다. 외나무다리에서 원수 셋이 마주친 격이다. 어깨동무는 고사하고 말이라도 섞었을지 모르겠다. 겉으로는 내색 못 해도 속으로는 조국을 망하게 한 원수 놈들에게 부글부글 분노가 끓었을 게 분명하다. 미처 예상치 못했던 각축장 속 미묘한 신경전이 대단했을 것이다.

그러나 칼을 뽑아 싸울 게 아니라면 그들이 할 수 있는 건, 일을 끝내주게 해 버리는 것 아니었을까. 조국을 향한 그리움과 한, 자부심을 원천으로 정성을 다해 공을 들였다. 바다 건너 외국 땅에서, 이미 멸망한 나라의 못다 핀 꽃을 한껏 뽐내 보였다. 여섯 번이나 실패를 거듭하던 대불 주조가 마침내 백제인의 손에서 완성될 수 있었던 것도 그런 이야기 속에 가능했다. 마침내 일본 역사상 길이 남을 사업은 성공적으로 끝이 났다.

긴장을 놓지 않고 팽팽하던 삼국의 시대가 있었다. 색깔도 문화도 전혀 다른 세 나라가 저마다의 꽃을 피우며 치열하고 화려하게 공존하던 날들. 바다 건너 도다이지에 그날의 풍경이 있다.

멜로와 서스펜스 속 여자들의 역사, 고후쿠지

약사삼존상이 커다란 꽃잎처럼 노르스름하게 빛난다. 사람들의 대화 소리가 두런두런 울려 퍼진다. 문수보살, 십이신장, 유마거사가 언짢은 듯 사람들을 쳐다본다. 북적이는 인파에서 벗어나 창턱에 엉덩이를 걸치고, 천천히 숨을 고른다. 격자 틈새로 불어오는 바람이 뒤통수를 간질인다. 문득 모든 소리 사라지고 적막해진다. 눈을 떠 보니 텅 빈 공간 속 불상들은 모두 다른 얼굴을 하고 있다.

고후쿠지에는 많은 보물과 문화재들이 있는데 이곳 동금당은 문수보살상과 약사삼존상이 유명하다지만 때때로 '공인된 아름다움'의 강박에서 살짝 비켜나 보는 것도 또 다른 예술하기. 어느 팸플릿에도 나와 있진 않지만 약사여래상의 광배에는 립스틱 바르는 부처도 있고 빨래하는 부처도 있다. 처음 만나는 다른 나라의 부처상에서 지인의 미소를 발견하기도 한다. 역사에 관련된 것은 어쩐지 진지하고 무거워야 할 것 같지만 막상 그렇지도 않다.

부리부리했을 것만 같은 후지와라 아저씨들도 어쩌면 낙낙한 반달눈의 배불뚝이였을지 모르니.

고후쿠지는 8세기에 나라를 주름잡았던 후지와라 가문의 개인 사찰이다. 나카노 오에 황자를 일약 스타로 만든 대정변 '잇시노헨'에는 숨은 공로자가 있었으니, 바로 나카토미노 가마타리다. 나카노 오에 황자는 왕으로 즉위한 뒤 그간의 공을 인정해 그에게 '후지와라'라는 성을 하사했다. 나라의 화려한 귀족문화를 꽃피운 후지와라 가문은 그렇게 출발했다.

도래인 출신으로 한반도에서 전해 오는 선진문물에 해박했던 후지와라 가문은 딸들을 줄줄이 천황가로 시집보냈고 마침내 후지와라의 피가 섞인 최초의 천황이 탄생한다. 후지와라 가문을 외가로 둔 쇼무천황은 같은 가문의 딸 고묘시를 아내로 맞으니, 천황가는 후지와라의 피로 더욱 짙어져 갔다.

근대적 개인과 연애에 기초한 혼인이 출현하기 전까지는, 검은 머리 파뿌리 될 때까지 사랑하자는 게 결혼이 아니었다. 화려한 화장과 근사한 예복은 신랑 신부의 몫이었지만 그날의 진짜 주인공은 객석에 자리한 사람들이었다. 성대한 잔치 속 술잔을 부딪치며 은근짜하게 교환하는 건 '아무쪼록 잘 좀 봐줘 가며 친하게 지냅시다' 혹은 '이렇게까지 했는데 설마 뒤통수 안 때릴 거지? 믿어도 돼?'라는 은근한 공모와 압력이었다. 고대 왕실이나 귀족들의 결혼은 팽팽한 긴장감이 감도는 두 가문을 이완시키는 역할을 하고 권력의 판도를 변화시키는 구실도 했다.

그 과정에서 아슬아슬한 갈등이 스파크를 일으키는 곳이 여자의 몸이었다. 딸이자 아내이자 어머니였던 그녀들에게, 때때로 아버지의 가문과 남편의 가문은 상반된 요구를 했다. 머리채를 쥐어뜯으며 울부짖을 것인가, 불구덩이로 뛰어드는 인간들을 손바닥 위에 두고 더 큰 지혜를 가질 것인가. 멜로와 서스펜스를 섞어 놓은 드라마 속에서 여자들은 진화해 나갔다. 때로는 여우주연상 뺨치는 연기력으로, 때로는 올림픽 금메달리스트를 능가하는 순발력과 집중력으로, 때로는 네 말도 옳고 네 말도 옳다 하는 넉넉한 포용력으로 여자들은 역사를 더욱 풍성하고 생기발랄하게 엮어 나갔다. 질투의 화신으로, 정념의 불꽃으로만 가둬 두기엔 너무 커다란 꿈과 야망과 신념과 우정은 통속의 드라마 밖으로 삐져나온다. 전쟁만 스펙터클이 아닐진대, 오묘하고 섬세한 여자들의 이야기, 때로 마음결에 사무친다.

고동빛 나무 기둥이 하얀 벽과 대조되어 단정하고도 점잖은 동금당, 그 곁에는 푸르른 하늘을 향해 선 오중탑이 있다. 고묘시가 황후로 즉위한 후 세운 탑이다. 우아하고 당찬 오중탑이 야무진 딸 고묘시와 사랑스런 아내 고묘황후를 품에 안고 햇살 아래 온갖 빛깔로 반짝거린다.

2. 하와이 여행

2011. 10. 12~10. 25 (13박 14일)

오아후 남부

와이키키, 호놀룰루 시내, 한인 이민사 유적지, 주지사 관저(구 대한인국민회 총회관 터), 알로하 타워(한인 이민 1세 도착 항구), 미주 한인 이민 100주년 기념사업회, 시민 단체 피스앤저스티스(Peace & Justice), 그리스도연합감리교회, 인하공원, 오아후 공동묘지, 플랜테이션 빌리지, 진주만 USS 애리조나 메모리얼, 이올라니 궁전, 비숍박물관, 하나우마 베이

오아후 북부

한인 이민사 유적지, KULA KOREA(구 한인기독학원 터), 모쿨레이아 캠프(한인 이민자 최초 거주지), 와이알루아 슈가 컴퍼니, 푸우이키 공동묘지, 폴리네시안 문화센터, 돌 플랜테이션, 할레이바 타운, 원주민 농장 카알라 팜

| 모별님께 드리는 편지 |

하와이 답사에 즈음하여

1. 코리안 디아스포라의 주요한 한 조각

하와이 이민사 속에는 수많은 이야기가 포함되어 있습니다. 풍전등화의 운명에 처해 있는 대한제국, 제국주의의 발톱을 드러내는 일본, 자본주의적 단계를 밟아 가는 미국이 하나의 끈으로 연결되는 지점에 하와이 이민이 있습니다. 사탕수수 플랜테이션 속에서 벌어지는 중국, 일본, 조선 사람들의 갈등과 소통, 새로운 꿈과 희망을 찾아 떠나는 용감하고 총명한 소녀들을 부르는 이름 '사진신부', 조국의 해방을 위해 벌이는 애틋한 독립운동, 근대적 환경과 부딪치는 전근대적 몸의 어슷거림, 진주만 폭격 이후 벌어지는 하와이 섬의 기지화 등 하와이 이민의 이야기는 그야말로 한 편의 대하드라마라 할 수 있습니다. 코리안 디아스포라 퍼즐의 주요한 한 조각을 발견할 수 있을 것입니다.

2. 몸으로 만나는 다문화

하와이에는 폴리네시안 원주민을 비롯하여 백인, 일본인, 중국인, 한국인, 포르투갈인, 베트남인 그리고 그 사이의 다양한 혼혈들이 모여 함께 살고 있습니다. 어느 한 민족도 다수를 점하지 않고 이웃해 살고 있으며, 그들이 만들어 내는 문화들이 만나고 충돌하고 조화를 이루는 현장이기도 합니다. 하지만 그 과정에서 원주민들이 겪은 아픔의 역사도 분명히 있고 삶의 터전이 관광지화되는 비애도 있습니다. 진주만을 비롯한 군 기지들에 대한 불편한 시선이 있고, 평화와 정의에 대한 공방 또한 여전히 이어지고 있습니다. '다른' 사람들이 모여 공존하는 현장을 보고 배울 수 있게 될 것입니다.

3. 하와이의 여행 인프라

제주도보다 작은 섬 하와이는 사시사철 세계 많은 나라의 여행자들로 북적입니다. 길고 늘씬한 야자수, 서핑과 수영과 선탠, 쇼핑……. 하와이는 어느 곳보다 여행 인프라가 잘 구축되어 있는 곳입니다. 여행이 산업이 될 수 있으려면 무엇을 어떻게 해야 하는지를 볼 수 있는 여행지라고 할 수 있습니다. 여행 인프라에 대한 공부를 할 예정입니다.

하와이에 가기 전 떠별들은 매주 금요일 인천과 가리봉의 조선족 시장, 안산의 국경 없는 마을, 이태원, 남해 독일마을을 여행하며 이주와 다문화에 대한 공부들을 할 것이고 그 연장선상에서 하와이를 가게 됩니다.

떠별들의 대장정에 관심과 애정과 격려 부탁드립니다.

2011년 9월

로드스꼴라 길별 일동

황금 열매가 열리는 지상낙원, 하와이로 떠납니다
– 하와이 한인 이민단

– 아띠(황지은. 로드스꼴라 3기)

고등학생 때 한국 근현대사를 정말 열심히 달달달 외웠다. '정말 열심히'와 '달달달'이라고밖에 표현할 길이 없다. 2년 후, "내가 역사는 좀 하지"라는 자부심도 수그러들 무렵에 '이민사'를 만났다.

그런데, 이민사라니! 약 백 년의 근현대사 중 콕 찍어 이민사라니. 그것도 하와이 한인 이민사. 이민 뒤에 '사(史)'가 붙을 수 있는 것인지 아리송했다. 까맣게 손때가 타도록 펼쳐 보았던 근현대사 문제집이 머릿속에 좌라락 펼쳐진다. 그래, 있긴 했다. 누구누구가 몇 년도에 어디에 갔다는, 간도나 하와이 등지로 몇몇 사람들이 떠나갔다는 두 줄 남짓한 삶의 기록. 써머리판 역사가 전부인 줄 알았던 나는 운 좋게도, 그들의 굴곡진 이야기를 듣게 됐다.

그들의 이야기는 주워들었고, 몰래 들었다. 무심코 주워들었던 것은 인천 이민사 박물관에서였다. 생소한 이민사에 심심한 박물관. 시큰둥한 눈빛에 어슬렁거리는 걸음. 이왕 왔으니 대충 휘휘 둘러나 보자. 헌데 무료한 이민사 박물관에 생기를 불어넣는 인물이 하나 있었으니, 스포츠 해설 빰치게 이민사를 해설하는 문화해설사 선생님이다. 그야말로 술술술 풀어낸다. 하와이 한인 이민자의 삶은 희(喜)와 락(樂)보단 노(怒)와 애(哀)의 맛이 강하다. 인

(忍)은 마늘마냥 빠질 수 없는 양념이다. 희로애락과 인내가 묘하게 버무려진 그네들의 삶이 해설사 선생님의 혀끝을 거치니 더욱 감칠맛이 돈다. 그 덕에 미적지근한 가슴이 찌르르 울린다. 두 줄 남짓했던 기록이, 비로소 내 안에서 얕은 숨을 내뱉기 시작했다.

몰래 들은 사연은 이러하다. 『아메리카로 가는 길』이라는 다소 투박한 책이 하나 있다. 미국의 역사학자가 1896년부터 1910년까지 진행된 한인 하와이 이민에 대해 연구한 책이다. 물론, 작정하고 사지 않는 한 대다수의 사람들은 절대 읽지 않을 책이기도 하다. 표지는 영 꽝이었지만 그 책은 알고 보면 읽는 재미가 쏠쏠했다. 마치 옆집 며느리 팬티 색깔까지 속속들이 알고 있는 할머니의 이야기를 킬킬거리며 듣는 기분이랄까. 다들 쉬쉬해 오거나 아무도 신경 쓰지 않았던 일의 내막을 파헤쳐 사실은 이랬다며 몰래몰래 말해 주는 듯한 느낌이랄까. 그렇게 『아메리카로 가는 길』은 '조선인이 하와이 사탕수수 농장의 노동자로 이민을 가기도 했다' 속에 얽히고설킨 오만가지 이야기를 조목조목 풀어낸다.

고종이 하와이 노동 이민을 허가한 이유를 아시는가. 몇 가지 이유 중 큰 비중을 차지했던 건, 중국인은 하와이로 이민할 수 없다는 것이었다. 실상은 하와이로 노동 이민을 온 중국인의 숫자가 너무 많아져 미국 정부가 '중국인 배척법'을 제정했기 때문이었지만, 중국인이 갈 수 없는 곳에 조선인이 갈 수 있다는 것은 당시엔 꽤 매혹적인 제안이었을 것이다.

한인 하와이 이민은 하와이 사탕수수 농장주와 고종 사이에서 앨런이 중재를 함으로써 성사됐다. 1900년대 초 농장주들은 날로 커져 가는 사탕수수 농장 내 일본 노동자의 힘을 견제할 만한 새로운 노동력이 필요했고, 그 물망에 오른 것이 조선인이었다. 앨런은 고종의 신뢰를 등에 업고 자신과 자국의 이익을 위해 고종으로 하여금 하와이 이민을 허가토록 했다. 앨런이 하와이 농장주들과 접촉할 당시 편지에 '고종황제는 항상 나의 말에 귀를 기울인다'고 쓸 정도로 고종의 신뢰가 두터웠기에, 앨런은 하와이 이민을 성사시키는 데 결정적인 역할을 했다.

1902년 12월부터 1905년까지 7,226명의 한인이 하와이로 떠났다. 태평양을 건너 황금 열매가 주렁주렁 열린다는 지상낙원으로 삶의 터전을 옮기는 것은 그네들의 삶을 송두리째 바꿀 만한 것이었다. 이민을 성사시키는 과정에서 앨런은, 중국에 대해 이중적인 감정을 갖고 있던 조선의 왕에게 중국인은 하와이로 이민할 수 없다는 귀띔으로 자존심을 자극했다. 또 하나, 고종은 미국에게 이민 독점권을 줌으로써 조선 내 다른 열강들의 영향력, 특히 일본의 힘을 누르고자 했다.

그 외에도 이유가 더 있다. 바로 여권 수수료. 당시 여권을 발급하기 위해 이민국인 '유민원'을 만들었는데, 이 유민원이 외무부가 아니라 왕실의 궁내부에 속하게 했다. 즉, 이민에서 발생하는 온갖 수수료는 모두 관리들과 고종의 주머니로 들어가도록 한 것이다. 매관매직이 공공연히 판을 치고 수탈과 부패가 만연했던 구한말의 조선을 떠올려 보면 그리 놀랄 일도 아니다.

이렇게 이야기하고 보니 한인 하와이 이민이 단순히 고종의 사심에 의한 것 같지만 사실은 당시 조선이 처했던 상황과 밀접한 관계가 있다. 1902년은 연이은 가뭄과 흉년으로 백성들의 삶이 피폐하기 그지없던 시기다. 윤치호는 1902년 5월 1일자 일기에 이렇게 썼다.

> "경기도와 충청도의 여러 곳에서는 사람들이 죽었거나 할 수 없이 떠나 버렸기 때문에 촌락들이 통째로 비어 버리기도 했다. 많은 사람들이 솔나무 밑에서 죽은 것을 흔히 볼 수 있다고 하는데, 이들은 솔나무를 깎아 연명하다가 죽어 버린 것이다." (『한국 근대사 산책 3권』 p353)

1901년 굶주린 백성을 구제하기 위해 설립한 혜민원(惠民院)과 유민원의 이름이 유사하다는 걸 떠올렸을 때, 하와이 이민은 굶주린 조선 백성에게 또 하나의 생존의 길이었다.

이민(移民), 자기 나라를 떠나 다른 나라로 이주하는 일. 나는 내 나라를 떠나 본 적이 없다. 익숙하고 친근한 모국을 떠나 타국에서 산다는 것은, 어떤 느낌일까. 종교의 자유와 더 나은 삶을 찾아, 혼란스럽기 그지없던 조선이라는 땅이 싫어, 혹은 드넓은 대륙에서의 새로운 삶을 꿈꾸며 떠나갔던 이들. 더듬더듬 서툴게 그들의 마음을 헤아려 보니 어릴 적 살았던 집이 떠올랐다. 갓난아기 때부터 열두 살 사춘기가 오기 직전까지 마당과 텃밭이 아주 넓은 단독주택에서 살았었다. 봄이면 거름으로 뿌린 닭똥 냄새가 지독했고, 여름이면 밤마다 마당에 놓인 평상에 누워 별 구경을 했다. 가을에 밭을 태울 때면 까맣게 재가 묻은 호일에 싼 고구마와 감자 까먹는 재미가 쏠쏠했고, 겨울엔 발자국 하나 없이 흰 눈이 소복하게 쌓인 마당에서 죽어라 눈싸움을 했다. 그러고 나면 집에 들어와 잔뜩 젖은 양말이며 장갑을 벗어 두고 난로 앞에 딱 달라붙어 시큼한 동치미 국물에 뜨뜻한 고구마를 까먹었다. 여태껏 이사를 다섯 번 정도 다녔지만 아직도 '집'을 떠올리면 그때의 그 집밖에 떠오르지 않는다. 맘속 깊숙이, 그리움으로 남아 있는 집이다. 떠올리면 슬며시 지어지는 웃음과 꼬리처럼 따라오는 서글픔. 조그만 눈덩이만 한 이 감정을, 눈 바닥에 굴리고 굴려 눈사람 몸통만 하게 만들면 한인 하와이 이민자의 마음과 엇비슷해지려나.

초기 하와이 한인 이민자들의 삶

– 도로롱(김도연. 로드스꼴라 3기)

백 년 만의 재회

하와이로 떠나기 전, 서울에서 한인 이민사 공부를 했다. 여러 다큐도 보고, 하와이에서 뵙게 될 이덕희 선생님의 강의를 두 번이나 듣기도 했다. 그때마다 조금 불편한 마음이 있었다. 하와이로 이민을 간 한인들이 왠지 떠밀려서 간 것 같고, 사기를 당한 것 같고, 고생만 하다가 생을 마감한 것 같았기 때문이다. 한편으론 이런 옛날이야기를 왜 배워야 하나라는 생각도 들었다.

처음 이민이 시작된 1900년 무렵은 조선이라는 국호를 버리고 대한제국을 수립했을 때였다. 이 나라 저 나라의 요구에 떠밀려 개항을 했고 외부 문명들이 물밀 듯이 쏟아져 들어왔다. 당시 한반도의 정세는 혼란스럽기 짝이 없었다. 연이은 가뭄과 홍수로 백성들은 굶주렸고 '황금 열매가 열리는 땅 하와이, 일 년 내내 따뜻해 살기가 좋으며 돈도 많이 벌 수 있다'는 이민 광고는 사람들의 마음을 흔들어 놓기에 충분했다. 새로운 삶을 꿈꾸던 사람들은 1902년 12월 22일, 인천 제물포항에서 하와이로 가는 첫 배에 몸을 실었다.

백여 년 전의 그들은 배를 타고 3주에 걸쳐 하와이에 도착했지만 나는 창밖으로 태평양을 내려다보며 9시간 만에 도착했다. 하와이 이민사 연구자이신 이덕희 선생님과 한인 이민사의 흔적들을 되짚어 보았다. 쩌렁쩌렁한 목소리로 설명을 해 주시는 선생님의 말씀을 전사를 따르는 병사들처럼 졸졸 따라다니며 들었다. 그 이야기들은 처음의 불편했던 마음을 차츰 녹여냈다.

읽고 듣고 배운 내용들이 내 눈앞에 펼쳐질 때면 종종 얼떨떨했지만, 이덕희 선생님의 설명과 더불어 직접 눈으로 보니 차근차근 정리가 되었다. 백 년 후에 내가 본 그들의 삶은 생각했던 것보다 피폐하거나 불행하지 않았다.

농장 일이 고됐던 것은 사실이지만 주거 환경은 나쁘지 않았다. 교회를 세우고, 학교를 세우고, 심지어 그 먼 땅에서 독립운동을 돕기도 했다.

제물포항에서 그들이 어떤 마음으로 배에 올랐을지, 막상 하와이에 도착했을 때 그들은 어떤 기분에 휩싸였을지, 조금씩 이해가 됐다. 자신들에게 닥친 상황을 시련으로 받아들이지 않았다. 자신들의 선택을 믿고 새로운 삶으로 만들어 가기 위해 끊임없이 노력했던 그들의 이야기가 국민회 터, 사탕수수 농장, 한인 캠프 터 그리고 묘지에 남아 있었다. 원망을 하지도, 피해 가려 하지도 않고 자신들의 생을 개척해 나갔던 사람들의 이야기를 들으며 당시 이민이 그리 나쁘지만은 않았을 것 같다고 생각했다.

모쿨레이아 캠프(Camp Mokule'ia)

오아후 섬 북부 와이알루아에 속한 모쿨레이아 캠프는 한인 이민자들의 최초 거주지다. 즉, 하와이에 도착했던 한인 이민자들을 위해 농장에서 제공한 노동자들의 숙소다. 당시 하와이에는 중국인 캠프, 일본인 캠프, 포르투갈인 캠프 등이 있었고 캠프 안에는 식료품점, 미용실, 국수집 등도 있었다.

한인에게도 집이 제공되었는데 한 지붕 아래 두 개의 대문이 있는 듀플렉스 형태였다. 요즘의 땅콩집과 같다. 가족들은 부엌과 두 개의 방이 딸린 이 집에서 살았고, 독신 남성은 도미토리 식의 집에서 다른 한인 독신 남성들과 함께 지냈다. 화장실은 집 밖에 따로 있었다. 웬만한 사람 키의 두 배도 넘는 사탕수수가 끝없이 서 있는 밭, 그늘 한 점 없이 내리쬐는 땡볕 아래서 일을 하고 돌아왔을 때 집은 그래도 안식을 위한 공간이었을 것이다. 살림은 넉넉지 않았지만 아끼고 아끼며 생활을 이어 갔다.

여자들은 남자들보다 더 많은 일을 했다. 남편보다 일찍 일어나 밥을 짓고, 남편이 일을 나가면 빨래와 청소를 하며 아이를 돌보고, 조금이라도 남은 땅에는 텃밭을 가꾸기도 했다. 돈을 벌기 위해 이발소에서 일하기도 했고, 다른 집에 가서 일을 도와주기도 했다. 남편이 돌아오면 또 밥을 지어 상을 차리고, 상을 치우고서야 잠자리에 들었다.

모쿨레이아 캠프는 현재 텐트를 치는 캠핑장으로 쓰이고 있다. 사탕수수도 마을도 사라진 드넓은 땅에는 열대식물들만 무성히 자라고 있다. 그중 유난히 눈에 띄게 큰 나무가 있다. 이곳에서 얼마나 산 걸까. 어쩌면 나무는 이곳에 가만히 서서 처음 한인들이 도착해서 떠날 때까지, 그리고 백 년도 더 지난 지금 내가 이곳에 와서 그들을 떠올리는 모습까지 보고 있을지도 모르겠다.

와이알루아 슈가 컴퍼니(Waialua Sugar Company)

와이알루아 지역은 한 시절 모든 땅에 사탕수수 농사를 지었다. 그때는 와이알루아뿐만 아니라 다른 하와이 섬 전역에도 사탕수수 농장이 대부분이었다. 미국이 사탕수수 산업에 한창 열을 올리고 있었기 때문이다. 자급자족을 위한 농사가 아니라 무역을 목적으로 한 작물만 키웠던 것이다. 플랜테이션 농업은 당시 제국주의가 식민지에 행하던 농업의 형태였다.

하와이로 건너온 대부분의 한인들은 이곳에서 일을 했다. 밭에 물 대기, 사탕수수 자르기, 자른 사탕수수 묶기, 묶은 사탕수수 옮기기, 옮긴 사탕수수를 공장에서 가공하기 등 농사를 짓는 데도 여러 역할이 있었다. 이 중 밭에 물을 대는 사람의 임금이 가장 높았다고 한다. 가공한 사탕수수 액을 캘리포니아로 보내 정제를 하면 새하얀 설탕이 탄생하는 것이다. 하와이·캘리포니아 설탕을 'H&C Sugar'라고 했다.

사탕수수 농장 사람들의 일과는 이렇다. 새벽 4시에 여성들이 일어나 아침밥과 점심 도시락을 만든다. 5시에 농장에서 부는 기상 휘슬이 울린다. 일어나서 밥을 먹고 도시락을 챙겨 5시 45분까지 트레인을 타거나 걸어서 사탕수수밭 광장에 모인다. 6시에 일을 시작하고, 두 시간 후에 10분 정도 휴식을 취한 후 또 일을 한다. 11시 반부터 삼십 분간 점심 식사를 한 후 소화시킬 시간도 없이 다시 일에 몰두한다. 그러다 보면 오후 네 시 반쯤에 휘슬이 울림과 동시에 일을 마친다. 집에 돌아가 씻고 저녁을 먹으면 8시에 소등 휘슬이 울림으로써 하루를 마감한다.

지금 와이알루아 슈가 컴퍼니 건물은 천연비누 공장과 가게로 변했다. 문밖까지 비누 향으로 가득하지만 백 년 전 그들이 일한 흔적은 여전히 그곳에 남아 있다. 당시 사용했던 도구들, 사진들, 뿌연 유리병, 색이 바래 버린 낡은 작업 일지……. 그들이 지나온 세월을 알기에 그 모습 그대로, 예쁘다.

연합감리교회(Christ United Methodist Church)

처음 이민 광고를 냈을 때는 사람들이 잘 모이지 않았다. 태어났을 때부터 생을 마감할 때까지 한집에서 사는 경우가 대부분이었기 때문에 '이사'라는 단어조차 낯설었다. 그런데 거대한 바다를 건너 그 가운데 있는 섬에서 산다는 것은 상상하기 힘든 일이었다.

한인의 하와이 이민 총괄자인 앨런은 이러한 이유로 이민자가 모이지 않아 고민하다가 우연히 인천 내리교회의 존슨 목사를 만났다. 앨런이 고민을 털어놓자 존슨 목사는 자신의 교회 교인들에게 홍보해 보는 게 어떻겠냐고 제안했다. 존슨 목사의 말대로 내리교회 교인들에게 하와이 이민을 홍보했다. 이때 앨런은 교인들의 마음을 움직인 중요한 말을 했다. 한국은 유교 사상에서 벗어나지 못하고 있지만, 하와이는 미국 땅이기 때문에 기독교 생활을 하는 것이 아주 자유롭다고 했다. 그렇게 첫 이민선에 백여 명이 몸을 실었고, 그중 49명이 기독교인이었다.

한인들이 하와이로 이민을 오기 전인 1898년에 하와이는 미국 영토가 되었으며, 계약 노동의 오남용 사례로 인해 문서화된 계약 노동이 법적으로 금지되어 있었다. 때문에 한인 이민선이 호놀룰루에 도착하여 모두가 배에서 내렸어도 그들 모두가 농장으로 향하지는 않았다. 그들 모두 문서로 남긴 노동계약이 아닌 구두계약을 했기 때문이다. 농장으로 가지 않고 호놀룰루에 머물던 사람들이 감리사에게 교회를 세우고 싶다 하여 미션Mission 형태의 교회가 처음 시작되었다.

교회는 한인 이민들에게는 사교의 장이었다. 조선에서 교회를 다니지 않았던 사람들도 자연스레 교회에 모여 정보를 주고받고 서로서로 상부상조했다. 주중에는 농장에서 일을 하고, 주말이면 교회에 모여 예배를 드리고 2세들을 위한 한글교실과 한인 기독 기숙학교도 운영했다. 1920년대 후반에는 한인 양로원을 설립하여 운영하기도 했다.

지금도 많은 한인들이 이 교회에 다닌다. 지금도 교회에서 사람들을 만나며 타지에서의 외로움을 달래고 한 발짝 더 앞으로 나아가기 위한 힘을 모은다. 사람을 만나러 교회에 간다는 말이 이런 뜻이구나, 라는 생각이 든다. 교회에는 예수님과 목사님만 있는 것이 아니었다. 초기 하와이 이민자들에게 교회는 만나서 이야기를 하며 마음을 나누는 사람들이 있는 곳이었다.

푸우이키 공동묘지(Pu'uiki Cemetery)

총 750기의 무덤 중 36기가 한인 무덤이다. 양지바른 땅 위에 수많은 묘비들이 서 있다. 너무 오래되어 쓰러져 버린 묘비도 있고, 영어로 쓰인 것도 있고, 서툰 한글로 적힌 묘비도 있다.

'민국사년 오월 일일'이라고 쓰인 비 앞에 멈춰 섰다. '민국사년'이라는 말이 의아해서다. 이덕희 선생님께서 설명을 해 주셨다. 민국년(民國年)은 대한민국이 임시정부를 수립한 1919년을 기준으로 사용했다고 한다. 그러고 보니 위에 영어로 'JUNE/1/1922'라고 쓰여 있다. '서기'가 예수의 탄생을 기준으로 하고 있는 것과 같이, 조선시대에 세종 몇 년, 고종 몇 년이라고 쓴 것처럼. 이민을 떠나면 코앞에 닥친 삶이 버거워 조국은 잊을 만도 한데, 무덤의 묘비에마저도 임시정부 수립일 기준의 력을 사용하다니. 그들이 독립에 대해 가졌던 열망을 알 수 있을 것 같아 마음이 찡하다.

한반도에서 태어나, 어느 날 배를 타고 태평양을 건너, 외딴 섬 하와이에 와서, 사탕수수를 베고, 교회를 다니고, 아내를 만나고, 아이를 낳고, 독립운동을 하고, 조용한 마을에서 노년을 보낸 한 영혼이 이곳에 있다. 후끈후끈

덥다가도 시원한 바람이 불어오고 비가 내린 후 무지개가 뜨는 것을, 이들은 이곳에 누워 바라보았을 것이다. 새까만 머리카락이 꼬부라질 정도로 뜨거운 햇볕이 내리쬐는 날이었다.

사진신부

– 당신에게 보내는 사진 한 장

– 랏차(염현진. 로드스꼴라 3기)

사진신부. 말 그대로 '사진' 그리고 '신부'다. 중매쟁이를 통해 하와이에 있는 남자와 조선에 있는 여자가 서로 사진을 주고받아 얼굴만 확인한 채 결혼을 하는 것이다. 사진이라니. 그것도 배 타고 3주나 걸리는 하와이까지! 그 먼 하와이까지 결혼을 하러 간 이유가 도대체 뭐였을까.

1910년 첫 사진신부가 하와이로 갔다. 그전에 하와이로 이민을 갔던 성인 여성 이민자들은 대부분 남편이 있는 여성들이었다. 독신 남자들이 하와이에서 결혼을 하려면 다른 나라 여자와 해야 했다. 결혼 시기를 놓친 남자들이 선택한 방식은 조선 처녀들을 초대하는 것이었다.

여자들은 여러 이유로 하와이로 갈 결심을 했다. 일본이 점령한 조선 땅은 답답하기 그지없었고 미래의 꿈도 비전도 보이지 않았다. 중매쟁이들은 하와이에 가면 음식과 옷이 언제나 넘쳐난다며 그곳을 마치 꿈의 나라인 양 소개했다. 무엇보다 큰 이유는 교육에 대한 열망이었다. 꿈의 땅 하와이에 가면 하고 싶은 공부를 계속할 수 있을 것 같았다.

부푼 기대감을 안고 떠난 여자들의 환상은 그러나 도착하자마자 깨져 버린다. 자신이 보았던 사진 속 남자 대신 늙수그레한 남자들이 기다리고 있었기 때문이다. 하와이에서 10년 넘게 사탕수수 노동일을 한 남자들은 까맣게 말랐으며 늙어 있었다. 남자들은 자신의 청춘 때의 사진들을 조선에 보낸 것이었다.

남자들은 그동안 모아 두었던 돈을 쏟아 부어 사진신부들을 데리고 왔기 때문에 경제적으로 넉넉하지 못한 사람들이 대부분이었다. 먼 곳까지 오는

경비를 대야 했고, 중매쟁이들이 바가지를 씌웠고, 자신이 돈이 많다는 것을 과시하기 위해 이것저것 과소비를 했기 때문이다. 하와이에 도착해 여관에 머무는 동안 여자들은 밤새 울기도 하고 단식투쟁도 했다. 어떤 이들은 남편을 서로 바꾸기도 했단다. 배신을 당했다고 표현하기도 했지만 그들은 곧 마음을 다잡고 하와이에서 본격적인 생을 시작한다. 여자들에 비해 남자들의 나이가 훨씬 많았으니 일찍 세상을 떠나는 건 당연지사. 그렇게 혼자 남겨진 여자들은 재혼을 하거나 홀로 농사를 지어 살림을 꾸려 나갔다.

1901년에서 1924년까지 총 951명의 사진신부들이 고향을 떠나 하와이로 왔다. 그녀들이 오면서부터 하와이 한인 사회는 새로운 생기와 활기로 빛나게 된다.

어느 사진신부 2세의 이야기

나는 1928년에 태어나 올해로 83세가 되었습니다. 아버지는 열일곱 살 때 돈을 벌기 위해 하와이로 이민을 오셨고, 어머니는 그런 아버지에게 사진을 보내고 이곳으로 와서 결혼까지 하셨습니다. 사진신부라고도 하지요.

당시엔 부득이하게 남자가 나이를 속이는 경우가 많아서 운이 나쁘면 20살이나 나이 차가 나기도 했지만 어머닌 운이 좋으셔서 6살 연상의 아버지를 만나셨습니다. 나이 차가 많은 사람을 만나도 사진신부들이 한국으로 다시 돌아가지 못했던 것은 아마 부끄러워서였을 겁니다. 하와이행을 택했을 때 주위 사람들 대부분이 그 선택을 의심했으니까요. 한편으론 그 용기를 우러러보기도 했겠지만요.

아버지는 사탕수수 농장에서 일을 하시며 여러 가지를 발명하여 잘사는 사람들에게 파는 분이셨습니다. 교회에서도 그런 능력을 잘 살리도록 아버지를 도와주셨어요. 당시엔 한국 사람들이 그리 많지 않았고 대부분 교회를 다니고 있었습니다. 교회는 우리들에게 제2의 집과 같은 곳입니다.

어머니는 결혼한 지 2년이 되던 해에 첫아이를 낳으셨고, 부모님께 손주를 보여드리고 싶다며 한국으로 가셨어요. 귀국 후에 삼일운동에 참여했다가 일본 경찰에 체포당해서 2년 동안 수감 생활을 하셨지요. 모든 조선인들이 그랬겠지만 우리 부모님 역시 조국을 굉장히 사랑하던 분들이셨습니다. 독립운동 자금으로 10만 달러를 보냈을 정도니까요. 어머니는 임시정부 지원을 위해 한국에 가실 때도 저고리 안에 몰래 돈을 갖고 가셨습니다. 지금으로 보자면 밀반입이죠. 사진신부들의 이런 성품과 굳은 마음가짐 때문에 하와이 사람들은 한국 여자들이 강하고 열정적이고 자기주장도 뚜렷한 여자들이라고 생각했답니다. 물론 지금도요.

나는 우리 가족사에 대해 굉장히 자부심을 갖고 있어요. 부모님은 네 명의 자녀를 두셨는데 목사, 변호사, 공인회계사, 교사가 되어 다들 잘살았으니까요.

2004년에 해외에 안치되어 있는 독립운동가들의 유해를 한국으로 봉환하는 행사가 있었습니다. 그때 직접 한국에 가서 행사에 참여도 했고 한국 정부에서 부모님께 드리는 훈장도 받았어요. 실제 무덤을 파서 유해를 갖고 가는 거라서 더욱 가슴이 벅찼어요. 그날 전 참 많이도 울었습니다.

플랜테이션 빌리지

한국인, 일본인, 오키나와인, 필리피노, 포르투갈인, 중국인 등이 하와이로 이민을 왔다. 플랜테이션 빌리지는 하와이로 이민 왔던 민족들이 어떤 집에서 어떻게 생활했었는지 생생하게 볼 수 있는 현장이다. 한인들이 천으로 만든 쌀 포대로 커튼을 만들었다든지, 필리핀 사람들이 전통 악기를 벽에 걸어 둔다든지 하는 식으로 나라별 특색을 알 수 있다. 그중 유난히 눈에 띄게 크고 빨간 집이 있었다. 이민자 중 가장 많은 비중을 차지했던 중국 사람들이 만든 회관인데, 자기들끼리 모여서 기도도 하고 밥도 해 먹었던 곳이란다.

본격적인 빌리지 관람에 앞서 이민자의 역사를 볼 수 있는 전시관이 있었다. 그곳에서 만난 건 일본의 사진신부였다. 일본에서 조선보다 더 먼저, 더 많은 사진신부들이 왔다는 사실은 우리의 관심을 끌기에 충분했다.

일본 이민자들의 세력이 감당할 수 없을 만큼 커져 버리자 하와이 측에서는 '일본인 이민 금지령'을 내렸지만 아직 가정을 꾸리지 못한 남자들을 위해 사진신부까지는 허용했다고 한다. 그녀들 역시 조선의 사진신부들처럼 하와이로 와 늙수그레한 남자를 만나고, 밭일 하는 남편을 기다리며 설거지를 하고, 아이를 키우고, 간간이 텃밭을 가꿨으리라. 한복을 입은 사진신부들과 기모노를 입은 사진신부들. 모두 하와이 땅에 생기와 활력을 불어 넣은 아시아의 여자들이다.

오아후 묘지에 남긴 편지

저를 기억하시나요? 10월 14일, 햇볕이 뜨겁게 내리쬐던 날이었죠. 하와이는 언제나 덥지만 말이에요. 제가 놓은 꽃을 잘 받으셨길 바라며 편지를 써 봅니다.

하와이의 묘지는 한국의 묘지와는 굉장히 다르더군요. 처음 들어서자마자 무언가에 이끌리듯 당신이 계신 곳으로 갔어요. 몇몇 무덤들은 처음 만들었을 때처럼 보존이 잘 되어 있었고, 몇몇 무덤들은 그냥 글씨가 새겨진 돌덩이만 덩그러니 놓여 있었어요. 1년도 채 살지 못한 아기들의 묘도 있었고 오랫동안 사신 분들도 계셨어요. 당신의 묘지도 그중 하나였고요. 하와이에는 참 많은 사람들이 오가고 많은 일들이 일어났었다고 해요.

해외여행이 처음인 저는 모든 것이 새로워요. 낮게 뜬 구름도, 한국과는 다른 후덥지근한 날씨도, 사람들도, 모두 다요. 당신도 처음 하와이 땅을 밟았을 때 이런 느낌이었나요?

사진 하나로 맺어진 인연은 길게 가지 않을 거라고 생각했어요. 그런데 당신은 남편과의 사이가 좋았다고 들었어요. 어린 나이에 하와이로 와서 뜻하지 않은 남자와 결혼을 하게 되고, 중매쟁이의 말과는 너무나 다른 현실 앞에서 당신이 느꼈을 기분이 궁금해요. 기약 없는 세월에 가족들이 그립진 않으셨나요? 한국은 당신이 떠났을 때와는 많이 달라졌어요. 아마 당신의 자식이나 손자는 당신이 평생 그리워하던 한국 땅을 밟고 와서 당신에게 이야기를 해 주겠죠.

어쩌면 그때의 우리의 만남은 처음이자 마지막이 될 수도 있을 거예요. 짧지만 깊게, 그리고 고요히 우리는 만났어요. 그 만남이 오랫동안 잊히지 않을 것 같아요.

하와이 한인 독립운동

– 머나먼 곳에서 희망을

– 바리(김설아, 로드스꼴라 3기)

1866년 제너럴셔먼호 사건 이후 조선에 대한 서구 열강들의 직접적인 개항 요구가 거세지고 그들의 무력 앞에 불평등 조약이 하나둘 늘어나게 된다. 밖에서 휘몰아치는 태풍도 감당키 힘들건만, 고요하고 굳건해야 할 그 태풍의 눈인 조선 역시 갑신정변이 일어나는 등 불안한 움직임이 한창이다. 근접해 있는 이웃 나라 청국과 일본은 조선을 보호한다는 명분으로 조선 땅에 군대를 주둔시키고는, 어떻게 하면 상대보다 먼저 조선을 먹을 수 있을까 호시탐탐 눈에 불을 켜고 있다. 일본이 먼저 손을 뻗어 조선의 국모인 명성황후를 시해하고 조선의 군대를 해산시키니, 조선의 국부인 고종은 일본을 피해 러시아 공사관으로 몸을 숨긴다.

나라의 정치가 혼란스러운 상황에 연이어 홍수와 한발, 가뭄으로 인한 삼년 기근까지 겹쳐 백성들의 상황은 피폐하기 그지없다. 나라는 자꾸 기울어 외국에게 주권을 빼앗기고 있는데 나랏일 한다는 관리들은 모두 제 주머니 챙기기에 바쁘다.

이런 와중에 일자리가 넘쳐나고 아이들 학비도 무료라는 신천지로 가는 광고는 사람들의 마음을 움직일 수밖에 없다. 부모님과 조상님들이 묻혀 계신 고향을 떠난다는 것이 마음에 걸리지만, 자유롭게 하나님을 믿을 수 있는 신앙생활을 할 수 있다기에 그들은 훗날을 기약하며 1902년 12월, 제물포에서 하와이로 향하는 배에 몸을 싣게 된다.

1903년 1월, 갤릭호에 오른 이들은 3주 간의 힘겨운 항해를 마치고 신천

KOREANS ARRIVING

A LARGE PARTY COME BY THE GAELIC

One Hundred And Two Subjects of the Hermit Kingdom Reach Here to Try Their Luck at Plantation Labor.

OREGON HELPLESS IN THE TYPHOON

MORE NEWS OF STORM THA NEARLY SENT OREGON TO BOT TOM—GAELIC IN SAME STORM.

Additional news of the typhoon the caused such havoc aboard the battle ship Oregon the latter part of Novem ber was brought this morning by th S. S. Gaelic. The Gaelic and Orego left Honolulu the same day for Yokoha ma November 21, and on November they both ran into the typhoon. Th Oregon fared much worse than the Ga

지에 도착한다. 조선 땅에서는 볼 수 없는 쪽빛보다 더 푸른 바다와 뭉게구름 가득한 하늘, 처음 보는 수도와 전기 시설. 뜨거운 태양 아래서 하루 종일 허리도 한번 펴지 못하고 일해야만 하는 고된 사탕수수 농장의 노동만 아니라면, 하와이는 확실히 신천지라 할 만한 곳이었다.

하와이에 도착한 후 한인들은 8개 섬의 사탕수수 농장으로 뿔뿔이 흩어졌지만 농장마다 작은 교회와 남자들 중심의 동회, 친목회 등 한인 자치조직을 만들고 하와이 최초의 한인 단체인 '신민회(新民會 ; 새로운 인민의 사회)'를 세워 나름대로 한인 사회를 이끌어 나간다. 그중 신민회는 하와이 한인들을 교육하고 상업을 통하여 공동이익을 추구하는 활동을 하였지만 사실은 점점 위태로워져 가는 조국, 조선의 재건을 위한 단체였다.

1907년, 일본이 고종을 폐위시키고 순종을 왕위에 올린 그해, 하와이 한인 대표들은 단체를 통합해 '한인합성협회'를 세운다. 〈합성신문〉을 발간하며 하와이 한인들을 단결시키던 합성협회는 1909년 미국 본토의 '공립협회'와 통합하여 '대한인국민회'가 되었다. 1년 뒤인 1910년, 살기 위해 어쩔 수 없이 떠나야 했지만 언젠가는 돌아가리라 생각했던 조국을 잃은 후, 한인들은 더욱 적극적으로 나서서 독립운동을 시작한다.

국민이 무지몽매하여 나라를 잃었기 때문에 교육이 중요하다 생각한 하와이의 한인들은 학교를 만들어 아이들을 가르쳤다. 하와이에서 태어난 아이들이 한인임을 잊지 않도록 조선 땅에서 가져온 교과서로 수업을 하고, 방과 후에는 한인감리교회에서 여는 한글학교에 보내 영어가 더 익숙한 아이들에게 한글을 가르친다. 또한 그들은 고달픈 노동과 가난 속에서도 먹을 것을 줄이며 월급의 25%를 꼬박 모아 정기적으로 대한인국민회를 통해 상하이 임시정부로 독립 자금을 보낸다. 총 독립 자금의 3분의 1이 하와이에서 왔다고 할 정도로 많은 돈을 모은 하와이의 한인들. 1909년부터 1920년까지 그들이 모은 독립 자금은 3백만 달러가 넘었다.

독립을 향한 한인들의 열망은 여기서 끝나지 않는다. 일본에게서 독립하려면 그만한 힘과 군사력이 필요하다 생각한 이들은 박용만을 중심으로 '국민군단'을 만들었고, 미국과 일본의 눈을 피해 몰래 산속에서 군사훈련을 했다. 무력보다는 외교를 통해 독립을 이루고자 했던 이승만은 따로 '동지회'를 만들어 국민회에서 떨어져 나왔지만, 그 동지회 역시 대한의 독립을 위한 단체였다.

머나먼 땅 하와이에 살고 있지만 여전히 조국을 그리워하며 한인임을 잊지 않았던 그들, 박용만과 하와이 한인들은 차츰 조국의 동포들로부터 잊혀져 갔고, 나 역시 근현대사 교과서 한쪽에 실린 짧은 이야기를 통해 그들의 존재를 알게 되었다. 지금까지도 하와이에서 한인으로서 삶을 이어 가고 있는 그들의 이야기는 이제 희미한 옛이야기로만 남아 있다.

KULA KOLEA

새로 이민 와서 어려움을 겪는 가난한 사람들이 모여 사는 곳으로 알려진 가난한 동네 칼리히. 그 언덕길에는 학교라는 뜻의 '쿨라(Kula)'와 한국이라는 뜻의 '콜레아(Kolea)', 쿨라 콜레아라는 표지판이 서 있다.

한국의 교육열은 예나 지금이나 뜨겁지만, 특히 하와이의 한인들은 나라를 빼앗긴 것이 국민들이 무지함 때문이며 나라를 되찾으려면 교육밖에 길이 없다고 생각했던 만큼 교육을 중요하게 여겼다. 그들은 아이들이 공부를 하길 원했으며 한인으로서의 정체성을 잃지 않기를 바랐다. 그 마음을 담아 한 푼, 두 푼 모은 2천 달러를 들고 감리사를 찾아가 한인들의 학교를 지어 달라 하였으니 그 학교가 바로 한인기숙학교다. 초등학교 과정의 남학교인 이 한인기숙학교에 1913년 이승만 박사가 교장으로 부임했고, 하와이 군도에 있는 모든 한인들의 중심이 되라는 뜻에서 '중앙학교'로 이름을 바꾸면서 여학생도 받아들이게 되었다.

지금은 하와이 주립 칼리히초등학교가 자리하고 있는 이곳이 한인기독학교가 있던 자리다. 당시에는 숲 속 한복판이었던 이곳에서 한인 2세들은 조국의 독립을 꿈꾸며 공부를 하였고, 나중에는 이 터를 팔아 인하대학교(인천의 '인'과 하와이의 '하')를 세울 기금을 마련했다. 이후 하와이 주에서 이 땅을 사고 주위를 조성하면서, 한인 1세와 2세들의 꿈과 소망이 깃들었던 학교를 기리며 길의 이름을 '쿨라 콜레아'라 부르게 되었다고 한다.

지금은 언덕길의 작은 표지판만이 이곳에 한인의 흔적이 있었다는 것을 알려 줄 뿐이지만, 한국에서 말로만 듣고 영상으로만 보아 왔던 그들이 정말 여기에 존재했구나 하는 신기함과 기쁨에 연신 카메라 셔터를 누른다. 파란 하늘과 뭉게구름 그리고 초록의 작은 표지판이 쿨라 콜레아의 이야기를 나직이 전해 주는 듯하다.

주지사 관저

호놀룰루 한복판의 주지사 관저라니 대체 여기엔 왜 섰을까. 궁금함을 뒤로하고 찻길 바로 옆 관저 앞에 서서 이야기를 듣는다.

대한인국민회. 하와이 한인의 독립운동 이야기가 나오면 반드시 빠지지 않고 등장하는 이 단체는 한일합방(1910) 이후 조국을 잃었지만 그렇다고 미국 시민도 아닌 무국적 상태의 한인들을 하나로 모은 구심점이었다. 일본인 노동자에 대한 배척이 심했던 시기, 미국과 일본 사이에 정치적 갈등이 있던 시기, 그리고 일본의 진주만 습격으로 시작된 2차세계대전의 비상시국에 일본인들과 구분되는 신분증을 발행해 한인들의 안전을 보장해 준 이 단체는 미국의 한인들에게는 임시정부와 같은 곳이었다. 한인들은 적은 월급에도 하루하루 조금씩 돈을 모아 만든 독립 자금을 '대한인국민회'를 통해 상하이 임시정부로 보냈다.

교육을 독립의 수단으로 여겼던 안창호와 무력으로 독립을 쟁취하고자 했던 박용만, 외교를 통해 독립하고자 했던 이승만을 중심으로 움직였던 미주 한인 사회는 후일 박용만이 '국민군단'을 만들고 이승만이 자신을 따르는 사람들과 함께 '동지회'를 만들게 되면서 분열되었지만, 아직도 그 명맥을 이어오고 있다. 그 총회관이 주지사 관저가 서 있는 바로 이 터에 자리하고 있었다. 지금은 호놀룰루 시내가 훤히 내려다보이는 루크 애비뉴 언덕배기로 자리를 옮겼지만 조만간 주지사 관저 철장 밖에 '대한인국민회' 총회관이 있었다는 비석을 세울 것이라는 말과 함께 이덕희 선생님의 이야기가 끝이 난다.

호놀룰루의 중심가. 말도 많고 탈도 많았던 애국심 가득한 한인들의 '대한인국민회' 터를 뒤로하고 다시 버스에 오른다. 생각지도 못했던 곳에서 만나는 한인들의 흔적 찾기가 점점 흥미를 더해 가고 있었다.

여자들이 움직인다

인천의 이민사 박물관에서 보았던 한 장의 사진을 기억한다. 하얀 저고리를 입고 두건을 두른 여자들이 총총히 모여 있던 단체 사진. 나라 잃은 조선의 여성들이 어찌 이렇게 당당한 모습들일까. 그땐 참 의아했더랬다. 그녀들이 어떤 사람인지 알게 된 후에는 그 의아함이 사라지기는커녕 더욱 커졌다. 가장인 남편들보다 더 많은 일을 하며 하와이에서 힘들게 살아가야 했던 그녀들. 얼굴에 그토록 자부심이 가득할 수 있었던 건 어떤 이유에서였을까.

고향을 뒤로하고 가족들과 함께 처음 갤릭호에 올랐던 여자들도 모험심이 강한 사람들이었지만, 한 번도 보지 못한 남편의 사진 하나 달랑 들고 하와이로 떠나온 사진신부들은 더욱 당찬 여성들이었다. 대부분 보부상의 중매로 부모 몰래 사진신부가 된 그녀들 중에는 고등학교는 물론이고 대학교까지 졸업한 '신여성'도 많았다. 미국 땅 하와이에 가서 미국 물 먹은 남자 만나 공부를 더 하고 나중에 대한독립을 이루는 데 도움이 되겠다며 떠나온 진취적인 여자들. 그녀들은 굳셌다. 열 살에서 많게는 스무 살까지 나이가 많았던 남편을 대신해 가족의 생계를 책임지면서 '대한부인회'나 '대한부인구제회' 등을 조직해 직접 음식을 만들고, 유니폼을 만들어 돈을 벌고 그 돈을 독립전쟁 도중 다친 사람이나 삼일운동하다 다친 사람들에게도 보냈다. 〈대한독립선언서〉를 출간하고 그것을 팔아 2천 달러를 기부하기도 했다. 꼬박꼬박 모아 꽤 많은 돈을 정기적으로 보낸 걸 보면 정말 대단하다는 말밖에는 나오지 않는다. 그녀들이 했던 일뿐만 아니라 단체 구성원들의 이야기도 흥미진진하다.

'대한부인구제회' 대표였던 황마리아는 사진신부가 아니라 양반의 정부인이었는데, 1903년 갤릭호를 타고 하와이로 왔다. 그녀는 남편이 첩에게만 빠져 살자 아들과 며느리, 두 아이들과 함께 하와이에 가는 배에 올랐다고 한다.

경상도에서 온 두 친구의 이야기도 있다. 두 사람이 함께 사진신부로 하와이에 와서 남편이 될 사람을 만났는데, 한 친구가 도저히 자신의 남편이 될 사람과 결혼할 수 없다고 하자 같이 온 친구가 선뜻 남편감을 바꿔 주었다고 한다.

그녀들은 어디서 이렇게 열심히 살 수 있는 힘과 단결력을 얻을 수 있었던 걸까. 주체적으로 생을 살아가고자 했던 결연한 용기와 의지. 나에게도 그런 것들이 있었으면 좋겠다고 생각하며 다시 사진 속의 그녀들과 눈을 맞춘다.

3. 베트남 여행

2013. 10. 9~11. 7 (29박 30일)

호치민 전쟁박물관, 구찌 땅굴, 남부여성박물관, 공정무역단체 '마이핸디크래프트'

까마우 바뜨엉 늪, 항전 유적지, 땅끝마을 덧무이

빈딘성 빈딘성 박물관, 따이빈사 고자이 위령비, 프억흥절 '한국군 민간인 학살 희생자를 위한 영혼의 집', 쯔엉탄 학살위령관

꽝아이성 밀라이 박물관, 빈호아사 '한국군 증오비'

꽝남성 하미마을 위령비, 퐁니마을 위령비, 다낭

호이안 독립여행

후에 카이딘 황릉, 뜨륵 황릉, 자금성, 티엔무 사원

하노이 한국문화원, 유엔인권정책센터 '코쿤', 작가 바오닌 인터뷰, 호치민 영묘, 주석궁, 호치민 박물관

마이쩌우 타이족 마을

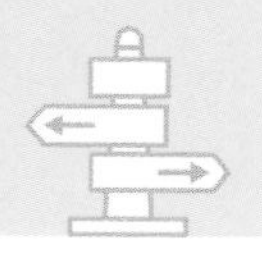

| 모별님께 드리는 편지 |

베트남 답사에 즈음하여

길었던 여름 잘 보내셨는지요? 건강한 모습으로 돌아온 떠별들과 2학기를 시작한 지도 열흘이 지났습니다. 게시판에 올라오는 특강 리뷰들과 필독서 리뷰들을 보며 누구보다 뜨거운 여름을 보낸 이들이 우리 떠별들이었구나, 하는 생각이 듭니다. 아직 전체적인 맥을 만들어 내진 못하고 있지만 지난여름 읽어 낸 이야기의 파편들이 종아리며 팔꿈치며 어깨며 몸의 이곳저곳을 떠돌아다니는 것이 보입니다. 본격 시작된 메인 프로젝트 특강이 큰 흐름을 만들어 내면서 인식의 등뼈가 곧추세워지리라 기대하고 있습니다.

5기는 베트남으로 떠나게 됩니다. 자카란다, 부겐벨리아, 야자수, 열대의 나무들이 거리를 메우고 망고, 파파야, 두리안 따위 열대의 과일들이 지천으로 널린 곳, 쌀국수, 아오자이, 메콩델타, 한번쯤은 들어본 적이 있는 살짝 가슴이 두근거리는 단어들, 사이공, 하노이 발음이 이쁜 도시들, 닮은 것도 같고 아닌 것도 같은 역사……. 베트남에서 우리가 만나 보고 싶은 것은 참 많습니다.

베트남 여행의 목적은 크게 네 가지입니다.

첫째, 베트남의 역사를 주의 깊게 들여다보는 것입니다. 중국이라는 거대한 나라와 국경을 맞대고 끝까지 독립국가의 형태로 남아 있었던 두

나라가 한반도와 베트남입니다. 때로는 외교 전략으로 때로는 항전으로 천 년이 넘는 세월을 절묘하게 버텨 낸 저력은 프랑스와의 전쟁은 물론이고 미국과의 전쟁에서마저 승리하는 '독특한' 역사를 만들어 냅니다.

그 공적인 서사의 수면 아래에는 '살아남의 자의 슬픔'이 소용돌이칩니다. 승리라고는 하지만 너무 많은 사람들이 죽고 너무 많은 것들이 파괴된 시간. 국가는 승리했지만 '복구될 수 없는 상처'를 간직한 개인들. 그 과정에서 한국과 관련된 이야기들이 베트남 땅 곳곳을 배회하고 있습니다. 아시아의 많은 나라들 중에 굳이 베트남을 가는 이유가 여기에 있습니다.

둘째, 기억의 방식에 대한 응시와 집요한 탐구입니다. 베트남 사람들이 기억하는 베트남전쟁과 한국 사람들이 기억하는 베트남전쟁에는 '차이'가 있습니다. 베트남 사람들은 자신들의 전쟁을 '베트남전쟁'이라 부르지 않습니다. 한국의 참전 군인들은 '베트남전 당시 한국군에 의한 민간인 학살'을 보도한 한국의 한 언론사를 찾아가 기물을 부수고 기자들을 폭행하기도 했습니다.

전쟁의 기억은 기억의 전쟁을 만들어 내기도 합니다. 공적 기억과 사적 기억의 불협과 틈새, '다른' 기억에 대한 갈등과 충돌. 역사라는 건 어쩌면 그 사이의 수군거림, 웅성임, 발설이 되지 못한 목메임 같은 것일지도 모르겠습니다. 로드스꼴라는 한국과 베트남이 어떻게 전쟁을 기억하는지 그 방식의 차이와 다름에 주목해 보고자 합니다.

셋째, 공정무역을 잠시 들여다봅니다. 자본은 국경을 넘고 인종을 초월하고 문화를 뛰어넘으며 개인의 일상을 지배하고 점령하고 있습니다.

세련되고 환하고 거침없는 초국적자본은 사람과 사람 사이의 고립을 만들어 내고 불안을 야기하고 때로는 미래마저도 강탈해 갑니다.

인류의 역사에서는 그러나 가장 절망적일 때 오히려 상상을 뛰어넘는 새로운 꿈들이 시작되곤 했습니다. 아주 작고 사소한 실마리 하나가 이전에 없던 비전을 만들어 내기도 했지요. 누군가들은 불합리하고 근거 없다고 생각하지만 그래서 새로운, 전에 없던 세상을 만드는 사람들의 이야기. 공정무역도 어쩌면 그중 하나일지도 모르겠습니다. 생산지로서 베트남의 이야기를 들어 보고, 내년에 영국에 가서는 소비국가의 시스템을 만나 볼 예정입니다.

넷째, 그저 무심히 베트남의 풍경 속에 몸과 마음을 내려놓아 봅니다. 남쪽 땅끝마을 까마우에서 북쪽 산악마을 마이쩌우까지 베트남을 종단하며 때로 거리의 카페에서, 때로 노을 지는 황토흙길에서 무연히 그 바람, 그 냄새, 그 소리를 들어 보려 합니다. 어쩌면 비로소 베트남이 슬쩍 손을 내밀지도 모르는 그 순간.

여행 준비가 한창입니다. 메인 프로젝트 특강 시간표를 동봉합니다. 아주 바쁘신 선생님들이 시간을 내어 떠별들을 만나 흥미진진한 이야기들을 들려주고 계십니다. 베트남에서는 사회적기업 아맙(A-MAP)이 떠별들을 맞을 준비를 하느라 베트남 네트워크를 가동하고 있습니다. 아맙에 대한 소개 동봉합니다. 일정표도 함께 보내니 참고가 되실 듯합니다.

여행 경비 함께 보냅니다. 늘 어떻게 하면 가장 알뜰하게 여행할 수 있을까 고민하고 고민하여 만드는 예산임을, 슬쩍, 말씀드립니다.

말랑말랑하고 보드랍고 따뜻한 우리 떠별들이
스스로를 돌보고, 가족을 돌보고, 이웃을 돌볼 줄 아는 사람,
으로 성장할 수 있도록 최선을 다하겠습니다.
애정과 관심으로 지켜보아 주십시오.

2013년 9월
로드스꼴라 길별 일동

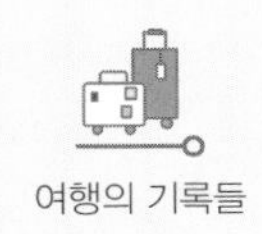

나의 베트남 일기

– 이치(김효석. 로드스꼴라 5기)

전쟁증적박물관

베트남에 온 지 하루가 지난 날, 전쟁증적박물관으로 향했다. 너무 많은 이야기를 들었다. 2시간 30분 동안 한 박물관에서 긴 이야기를 듣는 것이 힘들지 않았다. 워낙 이야기가 흥미로웠기 때문이었다.

이 사진은 나에게 전쟁이 일어나면 어떻게 되는가를 보여 주는 것 같았다. 모든 것이 불에 타고, 아이는 부모를 찾고 있거나 또는 부모가 죽어서 울고 있을 것이다. 아이의 얼굴에는 슬픔이 가득하다. 박물관에서 이 사진만 20분간 쳐다보았다. 아이는 앞으로 어떻게 살아가야 할까. 집도 부모도 아무것도 없는 상태로 살아야 한다. 홀로 남았다는 그 슬픔을 안고서.

베트남전쟁이 끝나자마자 베트남은 자료를 모아서 박물관에 남겼다. 후세대에게 끊임없이 보여 준다. 전쟁증적박물관에는 매일 사람들이 북적북적하다고 한다. 그만큼 그들이 역사의 중요성을 알고 있다는 것이다. 베트남은 기억을 공유하고 있었다.

남부여성박물관

한 여자아이가 사형대로 들어선다. 그 아이는 들어서다 말고 히아신스 꽃을 뜯어 자신의 귀에 꽂고 다시 걸어간다. 걸음을 멈춘 그녀는 눈가리개를 마다하고 죽음을 맞이한다. 그녀의 이름은 보티싸오. 항불전쟁 당시 열네 살이라는 어린 나이로 유격대 생활을 하던 그녀는 프랑스군에게 붙잡힌다. 프랑스 법원에서 보티싸오는 사형 선고를 받게 된다. 미성년자에게 사형은 불법이었다. 프랑스군은 그 사실을 알고서도 아무도 모르게 사형을 집행했다.

그녀를 사형장으로 끌고 갔던 프랑스 간수가 있다. 그가 죽기 전에 보티싸오에 대한 책을 쓰면서 이 이야기가 세상에 알려졌다. 그녀는 죽을 때까지 의연했다고 한다. 죽음이라는 문턱 앞에서 어떻게 의연할 수 있었을까. 이미 포기를 했던 건 아닐 것이다. 그녀도 살고 싶었을 것이다. 하지만 그녀는 그 상황을 받아들였다. 자신이 죽을 수밖에 없다는 것을.

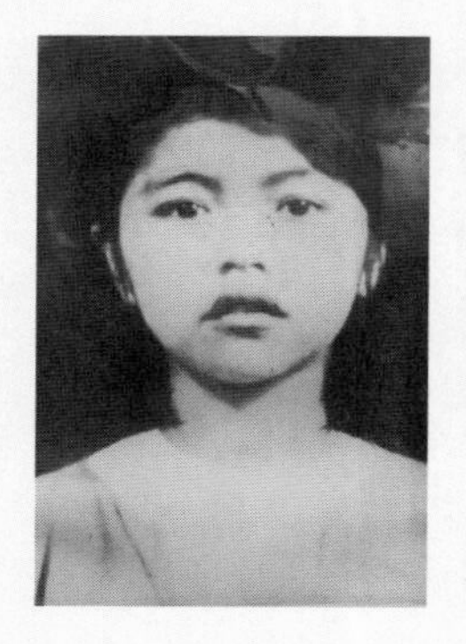

열네 살, 한창 어리광도 부리고 멋도 부릴 나이에 그녀는 총을 들고 나라를 되찾기 위해 싸웠다. 내가 만약 그 상황에 있었더라면 그녀처럼 나라를 위해 싸울 수 있었을까. 그녀를 평생 기억할 것이다. 꽃과 함께.

빈딘성 박물관

미군은 평원 한복판에 초소를 만들었다. 절대로 '남베트남민족해방전선(VIET CONG ; 베트콩)'이 초소를 무너뜨리지 못할 것이라고 생각했다. 강물이 거슬러 올라가지 않는 이상 함락되지 않을 것이라 장담했다. 그랬던 미군은 초소가 불에 타는 것을 보고 놀라움을 금치 못했다.

미국이 베트남전쟁에서 패한 이유는 자만심 때문이었을 것이다. 베트남에 전쟁을 선포했을 때 미국 대통령은 이 전쟁이 빨리 끝날 것이라 하였다. 그러나 그의 말과는 달리 쉽게 끝나지 않았다. 1년 안에 끝난다고 했던 전쟁은 10년 동안 지속되었다. 미국의 자만심과 베트남의 단결력이 승리를 안겨 주었다.

기나긴 전쟁 동안 베트남은 상처도 입었지만 그것으로 인해서 그만큼 결속력을 보여 주었다. 세계 최강이라고 불리던 미국이 1년 안에 초토화시키겠다던 베트남에게 10년간의 전투 끝에 패배한 것이다. 베트남 군인들은 불가능한 것들을 현실로 보여 주었다.

밀라이 박물관

사람을 죽이고도 저런 표정이 나올 수 있을까. 미군들은 평온해 보인다. 어쩌면 저들 중 몇 명은 후회를 했을 수도 있다. 자원입대를 했다고 해도 전장에서 총을 들면 감정이 달라질 수도 있을 것이다. 누가 사람을 죽이고 편안할 수가 있을까. 전쟁에 참여한 많은 군인들이 전역 이후 스트레스에 의한 환각 증세로 잠 못 든다고 한다.

사진에 나온 저들의 지금의 삶은 행복할까. 몇몇은 후회하지만 또 몇몇은 조국을 위해 싸웠다며 자신의 후손에게 자랑을 할지도 모른다. 그들은 왜 이곳에 왔고 무엇 때문에 이곳 사람들을 죽였을까. 꼭 죽여야 했을까. 한국으로 돌아온 내가 공부해야 할 것은 이것인 것 같다. 한국군과 미군은 왜 그들을 죽여야 했을까.

첫 외국인 친구 ; 사이공

아맙의 베트남 직원인 타오와 사이공에서 9일간 계속 같이 다녔다. 영어를 못하는 외국 사람이 옆에 있으니 불편하고 어색했다. 말을 걸어도 한두 마디면 대화가 끝이 났다. 그랬던 타오와 친해진 것은 고수 때문이었다.

어느 날 같은 식탁에 앉게 되었다. 향이 강한 국이 나왔는데 이게 고수의 맛일까 궁금했다. 전자사전으로도 찾아보고 길별 플로로에게 어떻게 말해야 하는지도 물어본 다음 타오에게 물어보았다. 타오는 이 국에는 고수가 아닌 허브 같은 것이 들어 있다고 했다. 그렇게 시작된 대화는 꼬리에 꼬리를 물고 이어졌다. 어디에 사는지, 몇 살인지 이것저것 물어보면서 친해지게 되었다. 지금도 타오가 계속 생각난다.

놓칠 수 없는 풍경 ; 까마우

베트남 영토의 남쪽 끝 까마우. 배를 타고 땅끝마을 덧무이로 갔다. 뜨거운 햇볕에 지친 나는 마을 한가운데 있는 전망대에 올라갔다. 밑에서는 볼 수 없는 다른 풍경이 펼쳐졌다. 넓은 바다와 푸른 숲. 시원한 바람이 불어와 땀을 식혀 주었다. 잠시 누워 바람을 느끼며 낮잠을 자고 싶었다.

까마우에선 맹그로브 숲과 더 좋은 풍경들도 보았지만 돌아와서 가장 기억에 남는 것은 전망대에서 본 풍경이었다. 갯벌과 맛있는 해산물도 기억나지만 까마우 하면 전망대에서 바라본 그 풍경이 가장 기억에 남는다.

물소들이 사는 곳 ; 마이쩌우

걷다가 물소 한 마리와 마주친다. 몸집이 크고 뿔도 나 있는 물소는 당장 이라도 나를 들이받을 것만 같다. 옆으로 시선을 돌리자 베트남의 밭이 펼쳐졌다. 밭에도 물소들이 풀을 뜯어먹고 있다. 그 사이 물소는 내 앞에 다가왔다. 웃는 얼굴에 침 못 뱉는다는 말이 떠올라 미소를 띠며 눈을 마주치려 한다. 그러나 물소는 내게 아무런 관심이 없다.

난 물소의 관심을 원한다. 이젠 보이는 물소마다 눈을 마주치려 애를 쓴다. 내 노력이 무색하게도 물소의 크고 또랑또랑한 눈동자는 네게 아무런 볼 일 없다는 듯 무심히 지나쳐 간다. 물소는 겉으로 보기에는 무섭지만 보면 볼수록 매력적이다.

깊고 깊은 산속에 있는 아름다운 마이쩌우, 그곳에는 물소들이 산다.

고민의 끝 ; 호이안

퐁니 마을에서 베트남 민간인 학살에 대한 이야기는 끝이 났다. 총 5곳의 위령비 참배를 했다. 누군가가 강요하지도 않았다. 단지 내가 베트남 사람들의 이야기를 듣고 싶었고, 이번 여행의 두 번째 탐구 목적인 '전쟁을 기억하는 방식'이 궁금했다. 어느 곳도 마음이 편하지 않았다. 향을 꽂으면서 내가 하는 말은 "죄송합니다"가 대부분이었다.

내가 한 일도 아니고 나의 아버지가 관련된 일도 아니었다. 하지만 내 마음속 한구석에는 그들에게 미안한 마음이 자리를 잡고 있다. 그 마음은 지금까지도 계속되고 있다. 그들의 이야기를 들은 이상 그 불편한 마음은 사라지지 않을 것 같다. 베트남에는 내가 만나지 못한, 셀 수 없을 정도로 많은 이야기가 있다. 나는 그중 일부분을 잠시 들여다본 것이다. 나는 이것이 다가 아니라고 생각한다.

내가 베트남에서 들었던 것은 베트남전쟁에 대한 그들의 기억이다. 나는 기억을 공유하려 한다. 마지막 위령비 참배를 마치고 나오는 길에서, 이 여행을 오길 참 잘했다는 생각이 들었다.

진짜 베트남을 보다 ; 꽝아이 성

베트남전쟁에 대해서는 미리 공부를 하고 갔었고, 박물관 사진들도 보고 갔다. 베트남전쟁에 대하여 다 알고 있다고 생각했었다. 그건 단지 생각이었다. 밀라이 박물관에서 나는 진짜 베트남전쟁의 모습을 보게 되었다. 지금까지 본 사진이나 이야기들과는 차원이 달랐다. 정말 적나라한 학살 사진들을 보고 설명을 들었다. 속이 메스껍고 머리가 지끈거렸다. 가이드는 열심히 사진에 대해서 설명을 하고 있었지만 나는 그 이야기들이 머릿속으로 들어오지 않았다. 듣고 있을수록 메스꺼움은 심해졌다. 문밖으로 뛰쳐나가고 싶었다. 학살을 사실로 받아들일 수가 없었다. 처음 느껴 보는 감정이었다.

모든 설명이 끝나고 박물관을 잠깐 둘러보는 시간이 주어졌다. 곧바로 바깥으로 나갔다. 심호흡을 했다. 그제야 속이 편해졌다. 힘든 시간이었지만 베트남에 대해, 전쟁에 대해 확실한 관심을 갖는 계기가 되었다.

비 오는 날의 씨클로 ; 후에

비가 추적추적 내리는 날이었다. 응우엔 왕조의 황성을 보고 티엔무 사원으로 씨클로를 타고 가기로 되어 있었다. 방수가 되는 옷을 입었지만 비를 맞아 물이 점점 스며들고 있었다. 바람이 불고 처음으로 베트남에서 추위를 느꼈다.

드디어 씨클로를 타게 됐다. 내 씨클로 운전사는 40대 초반으로 몸이 약간 마른 분이었다. 약 20대의 씨클로가 도로를 달렸다. 옷이 젖은 상태에서 바람이 계속 불어와 추웠다. 의외로 씨클로는 흔들림이 컸다. 보기에는 안 흔들리고 편안해 보였지만 실제로 타 보니 조금 달랐다. 세 번째로 출발한 나는 어느새 뒤쪽으로 처져 있었다. 오르막길에서 힘겹게 페달질하는 운전사를 보니 내가 대신 페달을 밟아 주고 싶었다. 편안하지 않고 오히려 마음이 불편했다.

행복한 노래 ; 하노이

중부를 다녀온 나는 하나의 목표가 생겼다. 도안응이아의 기타를 바꿔드리는 것이었다. 도안응이아는 베트남 민간인 학살의 생존자이다. 학살 당시 탄약과 피가 섞인 물이 눈으로 들어가 장님이 되었다. 그는 자신의 이야기를 들려준 뒤에 취미인 노래를 들려주었다. 눈이 안 보이지만 기타 반주까지 하면서 노래를 했다. 그의 목소리는 경쾌했다. 나의 시선은 기타로 향했다. 기타 줄은 녹이 슬어서 금방이라도 끊어질 것만 같았고 바디에는 먼지가 하얗게 쌓여 있었다.

나는 도안응이아에게 기타를 새로 사드리고 싶었다. 하노이에 가면 꼭 그에게 기타를 선물하리라 다짐했다. 내가 베트남에 가지고 간 돈으로 사려고 했지만 품질이 안 좋은 기타밖에 살 수 없었다. 그래서 나는 떠별들에게 같이 선물을 사는 게 어떻겠냐고 의견을 냈다. 모두들 내 의견에 흔쾌히 찬성했다. 돈을 걷어서 하노이에 있는 기타 가게로 향했다. 가게 주인은 영어를 못하는 현지 여성이었다. 어렵게 손짓발짓으로 기타를 쳐 보고 마음에 드는 기타를 찾았다. 내가 가지고 있는 돈이 모자라서 5천 원 정도 깎았다.

모두가 도와주어서 도안응이아에게 작은 선물을 남기고 올 수 있었다. 내가 들었던 그의 행복한 노래가 이 기타를 통해 이어졌으면 좋겠다.

이름을 불러 주세요

– 길담(백록담, 로드스꼴라 5기)

버스에서 내리니 햇살이 가득했다. 그러나 비가 다가오고 있는지 한쪽으론 먹구름이 가득했다. 논에는 물이 차 있어 걸어갈 때마다 세상이 하늘빛이 되기도 하고 회색빛이 되기도 했다. 집이라곤 보이지 않는 넓은 논 사이로 덩그러니 있는 건물, 빈딘성의 쯔엉탄 마을 위령비다.

쯔엉탄 위령비에서 가장 먼저 우리를 반기는 것은 또박또박 적혀 있는 한글이었다. 한국 사람을 기다리고 있었다는 듯, 우리가 올 것을 알고 있었다는 듯 작은 위령비 옆에는 47년 전의 이야기가 한글로 기록되어 있었다. 소리 내어 글을 읽었다.

> '1966년 1월 24일 남한의 맹호 병사들은 쯔엉탄 마을에 속한 GO SAT 및 응웬 안 반 씨네 집 정원에서 58명의 양민을 살해하였습니다.'

1994년에 세워진 위령비에 적혀 있던 글은 드디어 제 언어로 낭독되었다. 전쟁이 끝나고 한참이 지난 오늘이 돼서야 우리는 쯔엉탄의 슬픈 이야기를 마주했다.

작은 위령비에 사람들이 모여 있는 것이 신기한지 옆집에 살고 있는 아이들이 몰려나왔다. 그 사이에 할머니 한 분이 다가와 가만히 우리 곁에 서 계셨다. 할머니의 성함은 응웬 티 프엉이었다. 이야기를 해 달라고 하자 프엉 할머니는 기다렸다는 듯 집에 있는 손녀를 불러와 위령비 앞에 세웠다. 할머니는 글자를 모르는지 손녀에게 위령비에 적혀 있는 이름을 읽어달라고 했다.

나는 숨을 죽였다. 손녀가 이름을 부르면 할머니가 우리를 보며 한 번 더 말해 주었다. 그리고 할머니가 부르는 이름들을 다시 우리가 따라 불렀다.

"여기는 다 가족들이야."
"이건 우리 작은아버지고, 작은어머니야."
"조카가 네 명 있었는데 넷 다 죽었어."

할머니는 58명의 이름을 하나하나 부르며 이야기했다. 글자로만 존재하던 이름을 소리로 내보낼 때 나는 비로소 위령비에 적힌 한 명 한 명의 존재를 실감할 수 있었다. 쯔엉탄은 마을 전체가 사라져 버렸기에 살아남은 사람이 없다. 프엉 할머니네 가족은 학살이 일어나기 전 퀴년으로 이사를 간 덕분에 살아남을 수 있었지만, 이곳에 살고 있던 마을 사람들 중 살아남은 사람은 없었다. 프엉 할머니가 다시 마을로 돌아온 이유는 몰살당한 마을 사람들을 위한 제사를 지내기 위해서라고 했다.

"이제 이 세상에 존재하지 않는 사람들이에요. 내가 보고 싶어도 볼 수 없는 사람들이고, 그래서 나는 이 이름들을 함께 불러 보고 싶었어요. 이제는 아무도 불러 주지 않는 이름을 여러분들과 함께 불러 보고 싶었어요."

목이 메어 왔다. 아무도 그들의 이름을 불러 주지 않았다. 왜 죽어야 했는지 이유도 말해 주지 않았고, 제사를 지내 줄 가족도 없이 땅에 묻혀 버렸다. 풀이 무성한 공동묘 아래 묻혀 있는 사람들. 너무 오랫동안 외롭게 한 것 같아 가슴이 저렸다.

전쟁은 끝났지만 여전히 상처는 남아 있었다. 죽은 사람의 상처도, 살아남은 사람의 상처도 아직 사라지지 않고 우리를 기다리고 있었다. 위령비에 적혀 있는 이름들은 모두 프엉 할머니의 이웃이고 친구이고 가족들이었다. 할머니는 참혹한 학살을 이야기하기에 앞서 먼저 그들의 이름을 불러 주었다. 우리는 함께 이름을 불렀고 그 이름들은 공중으로 흩어졌다.

할머니의 이야기가 끝나니 어두웠던 하늘에서 비가 퍼붓기 시작했다. 비를 피할 곳이라곤 위령비 아래뿐이라 우리는 서로 어깨를 가까이 했다. 친구들은 저마다 알 수 없는 표정으로 비를 바라보고 있었다. 눈이 조금 붉어진 아이도, 여전히 손으로 눈가를 닦아 내는 아이도 있었다. 프엉 할머니는 위령비 밖에 서 있는 나를 보고 비를 피하라는 손짓을 하셨다. "깜언" 하고 인사를 건넨 뒤 위령비에 다가가 한 번 더 그들에게 말을 건넸다.

"너무 늦게 와서 죄송합니다. 이렇게 오랜 시간을 외롭게 만들어 죄송합니다. 그럼에도 이렇게 기다려 주셔서 고맙습니다. 저희에게 당신들의 이름을 부를 수 있게 해 주셔서 고맙습니다."

잠깐의 비가 그치고 누군가 손가락으로 산 너머를 가리켰다. 햇살 사이로 무지개가 다리를 놓고 있었다. 프엉 할머니에게 인사를 드리고 나오자 물기를 머금은 모든 것들이 각자의 자리에서 아름답게 빛을 내고 있었다.

쯔엉탄의 모든 것들은 마치 미리 짜여진 이야기 같았다. 우리가 올 것을 알았다는 듯 새겨져 있던 한글, 우리와 함께 이름을 부르기 위해 기다렸다는 듯 나타난 프엉 할머니, 눈가가 젖어 가던 순간 내렸던 비, 그리고 희미하지만 반짝이는 논 위로 뜬 무지개……. 베트남에 올 수 있어서 다행이었고, 쯔엉탄에 올 수 있어 다행이었다. 모르고 살아선 안 될 일들과 이름들이 이곳에 있었다.

가득 껴안기엔 조금 벅차 계속 흘러내리곤 했지만 잊지 않고 살아가기로 했다. 할머니와 함께 이름을 부르던 그때의 바람과 공기, 소리, 슬프지만 아름다웠던 그 순간.

미안해요 베트남, 진짜?

– 반월(고새한결. 로드스꼴라 4기)

"미안한 감정이 들어요."

여행 가기 전 여러 떠별들이 이런 얘기를 했다. 여행 가서도 다들 뭐가 그리 미안한지 닫기 모임마다 미안하다는 얘기가 나온다. 책 제목 중에도 '미안해요 베트남'이 있고, 노래 제목 중에도 '미안해요 베트남'이 있다. 다들 뭐가 그리 미안한지 모르겠다. 그놈의 '미안해요', 이젠 듣기만 해도 신물 난다.

3학기가 되었다. 이번 학기 주제는 베트남전쟁이다. 전쟁과 관련된 책들을 읽고, 베트남 민간인 학살에 대한 책을 쓴 길별 어딘의 특강도 들었다. 파워포인트로 각자 읽은 책들을 설명하기도 했다. 내 가슴속에 어렴풋이 미안한 감정이 들기 시작할 즈음, 주위에서 미안하다는 말이 너무 많이 들려왔다.

내가 정말 미안해할 일인가 생각해 본다. 딱히 없다. 내가 죽인 것도 아니다. 죽이라고 시킨 것도 아니다. 나는 그 당시 태어나지도 않았다. 세상에 존재조차 하지 않을 때 일어난 일을 내가 미안해할 필요는 없다고 생각한다. 미안하다는 감정을 내 마음 깊숙이 처박아 둔다. 그리고 되뇌었다. 나는 미안하지 않다, 나는 미안해할 필요가 없다.

권현우 선생님이 종이 몇 장을 들고 여기저기 돌아다니고 있다. 나와 눈이 마주친다. "반월, 이거 제가 쓴 시인데 한번 읽어 볼래요?" 쑥스러운 듯 종이 한 장을 내민다. 제목은 '꽃을 드려도 될까요'다. 빈호아 마을에서 마주친 마을 사람에게 무슨 말을 건네야 할지 모르는 사람이 꽃 한 송이를 드려도 되는지 물어보는 내용의 시다.

그날 저녁 떠별 몇몇이 까마우의 수상가옥에서 권현우 선생님과 함께 옹기종기 둘러앉아 시를 읽으며 이야기했다. 그러다가 다음 일정이 빈호아 마을 한국군 증오비 참배인데 다들 어떻게 생각하는지 궁금해졌다. 한국군 증오비! 말만 들어도 거부감이 든다. 내가 왜 그곳에 가서 참배해야 하는지 모르겠다. 참배를 하는 게 죽음에 애도를 표하기 위한 것인지, 한국군의 행동에 대한 사과인지 혼자 생각하다 그날 닫기 모임 시간에 이렇게 물어봤다.

"증오비 참배가 어떤 의미예요? 우리가 하는 참배에는 사과의 의미도 있나요? 우리가 꼭 미안해해야 하는 건가요?"

그리고 서로 돌아가며 각자의 생각을 얘기했다.

"그냥 미안해서 미안하다고 하는 건데 왜 자꾸 따지는지 모르겠어요." (로냐)

"일본 사람들이 우리한테 과거에 대해 사과하면 고마울 것 같아요, 우리도 베트남 사람들에게 사과하면 고마워하지 않을까요?" (박하)

"우리가 참배하는 걸 마을 사람들이 보니까 하는 거 아닐까요?" (길치)

공감 가는 이야기는 있었지만 '왜 참배를 하는가?'에 대한 속 시원한 답은 없다. "역사는 우리의 DNA에 들어 있다고 생각해요." 구수정 선생님이 말했다. 무슨 말인지 모르겠다.

어떤 마음으로 참배해야 할지 모르는 채로 증오비 참배일이 되었다. 빈호아 마을에 내리자 분위기가 무겁게 느껴진다. 뒤쪽으로 마을 사람들이 지나가며 우리를 빤히 쳐다본다. 뒤통수가 따끔거리는 것 같다. 그런 시선들을 뒤로하고 참배를 한다. 벗겨진 페인트에 다 닳은 비석, 색이 바랜 시멘트. 생각보다 증오비는 낡고 작았다. 참배하는데 너무 덥다. 더워서 많은 생각이 들지 않았다. 그냥 죽은 사람들에 대한 위로의 의미로 참배했다.

참배가 끝나고 빈호아 마을의 초등학교로 갔다. 교복을 입고 장난감같이 작은 책상과 의자에 앉아서 우리를 호기심 어린 눈으로 보고 있다. 아이들에게 노래를 불러 주고 나가서 같이 놀고 선물도 줬다. 같이 놀다 보면 이겼다고 상대편 아이들을 놀리는 짓궂은 남자아이들도 있고, 게임에 져서 시무룩한 여자아이들도 있고, 우리를 구경하러 온 다른 반 아이들도 있다. 한국의 여느 초등학교와 다를 게 없다. 그 아이들을 보다가 문득 '나는 이 아이들에게 미안한가?'라는 생각이 든다.

며칠 뒤 팜티호아 할머니를 만나러 갔다. 요즘 건강이 좋지 않으셔서 못 만날 수도 있었는데 다행히도 그날 할머니를 만날 수 있었다. 다들 할머니 집의 조그만 거실에 둘러앉았다. 그녀가 걸어 나온다. 발에는 쇠로 된 의족이 붙어 있다. 그녀는 힘겹게 의자에 앉는다. 건강이 나빠서 구수정 선생님이 할머니 대신 그녀의 인생 얘기를 들려준다.

할머니에게 말하고 싶은 사람이 있냐고 길벗들이 물어본다. 나는 앞으로 나가 그녀의 손을 잡고 눈높이를 맞춘다. 앙상한 몸에서 나오는 목소리는 예상 외로 우렁차고 걸걸하다. 두껍고 거친 손을 잡으니 그녀가 지금껏 살면서 겪은 고생이 느껴지는 것 같다. 웃으며 그녀에게 "다음에 또 올게요. 건강하셔야 해요"라고 말하고 자리로 돌아간다.

로냐가 그녀 앞으로 간다. 무릎을 꿇고 손을 잡고 얘기하다 울음을 터뜨린다. 그녀가 로냐를 토닥이며 "괜찮아. 다 끝났어, 괜찮아. 다 끝났어"라고 반복해서 말한다. 갑자기 그녀도 울음을 터뜨린다. 처음에는 약하게 흐느끼다가 점점 강해진다. 울음이 울부짖음이 되고, 그녀가 말한다.

"한평생 사는 게 왜 이렇게 힘들까."

지금 생각해 보면 나는 왜 미안하단 감정을 밀어냈는지, 다른 사람들이 미안하다고 하는 말에 왜 짜증이 났는지 의문이 든다. 미안함. 죄를 지은 사람이 가지는 감정이다. 난 이 전쟁에 찬성한 적도 없고 민간인 학살을 알고도 모른 척한 적도 없다. 국가가 저지른 잘못이고, 내가 태어나기도 전에 일어난 일이다. 이제 갓 스무 살 된 내가, 베트남전쟁이 일어난 지 40년 가까이 지난 후에 태어난 내가, 이 일에 미안함을 가져야 할 이유를 알지 못했다.

여행이 끝나고 네이버에서 베트남전쟁에 대한 자료를 찾아본다. 월남 파병에 대한 글을 클릭한다. 월남 파병의 의의는 '한국군의 기세를 세상에 알리고 경제적 성장을 가져왔다는 것'이라고 한다. 그 어디에도 민간인 학살 얘기는 없다. 어이가 없다 못해 화가 난다. 민간인 학살을 한 게 한국군의 기세를 알린 것이고, 남의 나라에서 사람 죽이고 돈 벌어 온 게 역사적 의의라는 거다. 이 얘기가 머릿속을 떠나지 않는다.

분명히 한국은 월남 파병을 통해 경제성장을 했다. 그런데 나는 그 나라에서 살고 있다. 그렇게 축적된 부를 내가 누리고 있다. 나와 상관없다고 얘기했던 역사적 사건. 그 사건들은 서로 알게 모르게 이어지고 연결되어 현재가 된다. 그리고 현재 속에 내가 살고 있다. 바로 이게 구수정 선생님이 얘기한 '역사는 우리의 DNA에 들어 있다'는 말인가 보다.

난 나라는 인간이 베트남전쟁과 무관하다고 생각했다. 그래서 미안한 감정을 밀어냈고, 남들이 미안하다고 하는 말에도 예민하게 반응했다. 사과라는 건 잘못을 인정할 때 하는 거라고 생각했다. 내가 사과를 한다면 그건 베트남전쟁에서 일어났던 끔찍한 일들에 대해 책임을 지겠다는 뜻이 된다. 이게 내가 미안한 감정을 인정하기 어려웠던 이유다.

미안한 감정은 인정해도 내가 역사적 사건들에 어떻게 책임을 져야 하는지는 잘 모르겠다. 다만 우리가 했던 여행, 팜티호아 할머니를 만나고 증오비 앞에서 참배하고 베트남전쟁과 민간인 학살을 기억하려고 하는 노력이, 전쟁으로 인한 상처를 치유하고 앞으로 이런 일이 일어나지 않게 하는 데 도움이 됐을 거라 생각한다.

베트남 여행에서 채 맞추지 못한 퍼즐 조각 같은 이야기들을 들고 왔다. 지금 난 이 퍼즐들을 하나하나 맞춰 보려 하고 있다. 로드스꼴라를 졸업하기 전까지 못 맞출 수도 있고, 죽기 전까지도 맞추지 못하는 이야기도 있을 것이다. 그래도 이번 학기 '베트남전쟁과 나'라는 퍼즐 한 조각은 맞춘 것 같다.

4. 러시아, 카자흐스탄, 우즈베키스탄 그리고 시베리아 횡단열차

2014. 09. 16~10. 20 (34박 35일)

〔러시아〕

블라디보스토크 신한촌, 독립문 터, 이동휘 집터, 요새박물관, 페르바야레치카 역, 아르바트 거리, 조명희 기념비(극동연방대 과학박물관), 혁명광장, 라즈돌노예 역(고려인 강제이주가 있었던 역), 독수리 전망대, 잠수함 박물관, 러시아 정교회

우수리스크 고향마을(고려인 거주지), 고려인 150주년 기념행사, 이상설 유허비, 발해성터, 고려사범전문학교, 최재형의 마지막 거주지, 고려인 문화센터

크라스키노 안중근 단지동맹비, 포시에트 항

시베리아 횡단열차 블라디보스토크 – 하바로프스크 – 치타 – 아르크주크 – 크라스노야르스크 – 노보시비리스크 – (우즈베키스탄행 환승) – 카자흐스탄 알마티

〔카자흐스탄〕

알마티 천산, 고려일보, 고려인회관, 카자흐국립중앙박물관, 키맵대학교, 한국교육원 노인대학, 아바이 극장

우슈토베 고려인 초기 정착지 바슈토베 언덕(고려인 공동묘지), 캅차가이 호수

〔우즈베키스탄〕

타슈켄트 김병화 박물관, 고려인 묘지, 티무르 박물관, 나보이 박물관(조명희 문학기념관), 세종한글학당

사마르칸트 종이공방, 울르그백 천문대 , 비비하눔 사원, 아프로시압 박물관

부하라 아르크 성, 미노라이 칼론, 칼론 모스크, 라비 하우즈

| 모별님께 드리는 편지 |

연해주, 카자흐스탄, 우즈베키스탄 답사에 즈음하여

연해주와 중앙아시아를 아우르는 이번 여행에서 우리가 주요하게 들여다보고자 하는 이야기는 고려인 이민사입니다. 1860년대 일군의 조선 사람들이 기근과 압제를 피해 연해주 땅으로 이주하면서 시작되는 이 이야기 안에는 아편전쟁, 조선의 망국, 독립운동, 볼셰비키혁명, 제1차 세계대전, 중일전쟁, 제2차 세계대전, 소련 해체 등등 세계사의 주요한 시간들이 출렁입니다. 그 물결의 한가운데 고려인들이 있습니다.

연해주 지역의 개척자로, 독립운동의 주역으로 연해주를 누비던 고려인들은 1937년 소련 정부에 의해 허허벌판 중앙아시아 스텝(steppe) 지대로 강제이주를 당합니다. 황막한 불모의 땅에 물을 대고 씨를 심고 싹을 틔워 넌출넌출 벼 이삭이 출렁이는 황금 들판으로 만들기까지, 고려인들의 삶은 그야말로 한 편의 대하드라마라 할 수 있습니다. 코리안 디아스포라 퍼즐의 주요한 한 조각을 발견할 수 있을 것입니다.

타슈켄트, 사마르칸트, 부하라. 조금은 가슴 설레는 지명들입니다. 실크로드의 거점 도시들이었지요. 그 옛날 서역이라 불렸던 곳. 기린과 사자가 이 길을 지나 처음으로 중국에 도착했고 비단과 도자기가 이 길을 통해 유럽으로 건너갔습니다. 양잠, 화약 기술, 제지 기술, 불교 경전 따위 동양과 서양의 인간들이 만들어 낸 많은 것들이 이 길을 따라 오갔습니다.

실크로드는 언뜻 동서양의 교류에 관한 이야기 같지만 어쩌면 인간에 대한 질문이 담겨 있는 주제입니다. 자동차도 기차도 비행기도 없던 시절, 무엇을 바라 인간은 저 황막한 타클라마칸 사막을 오직 낙타와 더불어 타박타박 건너갔던 것일까, 무엇을 바라 저토록 험준한 파미르고원을 넘어갔으며 무엇을 꿈꿔 힌두쿠시, 카라코람 저 거대한 산맥들을 넘고자 했을까. 모든 공포와 고난을 넘어서는 매혹적인 당신. 여기가 아닌 저기에 있는.

실크로드에 관한 이야기를 해 보려 합니다. 상상 너머의 것들을 상상했던 길 위에서.

동서양의 대상들이 지나다니는 길목이었던 만큼 이 도시들의 시장은 여전히 흥성합니다. 붉은 석류꽃이 정교하게 수놓인 카펫과 다디단 멜론, 양고기 샤슬릭, 뿐입니까, 슬라브족을 비롯하여 카자크족, 우즈베크족, 타직족, 중국인, 한국인, 백인 등 다양한 민족들이 서로 이웃해 사는 이 동네는 그들이 만들어 내는 문화들이 만나고 충돌하고 조화를 이루는 현장이기도 합니다. '다른' 사람들이 모여 공존하는 현장을 보고 배울 수 있게 될 것입니다.

끝없이 펼쳐지는 사막과 초원과 저 광활한 평원, 설산……. 그 앞에, 무연히, 서 보는 것. 우리가 중앙아시아에서 해 보고자 하는 일입니다.

여행을 떠나기 전 떠별들은 매주 목요일 인천, 구로 가리봉 조선족 시장, 안산 뗏골마을, 이태원을 여행하며 이주와 다문화에 대한 공부를 할 예정입니다. 현지에서도 많은 길별들이 함께하실 예정입니다.

러시아 블라디보스토크에서는 한국교육원 이진영 원장님과 극동연방

국립대 박 크세니아 교수님, 우수리스크에서는 사회적기업 '바리의꿈'과 함께합니다. 카자흐스탄에서는 〈고려일보〉의 김상욱 대표님이 여행을 함께하며 〈고려일보〉의 김 콘쓰딴찐 주필, 알마티 고려민족문화중앙, 우슈토베의 고려인과 아름다운 만남을 갖고 카작국립대 한국학과 대학생들과도 즐거운 만남을 가질 예정입니다. 우즈베키스탄에서는 타슈켄트 세종한글학당 허선행 교장선생님이 우리를 반겨 주시며 『우즈베키스탄 ; 실크로드의 중심지』 저자인 김성기 선생님이 우즈베키스탄의 역사 이야기를 들려주실 예정입니다.

관심과 격려로 지켜보아 주십시오.

2014년 8월

로드스꼴라 길별 일동

황금땅에서

– 결(김지영, 로드스꼴라 6기)

카자흐스탄의 황토

세 시간을 덜컹거리는 봉고차에서 허리도 엉덩이도 같이 덜컹대다 도착한 곳이 바슈토베였다. 고려인들이 화물칸에 실려 처음으로 내려졌던 허허벌판. 지금은 움푹움푹 솟아 있는 무덤들이 우릴 맞아 주었다. 조웅선, 김로자… 낯설지 않은 이름들이 묘비에 적혀 있던 곳. 이곳에서 살다가 돌아가신 고려인들의 공동묘지였다. 무덤들 뒤로 넉넉하게 생긴 언덕에 올라가 보니 공동묘지를 낀 왼쪽 땅은 황토색이었고 그 반대편 오른쪽 땅은 한눈에 보아도 자갈밭이다.

"원래 이 주변은 모두 저런 자갈밭이었어요. 고려인들이 이곳에서 농사를 지어서 땅의 색깔이 변한 거죠."

우와! 이들은 세상 어디를 가든 벼농사를 해낼 것 같았다.

우즈베키스탄 김병화 박물관

건물 벽엔 큼지막하게 한글이 쓰여 있었다. 김병화 박물관. 매일 더듬거리면서 러시아 철자들과 씨름을 하다 보니 한눈에 읽히는 이름이 반가웠다.

이곳에서 수십 년간 써 온 러시아어도 소련 해체 이후엔 우즈베키스탄 말과 문화를 되살리자는 기류에 밀리고 있다는데, 한글 이름을 가진 건물을 보면서 도대체 저 할아버지가 무슨 일을 했을까 궁금했다. 몇 년 전까지는 김병화 학교, 김병화 거리, 김병화 농장처럼 '김병화'란 이름으로 기억되는 공간이 더 많았다고 한다. 돌아가신 지 20년이 넘었지만 고려인뿐만 아니라 우즈베키스탄 사람들 사이에서도 기억되고 있는 할아버지였다.

김병화라는 이름이 알려지기 시작한 건 1937년, 강제이주를 당해 우즈베키스탄에 내려지면서부터였다. 당시 스탈린이 통치하고 있던 소련은 비밀리에 고려인 강제이주 계획을 세운다. 일본의 첩자를 제거하기 위해서라는 명분으로, 출발 이삼일 전에 느닷없이 짐을 싸라고 고려인들에게 통보했다. 사람들은 집에 있는 가축들을 그대로 둔 채 당장 입을 옷과 약간의 먹을거리만 들고 품속엔 볍씨를 챙겨 기차에 올랐다. 어디로 가는지 왜 떠나야 하는지 이유도 모른 채 화장실도 없는 화물칸에 실려 한 달 반을 달린 끝에 내린 곳은 당시 소련에 속해 있던 중앙아시아의 황무지였다.

박물관에 들어가니 고려인인 태 에밀리야 할머니가 우리를 반겨 주셨다. 김병화 콜호스(kolkhoz ; 집단 농장)에서 태어나 콜호스 안에 있는 학교를 졸업하고 자랐다는 할머니는 54세에 한국에 가서 한국어를 배워 오셨다. 동네 아이들에게 한국어를 가르쳐 주고, 박물관에 찾아오는 한국 손님들에게 이야기도 해 주시면서 김병화 박물관을 지키고 계셨다.

"치치강-쓰르다리야 강, 아무르 강에 고려인들을 내려놓았어. 갈대풀을 베고 수로를 파서 치치강 물을 끌어왔어. 겨울에 수로를 파서 물길을 정리하고 봄에 농사를 짓기 시작했지."

고려인들은 허허벌판에서 땅굴을 파 매서운 겨울을 버틴다. 먹을 것이 없는데도 품속에 가져온 씨앗을 남겨 봄에 심었다. 이듬해 봄에 정찰을 나온 소련 담당관들은 고려인들을 보고 몹시 놀랐다고 한다. 농사가 가능하지 않을 거라 여겼던 갈대밭에서 그들은 보란 듯이 농사를 짓고 있었다.

일본 첩자 제거를 이유로 강제이주를 당했지만 그것 말고도 다른 이유들이 있었다. 당시 소련은 제2차 세계대전에 참전하고 있었다. 전쟁이 길어지면서 바닥나고 있는 식량과 군복에 넣을 목화솜을 중앙아시아 땅에서 재배하여 공급할 속셈이었다.

중앙아시아 황무지에서도 농사가 가능하다는 것을 확인한 소련 정부는 마을 단위로 고려인 집단농장을 조직하여 벼농사와 목화 재배로 식량을 확보한다. 개인이 농사짓던 밭을 합쳐 공동으로 농사를 짓게 하고, 목표량을 초과하는 사람에게는 노력영웅훈장을 주었다.

적성민족으로 취급받아 살고 싶은 곳에 마음대로 살지도 못하고 원하는 대학에 갈 수도 없었던 고려인들에게 노력영웅훈장은 암울한 현실에서 벗

어날 수 있는 유일한 희망이었다. 많은 고려인들이 훈장을 받았는데, 김병화 할아버지는 한 번 받기도 어려운 훈장을 두 번이나 받는다. 매일 꼭두새벽에 일어나 간부들과 회의를 하고 하루를 시작할 만큼 부지런했다. 생산력이 낮은 위구르, 투르크, 타타르 등 6곳의 소수민족 콜호스와 생산력이 높은 김병화 콜호스가 강제로 합쳐졌을 때도, 언어와 문화가 다른 사람들이 힘을 합쳐 일할 수 있도록 더 부지런히 다니셨다고 한다. 여러 민족들끼리 합쳐진 다른 콜호스들이 대부분 생산력이 하락한 것과 달리 김병화 콜호스는 생산력이 향상되어 '영웅조합상'까지 받았다.

할아버지는 콜호스의 5대 농장장이었다. 원래 이름은 '북극성 콜호스'였는데, 74년에 할아버지가 돌아가신 후 '김병화 콜호스'로 이름이 바뀌었다.

박물관 안에는 고려인들이 콜호스에서 일하는 모습과 운동하는 모습이 찍힌 사진들, 김병화 콜호스에 대한 신문기사들, 1대~11대 농장장들의 사진, 평상시에 입었던 옷 등이 전시되어 있다. 집단농장이라고 해서 처음엔 그냥 일반 농장보다 조금 더 큰 농장을 상상했었는데, 태 에밀리야 할머니의 어렸을 적 이야기를 들어 보니 기계정비소와 수력발전소도 있었다고 한다. 그러니까 이름만 집단농장이지 실제로는 하나의 마을이었다. 마을이 얼마나 컸을지 상상이 잘 되지 않았다.

박물관 한쪽 벽엔 "이 땅에서 나는 새로운 조국을 찾았다"는 글귀가 쓰여 있었다. 새로운 조국? 무슨 말인가 싶었다. 이들의 조국은 조선이었을 텐데 왜 새로운 조국이라고 했을까. 태 에밀리야 할머니는 이 말이 김병화 선생님의 말이기도 하지만 모든 고려인 어머니 아버지의 말이기도 했다고 설명해 주셨다. 영문도 모르고 오게 된 낯선 땅에서 터전을 꾸리고 탄탄해질 때까지 얼마나 열심히들 살았는지 상상해 볼 수 있는 문구였다. 이분들에겐 이곳이 새로운 조국이었다. 콜호스 안에 병원도 있고 학교도 있고, 먹고사는 텃밭이 있고, 말이 통하는 사람들이 있는 곳이었다. 적성민족이라는 이유로 자유를 박탈당한 처지였지만, 이곳에서만큼은 적성민족의 굴레에서 벗어나 자신의 농사 실력을 당당히 인정받을 수 있었다.

6천km 너머의 인연

박물관 안을 두리번거리며 할머니의 이야기를 듣는데 김병화 할아버지가 청풍 김씨라고 하셨다. 숨을 헛! 하고 들이마셨다. 나도 청풍 김씨였다. 할머니에게 "저 청풍 김씨예요" 하니 할머니도 눈이 휘둥그레지며 나를 꼭 안으셨다. 박물관을 지켜 오신 지 10년이 되어 가는데 청풍 김씨는 처음 본다며 반가워하셨다. 나도 가족 말고 청풍 김씨를 만난 것은 처음이라 정말 놀라웠다. 얼마 없는 성씨라 한국에선 어떤 연예인이 청풍 김씨라는 소문만 들었었는데 6천km 떨어진 우즈베키스탄에 가문의 어른이 계셨다니!

태 에밀리야 할머니께선 김병화 할아버지가 북에서 태어나셨다고 했는데 처음 들어 보는 이야기였다. 예전에 할아버지 댁에 오랜만에 갔을 때 족보를 펼쳐 들고 한바탕 강의를 하실 눈치여서 오빠랑 아빠랑 서둘러 나왔었는데, 그때 잘 들어둘걸 싶었다. 한국에 돌아가면 할아버지에게 물어봐야지 생각하면서, 아까보다 좀 더 반가운 마음으로 박물관을 둘러보았다.

관심 없고 멀게만 느껴지던 우즈베키스탄 땅에 나의 할아버지, 할머니가 사셨다. 블라디보스토크와 카자흐스탄에서 만났던 고려인 할머니, 할아버지들의 어린 시절을 따라가는 기분이었다. 땅이 좋아서 옥수수가 사람 키만 했다는데 박물관에 전시된 사진을 보니 정말로 옥수수가 사람 키만 했다. 카자흐스탄 바슈토베에서 보았던 비옥한 황토색의 땅과 논두렁이 문득 생각났다.

어디 성씨야?

– 제제(박승규, 로드스꼴라 6기)

2학기 주제는 고려인 이주사 프로젝트였다. 우리는 이번 프로젝트를 위해 방학 동안 『까레이스키, 끝없는 방랑』, 『조명희 단편집』, 『독립운동가 최재형』 같은 필독서를 읽었다. 개학을 하고 나서는 이병조 선생님, 박환 교수님, 곽명동 선생님을 모셔 고려인 이주사에 관한 강의를 듣고 시베리아 횡단열차에 실려 강제이주당하는 까레이스키 다큐멘터리를 보았다. 고려인이라면 귀에 딱지가 앉을 지경이었고, 내게 그들은 먼 옛날 어느 추운 나라에서 강제로 이주를 당했던 사람들일 뿐이었다. 그게 전부였다.

강의를 듣고 소감을 나눌 때면 다른 애들은 가슴이 먹먹하다거나 답답하다고 했다. 그런 말을 하는 애들이 신기하기도 하고 의심스럽기도 했다. 고려인들이 불쌍하고 힘들게 살았던 건 나도 공감했지만 가슴이 아프거나 답답하진 않았기 때문이다.

하지만 나의 감정을 똑바로 말할 수는 없었다. 다른 애들은 다 이해하고 가슴으로 느끼고 있는데 나만 그러지 못한 것 같았기 때문이다. 여행을 가면 좀 나아지겠지, 하는 막연한 기대를 갖고 블라디보스토크로 향하는 비행기에 올라탔다.

여행의 시작

우리는 1864년 고려인이 처음으로 이주했던 러시아 지신허 마을부터 시작하여, 1937년 소련에 의해 고려인이 강제이주를 당했던 카자흐스탄과 우즈베키스탄을 여행했다. 첫 여행지는 블라디보스토크였다.

블라디보스토크는 고려인이 살았던 흔적이 거의 다 사라진 상태였다. 눈에 보이는 건 고려인들이 강제이주당하기 전까지 살았던 신한촌에 세워진 기념비가 전부였다. 고려인 대신 길쭉길쭉한 러시아 사람들이, 한때는 대한민국 임시정부 국무총리까지 하셨던 이동휘 선생님의 집 대신 슈퍼마켓이 우리를 반겼다. 심지어 독립문 터는 남아 있는 게 사진밖에 없어서 찾는 데 30분도 더 걸렸다. 사라진 그들의 흔적을 겨우겨우 더듬어 여행을 하고 있자니 내가 고려인에 대해 배우고 있는지 낯선 도시에서 시내 투어를 하며 돌아다니는 건지 헷갈렸다.

고려인을 둘러싼 희뿌연 안개가 좀 걷힌 듯한 기분이 든 건 러시아 우수리스크에서였다. 우수리스크는 중앙아시아로 강제이주당했던 사람들이 다시 돌아와서 살고 있는 재이주 정착지였다. 블라디보스토크와 정반대인 아름다운 작은 마을이었다. '동물의 왕국'에 나올 법한 평야 위로 갈대들의 허리가 꺾어질 듯 흔들렸고 밤하늘에는 마치 반짝이 풀을 엎지른 것같이 별이 많았다. 이름이 '고향마을'인 그곳에서 우리는 고려인 까짜 할머니와 우즈베크족

묵따바르 할머니를 만났다. 할머니들은 우리가 고향마을에서 지내는 동안 먹을 밥을 해 주셨는데 한식, 우즈벡식, 러시아식 등 다양한 음식을 맛있게 해 주셨다. 음식도 좋았지만 기억에 남는 것은 같은 성씨를 찾은 것이었다.

어디 성씨야?

우리는 1학기 때 제주도 프로젝트를 했다. 그때 나는 섬 할머니들과 처음 만나서 어색할 때마다 이름을 말하면서 질문을 했다. 그러면 서로의 정보를 교환했다는 점에서 친근감이 생겼고, 다음 질문으로 넘어가기가 쉬웠다. 러시아에서 만난 할머니라고 서먹한 시간이 없었던 건 아니었다.

고향마을에 도착한 다음 날 물을 마시러 식당에 들어가 보니 할머니 두 분이서 우리의 저녁밥을 준비하고 계셨다. 내가 먼저 인사를 건넬까? 고민하며 땅만 보고 걸었다. 괜히 눈을 마주치면 더 어색해질 것 같았다. 한 걸음 한 걸음 갈 때마다 고개를 들고 인사를 할까 말까 고민이 많아졌다. 결국 수돗가에 도착했고 물을 떠 마셨다. 이제 돌아갈 일만 남았는데 괜히 말해 보고 싶어졌다. 무슨 말이라도 한번 해 보고 싶어서 일단 내 이름을 말했다.

"저는 제제예요."

아직도 그때 할머니들의 당혹스러운 표정을 잊지 못한다. '애는 뭔가?' 하는 표정이었다. 더 서먹서먹해졌다. 제주도 때는 다음 질문이 생각나서 바로 던졌는데 이번에는 위기 대처 능력이 떨어졌다. 얼굴이 빨개지는 게 느껴졌다. 그때 까짜 할머니가 말했다.

"최가이?"

처음에는 못 알아들었지만 다시 한 번 말해 주시자 알아들었다. 고려인들이 처음 러시아에 와서 자신의 성을 말할 때 '최가, 김가, 박가, 이가…'라고 했는데 그게 전해져 내려오면서 '최가이, 김가이…'로 변했다고 들은 적이 있었다. "저는 박가이"라고 대답하자 까짜 할머니는 자신은 최가이라며 칼을 잡고 다시 당근을 써셨다. 뭔가 기대하고 있었는데 사라진 것 같은 표정이었다.

순간 '내가 최가였다면 어땠을까? 할머니가 좋아하셨을까? 할머니가 칼을 내려놓고 안아 주시지 않았을까?' 생각이 들었다. 평소에는 관심도 없던 최씨들에게 괜히 질투가 났다. 까짜 할머니는 우리 애들 중 최씨를 만나면 정말로 기뻐했고, 특히 같은 성씨인 경주 최씨를 만났을 때는 서로 얼싸안고 좋아했다. 아무런 서먹함이 없었다. 성씨 하나로 가족이 된 것 같았다. 너무 부러워서, 나도 같은 성씨인 사람을 만나면 꼭 안아드려야겠다고 생각했다.

찾았다!

올해는 고려인 이주 150주년이 되는 해였다. 마침 우리가 여행을 간 즈음에 이주 150주년 행사가 열렸다. 우리는 행사장에서 러시아 음식인 양고기 꼬치구이 '샤슬릭'을 뜯어먹으며 누가 한국말을 쓰나 관찰했다. 고려인과 인터뷰를 해 보고 싶었기 때문이다.

나는 할아버지들이 한국말을 쓰는 것 같으면 살금살금 뒤를 쫒아가며 한국말을 어느 정도 하시는지 엿들었다. 그러다가 할아버지가 뒤를 돌아보면 따라가지 않은 척 그들을 지나 다시 샤슬릭 가게로 돌아왔다. 아마 그들도 내가 쫒아가는 걸 알았던 것 같다. 하지만 나는 말을 걸 용기가 없었다.

그때 유모차를 끌고 걸어가는 할아버지와 눈이 마주쳤고 감사하게도 먼저 "안녕하세요"라고 인사해 주셨다. 이분이다 싶어 이야기를 나누기 시작했다.

기대와는 달리 한국말을 썩 잘하시는 분이 아니어서 단어 위주로, 조그마한 노트에 그림을 그려 가면서 대화했다.

“카자흐스탄에서 태어났고 1994년에 우수리스크로 재이주했다. 이름은 박 젤랴.”

맞다. 밀양 박! 나와 같은 성씨였다. 반가운 마음에 나도 같은 박 씨라고 이야기하려는데 말이 잘 안 나와서 나도 모르게 영어를 썼다. “유… 앤 아이… 세임… 어 퍼스트 네임.” 할아버지가 뭐라고 뭐라고 하셨는데 아마 영어를 못한다는 말이었던 것 같다(지금 생각해 보면 영어를 못하셔서 정말 다행이다). 옆에서 답답하셨는지 다른 할아버지가 러시아어로 몇 마디 하시고 어디론가 사라지셨다. 그러자 젤랴 할아버지는 환한 얼굴로 “박가이 밀양 박”이라고 말씀하시며 나를 껴안아 주셨다. 할아버지가 안아 주시자 햇살이 얼굴에 비쳐서 뜨거웠지만 참을 만했다. 이제는 최 씨가 부럽지 않았다. 나도 같은 성씨 할아버지와 만나서 인사하고 포옹했다고 자랑하고 싶기도 했다.

포옹을 하고 나니 무슨 말이라도 하고 싶었다. 잘 통하지는 않았지만 내가 아는 러시아 단어들로 이야기를 계속했고 할아버지도 더듬더듬 대답하셨다. 내가 짧은 러시아어로 말하고 할아버지가 서툰 한국어로 대답하는 게 이상하면서도 신기했다. 처음에 러시아어를 못해서 어떤 말을 해야 할까 고민하던 것이 포옹 한 번으로 말끔히 사라졌다.

연결고리

고려인을 공부하면서 나는 종종 “마음이 무겁다, 어떻게 이런 일이 일어날 수 있는지 이해가 되지 않는다”라고 말했다. 하지만 이 감정이 진짜 내가 느끼는 것인지 헷갈렸다. 애들이 장난스럽게 "진짜 가슴이 아파?"라고 물어보면 "당연하지"라고 대답은 하는데, 지금 생각해 보면 진심이 아니었던 것 같다. 그저 슬프게 느껴야 된다고 '생각'한 적이 많았다. 고려인은 힘들고 불쌍하기에 내가 어깨를 토닥토닥해 줘야 하고, 이야기를 듣다 보면 당연히 울컥해야 된다고 생각했다.

하지만 여행 와서 까짜 할머니, 박 젤랴 할아버지를 만나며 조금씩 생각이 변했다. 고려인도 그냥 똑같은 할머니 할아버지였다. 옛날에 강제이주를 당하고 어렵게 살았어도 나와 같은 밥 먹고 고추장 먹으며 같은 성을 쓰는 사람들이었다. 고려인이라고 뭔가 특별하거나 나와 유난히 다른 것은 없었다. 만약 박 젤랴 할아버지가 러시아가 아닌 충주에서 태어났더라면 이웃사촌이 되었을 수도 있겠다는 생각이 들었다.

고려인들에게 성씨는 무엇일까? 러시아에서 고려인들을 처음 만났을 때 가장 당황스러웠던 건 자꾸만 어디 성씨냐고 묻는 것이었다. 나는 살면서 성씨를 중요하게 생각해 본 적이 없었다. 한국에서는 우리 할아버지의 술주정을 들을 때 빼고는 아무도 나에게 어디 성씨냐고 묻지 않았기 때문이다. 할아버지가 술을 드실 때마다 첫째, 당신이 내 나이(12살 때부터 그 얘길 들었으니까 한 5년간) 때쯤 돈이 없어서 새벽에 고모 집을 출발하여 하루 종일 걸어 밤이 돼서야 집에 갔다는 이야기와 둘째, "너는 밀양 박 씨 이정공파 27대 손, 나의 손자다"라는 어려운 족보 이야기를 했던 탓에 성씨는 복잡하고 머리 아픈 것이라고만 생각했었다. 그러나 고려인들에게 성씨는 아주 중요한 그 무엇인 것처럼 보였다. 여행을 하면서 만난 고려인들은 부모로부터 물려받은 자신의 성씨를 잊지 않고 자식들에게 물려주고 있었다.

뿐만 아니라 그들은 여전히 한반도 소식에 귀를 세우고 있었다. 한국이 뉴스에 나오면 관심을 가졌고 올림픽에서 금메달을 따면 좋아했다. 그리고 북한과 남한이 기싸움을 할 때는 누구보다 마음 졸이며 뉴스를 본다고 했다. 사실 나는, 한국에서 고려인에 대해 공부할 때 막연히 그들이 한국을 잊었을 거라고 생각했다. 하지만 아니었다. 한 번도 가 보지 않은 한국이 그들에겐 언젠가 다시 돌아가고 싶은 꿈의 장소였고, 한글을 모른다는 사실을 부끄럽게 생각했다.

어쩌면 고려인에게 성씨는 한반도와 이어진 가느다란 끈일지도 모른다. 성씨가 사라지면 마지막으로 남아 있는 조국 한반도와의 연결고리가 끊어져 버리는 것 같아서, 그 소중한 끈을 자식들에게 대대로 물려주고 싶었던 게 아니었을까?

여행을 하면서 성씨 이야기를 들을 때 할아버지가 많이 생각났다. 어릴 때는 할아버지가 술에 취해 계신 게 너무 싫었고, 같은 얘기를 자꾸 반복하시니까 왜 저 말을 계속하는지 이해할 수 없었다.

박 젤랴 할아버지와 똑같은 밀양 박 씨인 것만으로 마음이 풀리는 경험을 하고 나니, 어쩌면 할아버지도 나와 대화를 하고 싶으셨던 게 아닐까 하는 생각이 든다. 할아버지 댁에 가면 늘 TV 보고 밥 먹고 또 TV 보는 내게 술기운을 빌어서라도 얘기를 하고 싶으셨던 걸까? 갑자기 할아버지가 보고 싶어졌다. 오랜만에 전화나 드려야겠다. 성씨와 족보는 어쩌면 할아버지와 나를 이어주는 유일한 이야깃거리였을지도 모른다.

시베리아 횡단열차의 차가운 기억

– 완득(박준규, 로드스꼴라 2기)

춥다. 아직 10월 초지만 차가운 날씨에 몸을 부르르 떨며 옷깃을 여민다. 다들 각자의 짐을 들고 기차에 오를 준비를 하고 있다. 나와 일행들도 트렁크 하나씩을 들고 서 있다. 그중 몇몇은 한쪽 손에 커다란 비닐봉지도 들고 있다. 방금 장 봐 온 비닐봉지엔 물, 휴지, 빵, 치즈같이 기차 여행 중 필요한 물건들이 잔뜩 들어 있다. 우리는 앞으로 5박 6일을 기차 안에서 보낼 것이다. 이곳 러시아 블라디보스토크에서 노보시비리스크까지, 5,978km 거리를 기차에서 먹고 자며 이동한다. 좁은 기차 안에서 5박 6일 동안 뭘 하며 버틸까? 걱정도 되지만 처음 해 보는 장거리 기차 여행에 대한 기대감에, 몸이 움츠러드는 추위에도 마음은 한껏 들떠 있다.

조선 말기, 좁고 척박한 농토와 가혹한 착취에 시달리던 사람들이 국경을 넘어 러시아 연해주 땅에 터전을 일구었다. 조선인들은 당시 허허벌판이었던 연해주 땅을 잘 일구어 나갔고 한인촌은 계속 발전해 갔다. 그 후 일제강점기에는 연해주의 한인촌이 일본의 탄압을 피해 온 독립운동가들의 거점이 되기도 했다. 당시 연해주로 이주하여 둥지를 틀고 살아온 사람들을 '고려인'이라 부른다. 지금도 연해주에는 많은 고려인들이 살고 있다. 우리는 그들을 만나기 위해 러시아로 향했다. 기차를 타는 이유도 그곳에 고려인들의 이야기가 있기 때문이다.

1937년, 소련 정부는 연해주 한인촌에 있던 고려인들을 카자흐스탄, 우즈베키스탄 등 중앙아시아 곳곳으로 강제이주시켰다. 당시 소련은 일본과 전쟁 중이었는데, 일본인과 생김새가 비슷한 고려인들이 일본의 첩자 노릇을 할 우려가 있다고 생각했기 때문이다. 점점 커지는 연해주 한인들의 세력을 견제하고 한인들의 뛰어난 농업 기술로 중앙아시아의 황무지를 개발하겠다는 계산 또한 숨어 있었다. 연해주에 정착해 열심히 땅을 일구며 살고 있던 고려인들은 힘들게 일구어 놓은 땅과 집을 두고 어느 날 갑자기 강제이주 기차에 올라 머나먼 중앙아시아 땅으로 떠나갈 수밖에 없었다.

블라디보스토크에서 모스크바까지 러시아의 동과 서를 잇는 시베리아 횡단열차는 그 길이가 9,288km에 달한다. 서울-부산 거리의 20배가 넘고 지구 둘레의 4분에 1에 가까운 거리다. 블라디보스토크를 출발한 기차는 드넓은 시베리아를 가로지르고 아시아와 유럽의 경계인 우랄산맥을 넘어간다. 두 대륙을 지나는 세계에서 유일한 철도이다.

기차는 시속 80~90km 정도의 속도를 유지하며 달린다. 시속 500km의 자기부상열차가 달리는 이 시대에 굉장히 느린 이동 수단인 셈이다. 하지만 그 느린 속도 덕분에 만날 수 있는 것들이 많다. 열차 밖으로 지나가는 풍경들을 여유롭게 바라볼 수 있고, 함께 가는 이들과 어울리며 마음을 나눌 수 있는 시간이 충분하다. 이 기차 안에선 한가로이 낮잠을 자고 책을 읽고 음악을 듣고 열심히 수다를 떨어도 시간이 남아돈다. '느림'은 전 세계 여행가들의 로망인 횡단열차 여행의 묘미라고 할 수 있겠다.

아무리 그렇다 해도 6일이라니, 하루 이틀도 아니고 자그마치 다섯 밤을 기차 안에서 보내야 한다니 너무했다. 창밖으로 보이는 하얀 자작나무 숲도, 끝을 볼 수 없는 지평선도, 아름다움 마을들도 이젠 지겹다. 엠피쓰리의 노래들은 다 돌아갔고, 기차에서 만난 러시아 친구들과의 대화는 나의 영어 능력의 한계로 인해 중단된 지 오래다. 이젠 잠도 잘 오지 않는다. 종일 음료수 내기 화투나 치고 있다. 이러다 타짜가 되는 건 아닌지.

기차 안은 답답하기 짝이 없다. 침대 여섯 개가 이층 구조로 다닥다닥 붙어 있고 그 사이로 통로가 나 있다. 6인실이라고 불리지만 다른 방들과 그대로 뚫려 있어 열차 한 량 전체가 같은 방 같다. 환기도 잘 안 돼 탁한 공기에 더 답답해진다. 평소에 운동을 좋아하고 몸을 움직이지 않으면 스트레스가 쌓인다는 하람은 이미 정신이 나간 상태. 축 처진 미역처럼 침대 위에 널려 있기를 몇 시간째다.

먹을거리도 문제다. 한국에서 가져온 컵라면과 햇반, 3분 요리들은 다 사라졌다. 빵과 치즈만으로 버티는 것도 한계가 있다. 기차 내에 식당 칸이 있긴 하지만 입맛에도 잘 안 맞고 일단 가격이 너무 비싸 쉽게 먹을 수가 없다. 이런 극한의 상황 속에서 나는 점점 멍 때리는 시간만 많아진다.

여행 중 가끔 생각한다. 이 기차를 타고 강제이주당했던 고려인들은 얼마나 힘들었을까. 침대는커녕 화장실도 조명도 난방도 없는 캄캄한 화물칸에 실려 얼마나 답답했을까. 실제로 40일간의 이동 기간 동안 몸이 약한 노인과

아이들을 비롯해 수많은 사람들이 죽어 나갔다고 한다. 당연히 씻지도 못했고, 화장실이 없으니 열차 안에서 일을 볼 수밖에 없었다. 열악한 위생 상태로 인해 전염병이 돌고, 식량이 부족해 싸움이 일어나기도 했다. 치료해 주겠다며 군인들이 데려간 환자들은 돌아오지 않았고, 죽은 사람의 시체는 열차 밖으로 버릴 수밖에 없었다고 한다.

어떻게 그런 끔찍한 일이 일어났던 걸까. 어딜 가나 이런 슬픈 역사가 있는 것 같다. 하지만 그런 역사를 기억하는 사람들은 많지 않다. 한국어를 쓰고 된장을 만들어 먹는 고려인들이 아직 러시아에 살아 있는데도. 그날의 고려인들을 생각하면 기차에서 내가 겪는 어려움은 정말 아무것도 아니다.

…기차 안에서 첫눈을 보았습니다. 10월이었는데 말이죠. 눈이 올 만큼 춥다는 것을 느끼고 있었는데도 막상 눈이 내리는 걸 보니 놀라게 되더군요. 바다같이 넓은 호수도 보았습니다. 남한 면적의 2배 크기라고 하니 엄청나죠. 파도도 치더라고요. 하하. 세상이 참 넓다고 생각했습니다. 우리나라에서 기차를 타고 제일 길게 가 봐야 서울에서 부산까지 5시간이면 가는데 여기에선 5박 6일이나 걸렸으니……. 아니, 한국 땅이 좁은 것일 수도 있겠네요.

내가 한국만을 중심으로 생각하고 있었다는 걸 느꼈지요. 세상이 이렇게 넓은데 뭐하면서 먹고살까 고민하는 게 얼마나 바보 같은 짓인가 하는 생각도 들었습니다. 뭐라도 해서 먹고살긴 할 거예요. 선생님이 이거 하다 저거 하다 하는 것처럼 ㅎㅎ. 그것보다는 이렇게 넓은 세상에서 내가 어떤 위치에서 어떻게 살 것인지가 더 중요할 것 같습니다. 앞으로는 뭘 하면서 살지 고민하기보다 어떤 삶을 살지를 더 고민해 보려고 합니다.

기차에서 고려인에 대해 생각해 봤습니다. 고려인들은 아직도 우리말을 쓰고 된장을 만들어 먹습니다. 그렇지만 그들은 러시아, 중앙아시아에 살고 있습니다. 중국에는 조선족, 일본에는 제일동포들이 살고 있습니다. 나라가 어떤 의미인가 하는 생각이 들었습니다. 우리와 비슷한 의식과 문화를 가지고 있는 사람들이 우리나라 밖에도 많이 살고 있습니다. 어떻게 보면 중국이나 일본도 역사적으로 우리와 많은 문화를 공유했고 지금도 공유하고 있습니다. 그런데도 우리나라, 남의 나라 구분 짓고 싸우는 건 의미 없는 짓 아닐까요? 특히나 북한과의 관계에 더 관심을 가지게 됐습니다.

지구에 사는 모든 인간들은 다들 같은 것을 꿈꾸고 있다고 생각했습니다. 다만 관점이나 시각에서 조금씩 차이가 나는 것뿐이라고. 앞으로는 우리나라 안에서 우리나라만 생각하며 살고 싶지는 않습니다.

기차라는 공간이 조금 답답하고 불편하긴 하지만 평소라면 하기 힘든 생각이나 대화들을 하게 해 주는 것 같았습니다. 어쩌면 여행이라는 게 그런 것일지도 모르겠습니다. (선생님께 쓰는 편지. 2010. 10. 12)

흐린 하늘, 차가운 공기. 나에게 러시아 여행은 가슴 어딘가가 시린 느낌으로 기억된다. 여행의 모든 기억들이 그렇다. 기억 위에 특수 필름 같은 것이 씌워진 것처럼, 러시아 여행을 생각하면 그 차갑고 시린 느낌이 같이 전해져서 이상한 기분에 빠지게 된다.

열차에 대한 기억은 더더욱 그렇다. 고려인들의 슬픈 역사 때문이었는지, 아님 시베리아의 찬 공기 때문이었는지, 열차에서 본 풍경들, 함께한 사람들, 그때 했던 생각들… 모든 것들이 가슴 깊이 시린 기억으로 남아 있다.

그림엽서로 남은 기억들

– 로드스꼴라 6기

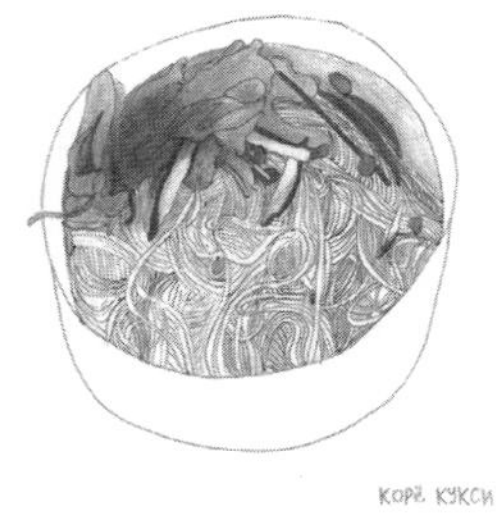

달짝지근 새콤새콤 할머니의 고려국시_쑥

우수리스크 고향마을에서 고려인 아이들과 함께하는 우리들_포포

라즈돌노예 역에서 고려인의 발자취를 따라 걷는다_포포

우즈베키스탄 부하라 쵸르 미노르 위에서_포포

러시아 우수리스크 오래된 광장_다치

로드스꼴라 엿보기 3 평가 테이블 풍경

시간의 마디마디 끝을 맺는 풍경이 있다. 한 학기 동안 공부한 내용을 전하는 수료식을 무사히 마치고 박수받는 장면, 수고했다며 감자탕 집에서 건배하고 사이다 잔을 맞부딪치는 장면, 너 죽이더라 엄지 치켜올리며 포옹을 나누고 제각기 집으로 파하는 장면, 이튿날 늘어지게 자고 일어나 텅 빈 천장을 바라보는 장면…….

한 시절이 지나갔구나, 실감하고 오래된 마음을 걷어내는 때는 저마다 다르다. 그러나 로드스꼴라 떠별이라면 '진짜 끝'나는 풍경임에 고개 끄덕일 공통의 분모가 있으니, 매 학기를 공식적으로 닫는 절차이자 다음 학기로 들어서기 위해 거쳐야 할 관문인 '평가 테이블'이다.

평가 테이블이란 한 학기를 마친 별들의 회담이다. 즉 로드스꼴라를 이루는 떠별, 길별, 모별이 모여 반갑게 인사를 나누고 다과를 들며 학교생활에 대해 이야기 나누는 시간이다. 나는 어떠했다 소감을 밝히기도, 그건 이렇던데 이의를 제기하기도, 이게 궁금하다 질문을 꺼내기도 하는 열린 자리다. 그동안 학교와 여행지를 바쁘게 활보한 떠별들을 지켜봐 온 가감 없는 소견과 새로운 제안을 길별은 꺼내 놓고, 등하교하는 떠별을 현관에서 바라보며 흘깃 느꼈던 새로움과 인상 깊었던 순간을 모별 역시 털어놓는다. 떠별 역시 갖가지 반응으로 화답한다. 서로 다른 위치에서 보고 겪은 기억의 결을 공유하는 동안, 지나간 시간들이 테이블 위로 펄럭 되살아난다.

숨길 수 없다. 아침마다 헐떡댔던 만성 지각 문제부터 도보여행 중 들통났던 히치하이킹까지. 예측할 수 없다. 회의 중 무심히 내뱉었던 말부터 일상을 관통했던 특정한 행동반경까지. 공부, 여행, 작업으로 이루어진 한 학기 전반에 대해 맥을 짚는 자리기 때문에 이야기의 반경은 넓고도 깊다. 여행에 임했던 태도, 문제가 생겼을 때 대처했던 방식, 작업 결과에 대한 평 등 예상했던 혹은 예상치 못했던 이야기가 하나둘 먼지를 털고 나온다.

이렇게 주위에 지켜보는 사람이 많았나 당혹스러운 것도 잠시, 그 속에 떠오른 자신의 모습은 어느 때보다 낯설다. 미처 보지 못한 맹점이기도 하고, 오래된 습이기도 하고, 내가 그랬다고? 믿을 수 없는 그림자이기도 하다. 애정 어리고 '얄짤 없는' 파편들이 가슴속에 콕콕 박히며 과연 나는 어떠한 모습으로 어떠한 시절을 보냈던가, 쿵덕대는 심정으로 돌아보게 하는, 회상의 촉발이다. 귀가 웅웅거리는.

평가 테이블만이 아니다. 길별과 떠별은 책상이든 숙소든 버스든 틈틈이 이와 같은 자리를 연다. 밥상 하나를 차리든 영상물 하나를 완성하든 함께하고자 하는 일을 밀도 있게 조직하고 매번 찾아드는 난관을 헤쳐가기 위해서다. 진솔한 생각, 따끔한 일침, 뭉글한 격려가 오가는 자리에서 찔끔하니 아픈 말 듣기도, 숨 한번 들이쉬고 모진 말 내놓기도 한다. 함께 웃고 장난치던 친구가 진지하고 끈적한 동료 또한 된다. 저마다 다른 몸들이 합을 맞추는 과정은 이것에 다름 아니다. 용기 내어 꺼내 놓고 뱃심으로 소화하는 뜨끈뜨끈한 소통.

평가 테이블 역시 이러한 맥락에 있다. 다음 학기도 걸음 맞춰 가 보자고, 그러기 위해 머릿속에 있는 그림을 맞대어 보고, 무엇보다 길 위에선 떠별이 스스로 좌표를 읽고 성장점을 들여다보도록 하는 것이다. 함께 길 걷고 밥 지어 먹은 무수한 날 동안 켜켜이 다져 온 신뢰, 그리고 너와 나는 동등한 공동작업자라는 약속이 있기에 가능한 소통이다. 가족이나 절친과 나누는 그것보다 정확하고 농밀한 밀담이 오가는 장. 어쩌다 나오는 찬사마저 번뜩하고 가슴에 꽂히는 장. 그래서, 다음 학기도 잘 부탁드려요, 잘해 보자, 하하호호, 문을 나선 뒤에도 평가 테이블은 계속된다. 그곳에서 오갔던 내용이 일목요연 정리돼 있는 평가서를 들고 떠별은 방 안에 앉아 골똘히 되짚는다. 전보다 다양한 창을 통해, 한발 물러난 거리에서, 어제까지 달려온 길을 거꾸로 더듬는다,

깊숙하게 파고드는 만큼 얼얼하고 쓰리다. 그렇게 묵은 시절 푹 묵혀 그 아래 새로운 시절 싹터 오르게 하는 것, 로드스꼴라에서 시간을 여닫는 풍경이다. –고담(김민지. 로드스꼴라 1기)

"몸이 움직여야 머리도 움직인다. 길을 걸어야 내가 무엇을 배워야 할지 알고, 리듬에 맞춰 열심히 춤을 추고 몸을 흔들어야 내가 무엇을 좋아하고 어떤 것들을 해 보고 싶어 하는지 알 수 있다. 이번 한 학기는 내게 그랬다, 는 것을 어제 깨달았다. 몸이 중요하다. 몸이."
(3기 여치, 길머리 과정 자기평가서 중)

"지도에 분명하게 그려진 길을 걷다 슬쩍 지도에 나와 있지 않은 길로 들어선 여치를 바라보는 주위의 시선들에 이제 조금 무심해져도 좋을 듯합니다. 지금은 과정 중에 있고 열심히 걷다 보면 또 하나의 길이 지도에 생기겠지요. 잘 살고 있다고 증명하지 않아도 좋습니다. 잘해야 한다는 강박을 내려놓고 마음은 여유롭게, 몸은 치열한 순간순간을 살아 내기 바랍니다. 몸으로 노는 걸 더 많이 했으면 하는 바람입니다."
(여치의 길머리 과정에 대한 길별의 평가서 중)

"첫 학기에선 이성이 앞섰고, 두 번째 학기에선 감성이 앞섰다. 세 번째 학기 전까지는 나의 불안을 조절하는 시기였다. 이번 학기 여행을 통해 어느 정도 안정을 찾았다. 첫 학기 때처럼 온몸에 질투가 번져 열이 날 정도는 아니었고, 두 번째 학기처럼 스킨십에 처절하게 목매달고 있지 않았다. 평화로운 여행을 끝마치고 이제야 이런 생각을 하게 됐다. "재밌게 살고 싶다." (3기 가재, 길가온 2과정 자기평가서 중)

"부에노스아이레스의 마지막 평가 회의에서 고담과 반대로 자신을 조금 더 크게 하고 싶다던 말이 오래 마음에 남는다. 누구에게나 스스로를 솔직하게 드러내고 표현하는 일은 두렵고 망설여지게 마련이다. 선택엔 신중하고 결정한 이후에는 뒤돌아보지 않고 나아가기 바란다. 만만치 않은 시간들이 가재를 기다리고 있을 것임을 각오하고 세상과 한 판 놀아 보기를." (가재의 길가온 2과정에 대한 길별의 평가서 중)

“로드스꼴라 생활은 나에게 따뜻한 유예기간이었다. 언제 어디서든 지나가야 할 관문이었다. 그리고 그 관문을 통과할 때 사람들은 따뜻하게 안아 줬다. 대학을 갈지 안 갈지, 고백을 할지 말지, 결혼을 할지 말지, 아이를 가질지 말지. 나에겐 그런 걸 고민할 시간이 많이 필요하다는 걸 알았고, 이제 조급하지 않고 느릿느릿, 대신 실속을 챙기면서 살아야겠다.”
(3기 가재, 길가온 3과정 자기평가서 중)

“로드스꼴라는 가재에게 징검다리가 아니었을까. 이곳에서 저곳으로 건너가는. 충분히 뱃심을 기를 수 있는 공간이었기를 바란다. 불화가 생겼을 때 도망가지 않고 자신이 있는 공간에서 문제를 풀어낼 수 있는 힘, 나를 드러내고 표현할 줄 아는 힘, 네트워크를 만들 줄 아는 힘 따위가 지난 2년 동안 가재의 근육으로 생겨났으면 하는 마음이다.”
(가재의 길가온 3과정에 대한 길별의 평가서 중)

2장

동시대와 만나다

길가온 2과정

21세기를 함께 살아갈 세계의 이웃들과 어떻게 교류하고 소통할 것인가 질문하는 여행을 떠난다. 만남과 이해를 바탕으로 타 문화에 대한 존중을 몸에 익히고, 다문화를 수용하는 감수성을 계발한다. 이 과정에서 세상의 빈곤과 불평등, 불의를 목격하고 인류의 슬픔에 공명하며 평화로운 세계를 만드는 데 기여하는 방식을 모색한다.
연대와 네트워크로 경계를 살짝 흔들며 '다른' 사람들 속으로 관계를 확장해 가는 법을 배우고, 인간과 인간 아닌 것 사이의 공존을 꿈꾸며, 때로 누군가들은 불합리하고 근거 없다고 생각하지만 그래서 새로운, 비전을 만들어 보는 시간이다.

1. 네팔 여행

2010. 04. 26~05. 27 (31박 32일)

포카라

사회적기업 '쓰리시스터즈', 공정무역단체 WSDP, 티베트 난민촌, 굽테스와라 마하데브 동굴

안나푸르나 트래킹(9박 10일)

바글룽

람레카 초등학교 워크캠프(5일)

카트만두

스와얌부나트 사원, 쿠마리 사원, 보드나트, 타멜 여행자 거리, 두르바르 광장, 비영리 단체 KTS 방문 인터뷰, 서로서다 초등학교, 독립여행

눈물 없는 초콜릿, 세계화 그리고 네팔 프로젝트

이야기 하나

밸런타인데이. 초콜릿을 팔려는 제과회사들의 상술이다, 하며 넘어갈 수도 있지만 옆에 있는 사람한테 초콜릿 하나쯤 건네는 것도 미소가 나오는 일이라, 길을 가다 생각나면(안 날 수가 없다. 거리는 이미 초콜릿 대란이다) 제과점이나 편의점에 들어가곤 한다. 우연히 홍대를 지날 때면 수제 초콜릿 가게에 들르기도 하는데 엄지손톱만 한 것이 비싸기도 하여 늘 사고 싶은 양의 절반쯤만 사게 된다.

어라, 그런데 아프리카에서 돌아와 인터넷에 들어가 보니 김C가 특유의 어정쩡한 표정으로 '초코렛'이란 광고판을 들고 있는 모습이 메인 화면에 떠 있다. '친환경 유기농 재료로 만들어 믿을 수 있고, 눈물 없는 공정무역 카카오로 만든 착한 초콜릿'.

눈물 없는 초콜릿이라. 그러고 보니 아프리카 여행학교의 인문학 자료집에도 초콜릿 이야기가 있었다. 초콜릿은 아프리카 노예무역의 역사에서 빼놓을 수 없는 주요한 상품이었다. 심지어 초콜릿의 원료인 '카카오콩'은 아프리카의 재앙이라고 표현될 정도였으니, 초콜릿의 달콤함 속에는 흑인들이 노예가 되어 가는 과정의 참혹했던 역사가 숨어 있다.

카카오가 아프리카에서 재배되기 전에는 라틴아메리카의 베네수엘라, 에콰도르가 생산의 중심지였다. 17세기, 카카오 열매의 풍부한 맛과 영양 가치에 주목한 스페인은 베네수엘라에 카카오 플랜테이션을 열어 카카오 재배를 시작했으나 막상 일을 할 노동자들이 없었다. 믿기지 않겠지만, 베네수엘라를 침탈하는 과정에서 원주민인 인디오들이 대부분 학살당했기 때문이다. 믿기지 않겠지만, 스페인은 대체노동력을 위해 아프리카에서 노예들을 수입(?)하기 시작했다.

17세기에서 18세기 사이, 오는 도중 희생된 사람들을 포함하면 6천만 명에서 9천만 명의 사람들이 강제로 아프리카 땅을 떠나오게 되었다(우리나라 인구가 5천만 명 정도다). 당시 베네수엘라에서는 "카카오 열매를 수출하고 아프리카 사람을 수입한다"는 말이 나돌 정도였다니, 초콜릿을 향한 유럽인들의 집념이 놀랍다. 이후 노예무역을 금지하자는 목소리와 아메리카를 생산시장이 아닌 판매시장으로 만들고자 하는 정책이 겹치면서 노예들의 수는 감소하고, 그 대신 카카오 재배의 중심지는 아메리카에서 아프리카로 옮겨진다. 그리하여 1914년 이후에는 세계 총생산량의 절반이 서아프리카에서 산출되고 있다.

원산지와 생산지가 옮겨지고 노예에서 노동자로 생산자들이 바뀌었다고 해서 초콜릿을 둘러싼 이야기들이 크게 달라진 것 같지는 않다. GDP의 10%를 카카오가 차지하는 서아프리카의 코트디부아르에선 13만 명의 9~13세 어린이들이 카카오 농장에서 일을 하는 것으로 알려졌다. 2000년대 들어 말리, 부르키나파소, 토고 등 코트디부아르보다 더 가난한 이웃 나라의 어린이들이 코트디부아르로 팔려 가 하루 10시간 이상씩 강제로 일하고 수시로 매를 맞는다는 국제인권단체와 각종 언론의 보도도 나왔다. 게다가 초콜릿의 소비자 가격이 1천 원일 때 카카오 생산자의 손에 쥐어지는 돈은 고작 20원이라고 한다.

공정무역 초콜릿 상품인 '초코렛'의 홍보대사가 된 김C는 우리가 흔히 먹는 초콜릿의 진실, 즉 "정직하게 일한 생산자들에게 제대로 대가를 지불하지 않고 (카카오를 사들여 초콜릿으로 가공해 판매하는)다국적기업만 폭리를

취한다는 사실을 많은 사람들이 알게 됐으면 좋겠다"고 말했다. 김C의 공연에 다녀온 친구가 공연 중에 "김C 정말 잘생겼어요"라고 소리 질렀다고 한다. 노래도 정말 잘하더란다.

이야기 둘

아침, 커피와 토스트를 먹는다. 커피는 에티오피아에서 왔고 토스트를 만드는 주원료인 밀가루는 미국산이다. 때로는 오렌지 주스를 마시는데, 오렌지는 캘리포니아산이다. 점심으로 쌀국수를 먹는다. 호주산 쇠고기로 육수를 내고 필리핀산 쌀국수가 주원료다. 저녁, 친구 생일이다. 칠레산 와인에 덴마크산 치즈를 곁들인다. 친구에게 불가리 향수를 선물한다. 이탈리아산이다. 노트북은 소니고 MP3는 아이팟. 일본과 미국산이다.

메이드 인 차이나 없이 하루를 살 수 있을까. 하루 동안 먹고 입고 사용

하는 것들을 유심히 살펴보면 '세계화'라는 말이 내 몸을 통해 이루어지고 있다는 것이 실감 난다. 이제 각 나라가 세계화에서 벗어나 자국 혼자만의 경제 체제를 유지한다는 것은 불가능하다. 나눌 수 없는 하나의 세계, 에서 세계화는 먹고 입고 사는 문제다.

내 고향은 거창이다. 소읍이었고, 상설 시장과는 별개로 5일마다 한 번씩 장이 서곤 했다. 장날 엄마를 따라가면 엄마가 어릴 적 살았던 동네의 할머니들이 계절별로 자신들이 기른 무나 배추, 고추, 오이, 토마토 따위를 팔러 나오곤 했다. 엄마는 시시콜콜 이야기를 나누며 필요한 것들을 샀고 그 돈이 그 할머니네 아들딸들의 대학 등록금이나 시집갈 밑천이 된다는 걸 알았다. 거래엔 이야기가 주렁주렁 매달려서 내가 먹는 것들이 어디에서 왔으며 어디로 가는지 알 수 있었다.

공정무역 가게 '그루'에서 옷을 사며 어린 시절의 장터 생각이 났다. 내가 사는 옷이 일주일에 50시간 이상 양탄자를 짜는 소년이 학교에 갈 수 있는 씨앗 자금이 되고 가난한 젊은 여성에게 또 하나의 삶의 가능성을 만들어 준다면, 생각해 볼 일이다. 어디서 옷을 사 입을 건지.

이야기 셋, 네팔 프로젝트

아프리카에서 돌아오는 길은 도하를 경유했다. 한나절 도하를 구경할 시간이 생겨 시티 투어를 선택했는데, 가이드로 나온 이가 네팔 청년이었다. 카타르의 수도 도하를 안내하는 이가 네팔 청년인 건 조금 의외였다. 그는 대학을 졸업하고도 취직을 할 수 없어 이곳으로 왔다고 한다.

네팔 청년들이 가는 곳이 어찌 도하뿐이랴. 한국엔 얼마나 많은 네팔 사람들이 이주하여 노동하고 있는가. 필리핀 여성들은 세계 도처에서 가정부로 살아가고 있고 한국의 많은 여자들도 일본의 술집에서 일하고 있다. 돈도 국경을 넘나들고(다국적기업) 사람도 국경을 넘나드는 시대(이주노동자), 국경 없는 세상을 살아갈 사람의 몸은 어떤 방식으로 유연해져야 하는가.

길가온 과정의 두 번째 학기는 '세계화와 공정무역'에 관한 이야기로 진행될 것이다. 신자유주의, 세계화, FTA……. 먼 나라 이야기처럼 들리지만 정밀하게 들여다보면 무엇을 먹고 무엇을 입으며 어떻게 살 것인가에 대한 구체적인, 일상의 문제들이다. 지난 학기가 역사를 들여다보는 시간이었다면 이번 학기는 눈을 들어 동시대를 바라보는 시간이 될 것이다.

오늘의 세계는 어떤 모습인가? 백만장자와 극빈층 사이의 엄청난 격차는 왜 생기며, 가난한 사람은 더욱 가난해지고 부유한 사람은 더욱 부유해지는 건 어떤 이유에서일까. 한쪽에선 다이어트 열풍이, 한쪽에선 굶주리는 아이들이 공존하는 세상에서 나는 어떻게 살아갈 것인가. 유전자변형작물(GMO)의 욕망은 무엇인가. 점점 심해지는 기상이변과 사라지는 숲, 의심스러운 대규모 프로젝트. 그 속에서 세계무역의 심각한 불균형을 꿰뚫어 보고 전 세계의 자본 흐름을 읽어 낼 훈련을 하지 않는다면 살아가는 일은 늘 불안하고, 이해 불가능한 탐욕의 정글에서 누군가에게 뒤통수를 맞거나 혹은 누군가의 뒤통수를 치는 일을 하게 될 것이다.

초콜릿 하나, 축구공 하나 사는 문제가 불법 아동노동과 연루됨을 알고, 어떤 요리 재료를 선택하느냐가 식량주권과 깊은 연관이 있음을 파악하며, 세계의 분쟁과 전쟁이 결코 우연히 일어나는 것이 아님을 직시하는 것은 동시대를 함께 살아가는 사람들에 대한 예의와 염치이리라. 어쩌면 불편한 진실을 목격하게 될 수도 있고 가난한 사람만을 대상으로 한 폭력의 실체를 보며 절망할 수도 있겠지만, 욕망과 성찰과 연대에 관한 꼼꼼한 공부를 통해 내가 살아갈 생의 지도를 만들어 볼 수는 있을 것이다.

다양한 그 길 중의 하나로 특히 공정무역의 시스템을 들여다볼 것이다. 공정무역이란 무엇인지, 과연 이 무한경쟁의 체제 속에서 희망이 될 수 있는지에 대한 질문이 될 것이다. 그 옛날 동서양 교역의 길이 실크로드였다면, 코튼로드 혹은 초콜릿로드가 새겨진 지도를 만들어 보며 경계를 흔들고 지우고 혹은 새로운 경계를 만들어 보고자 한다.

네팔 여행은 크게 3부로 구성되었다. 1부는 안나푸르나 트래킹, 2부는 람레카 학교에서의 워크캠프, 3부는 공정무역로드 탐사. 트래킹이 대자연 속에서 몸과 마음의 호연지기를 기르는 일이라면 워크캠프는 문화와 역사가 다른 곳에서 자라난 사람들이 교류하고 소통할 수 있는 지점을 모색해 보는 시간이 될 것이다. 또래의 네팔 청소년들과 함께 낡고 오래된 학교 건물에 페인트칠을 하고 거리 공연도 해 보며 '다름'이 만들어 내는 창의적 에너지를 경험해 보고자 한다.

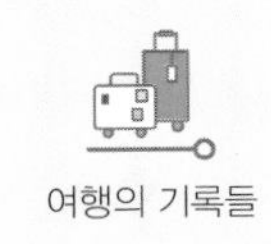

우리 삼촌 얘기, 들어 보실래요?

–미아(차민지, 로드스꼴라 1기)

네팔에 삼촌이 생겼어요. 이름은 미노드 목탄. 그냥 미누 삼촌 혹은 미누 마마(삼촌이란 뜻의 네팔어)라 불러요. 미누 삼촌, 하고 부르면 왜, 라고 따스하게 웃으며 돌아봐 주시는데 그 모습이 얼마나 멋진지 몰라요. 아, 삼촌이 노래 부르는 모습은 더 멋있어요. 밴드 '스탑 크랙다운(Stop Crack Down)'의 보컬이거든요. 삼촌은 우리에게 어르빈이랑 람, 어딘 같은 우리 또래의 네팔 친구들도 소개시켜 줬구요, 동굴사원에도 같이 놀러 갔어요. 삼촌에겐 12명의 조카가 한국에 생긴 셈이죠.

삼촌을 보려면 우리가 네팔로 가야 해요. 삼촌은 한국에 오지 못하니까요. 왜냐고요? 삼촌은 작년에 한국에서 강제추방 당했거든요.

다음은 삼촌이 우리에게 들려준 이야기예요.

◇◇◇◇◇◇◇◇◇◇◇◇◇◇◇◇◇◇◇◇

1. 한국을 가다

아직 네팔에 돌아온 지 얼마 되지 않아 네팔에 대해 잘 몰라요. 근데 여러분은 만나고 싶고, 그래서 이렇게 이 자리에 함께하게 됐네요.

1992년 2월 22일에 한국에 갔어요. 작년 10월 24일에 네팔에 도착했고요, 17년 8개월 동안 한국에 있었어요. 처음 한국에 갔을 땐 진짜 한국말 하나도 몰랐어요. 한국에 대해서 아는 것도 올림픽 하는 거 TV로 본 정도였죠. 남산타워 오픈할 때 한 불꽃놀이가 네팔 신문에 났었거든요. 그거 보고 아버지가 야, 가 보고 싶다, 했는데 우연찮게 가게 됐죠. 그땐 이주노동법도 없을 때라 관광비자 받아서 갔어요. 관광비자 받아서 갔으니 18년 내내 미등록 외국인이었지요. 제가 갔을 때는 한국에 값싼 노동력이 많이 필요할 때였고, 또 이주노동자에 관한 제도도 없고 하니까. 동남아에서 온 사람들 다 눈감아 줬어요.

이태원이 외국인들의 중심지잖아요. 이태원으로 가면 사람들이 우리한테 와요. 제가 갔을 땐 미스터 킴이라는 사람이 왔어요. 그리고 식당 일과 가방 공장 일 있다고 선택하라고 했어요. 대부분의 사람들이 식당 일을 꺼려해요. 저는 식당 일 하겠다고 해서 의정부에 있는 식당으로 갔어요. 한정식 집이었는데, 네팔엔 바다가 없잖아요. 그래서 비린내가 좀 힘들었어요. 누룽지가 날 살렸죠. 맨날 누룽지만 먹고……. 이젠 뭐, 아마 내가 여러분보다 한국 음식 잘 먹을걸?(웃음)

그 식당에서 한국 음식도 배우고 한국 문화도 배우고 거의 다 거기서 배웠어요. 제가 음악에 관심이 많아서 한국 가요도 많이 들었고요. 그 식당에 노래방 기계가 있었거든요. 오후 서너 시쯤에는 손님 없으니까 노래 부르고 그랬었죠.

2. 한국에 적응하다

그렇게 2~3년이 지났어요. 제가 한국 사람들이랑 살아서 한국말을 빨리 배웠거든요. 그러니까 친구들이 막 나가서 노래해 보래요. KBS 외국인 노래 자랑, 이런 데 있잖아요. 거기 나가서 대상도 받았어요.

식당 일을 하면 쉴 수가 없어요. 주말에도 일해야 되잖아요. 그래서 한국인 친구랑 놀려고 공장 일을 시작했어요. 동대문에 있는 봉제공장에서 기술을 배운 다음 친구랑 동업하기로 하고, 작은 방 하나 얻어서 일했었죠.

민가협(민주화실천가족운동협의회)이라는 단체에서 1년에 한 번 노래대회를 해요. 거기서 저랑 제가 아는 네팔 친구한테 네팔 노래를 불러달라는 거예요. 막 고민했죠. 근데 친구가 어차피 한국 사람들은 네팔 노래 못 알아들으니까 차라리 우리가 한국 노래를 부르자는 거예요. 잘할 수 있을까, 걱정하면서 도전했는데 너무 운 좋게도 대상을 받았어요. 그때 대상에게 주는 상품이, 홍세화 선생님 아시죠, 그분과 함께 파리 여행하는 거였는데 저는 미등록 외국인이었으니까 아쉽게 파리는 못 갔죠. 대신 제주도 갔어요.

계속 공장 일도 하고 노래도 하고……. 한국말 잘 못해도 같이 잘 지내 주세요, 이런 노래 불렀던 거 같아요. 녹색지대 노래도 불렀어요. (웃음)

3. 농성을 하다

그러다 2003년에 정부에서 4년 이상 된 불법체류 외국인을 추방한다는 결정을 내렸어요. 시민단체에서 '제도 개선이 우선이다' 하는 농성을 하기에 저도 거기에 갔죠. 난 시위 같은 거 잘 모르는 사람이었어요. 나만 잘살면 되지, 하는 사람이었고, 10년 동안 그런 농성이 있는지도 몰랐고 내가 한국에 해달라는 것도 없었는데 갑자기 나가라니까 되게 묘한 느낌. '아, 난 이 사회 사람 아니구나, 아웃사이더구나', 그런 복잡한 느낌이 들었어요.

당시 이주노동자 11명이 죽었어요. 감시가 무서우니까 이주노동자들이 라면 같은 거 사재기해서 공장에서 살다가 음식이 다 떨어지면 목매서 죽고 그랬어요. 그때 스리랑카 사람이 전동차에 몸을 던져 죽었는데 그게 처음으로 매스컴을 탔죠. 처음이자 마지막! 나는 시청 옆 성당에서 농성했는데 방송국에서 와서 찍어도 방송에 안 나가요. 피디한테 전화하면 아, 뭐 밀렸다, 맨날 이런 말만 해요. 한국 시민들도 이런 상황을 알아야 한다 생각했는데 미디어에서 그런 걸 안하니까 나중엔 내가 직접 카메라를 잡아야겠다는 생각을 했어요.

그리고 농성하면서 제가 밴드를 만들었어요. 그때 만든 노래는 주로 구호들이었죠. 네팔, 버마, 미얀마, 인도네시아 그리고 한국 친구들이 모여서 감시가 무서워 죽은 친구를 위해 만든 노래가 있어요. '친구여 잘 가시오'라는……. 어떤 좋은 분이 스튜디오를 하루 빌려주시고 시민단체 분들이 돈 조금씩 모아서 밴드 '스탑 크랙다운'의 1집을 냈죠.

'스탑 크랙다운' 은 강제추방중단 뭐 이런 뜻이에요. 전국 돌아다니면서 공연하고 받은 돈 모아 2006년에 2집을 냈는데 거기에 '월급날'이란 노래가 있어요. 이주노동자들이 겪는 가장 큰 문제가 월급 못 받는 건데 그거에 대한 노래예요. 뮤직비디오도 전부 제가 찍고 편집했어요. 농성 대신 문화적으로 접근하는 방법을 찾아낸 거죠.

4. 문화 활동을 하다

2003년 농성한 후에 일하기 싫어졌어요. 이 사회 사람이 아니라고 하니까. 그래서 친구한테 말해서 공장 못 하겠다고 그만두겠다고 했는데 친구도 그럼 안 하겠다고 해서 같이 정리했어요. 그리고 시민단체에서 6개월 정도 인턴 생활했어요. 단체 돌아가는 일도 관찰하고 단체에서 하는 사업, 예를 들면 초등학교에 가서 네팔의 문화에 대해 설명한다든지, 네팔어 번역을 맡는다든지, 문화 행사를 준비하는 일 같은 걸 했었어요.

제가 노래도 좋아했지만 노래보단 미디어를 더 좋아했어요. 편집하고 그런 거. 아트TV에서 일하면서 사람들한테 이주노동자의 모습을 알리는 역할을 한 거 같아요. 아쉬운 게 있다면 아트TV는 스카이TV 같은 곳에서만 나오는 채널이라 많은 사람들한테 열려 있지 않았어요.

50년 후면 한국도 다문화사회가 될 텐데 미리 연습해 둬야죠. 다양한 사람이 앞으로 한국인이 될 건데. 싫어도 어쩔 수 없는 상황이 만들어질 거라는 얘기예요. 이주노동이 사회를 혼란스럽게 하는 게 아니라 사회 인식을 높여주는 거거든요. 사람이 나라를 넘나들면서 서로의 국가 발전에 도움을 주는 거죠.

5. 그리고, 다시 네팔

저는 강제추방을 피해서 도망 다니고 싶지 않았어요. 한국 사회에선 한 번도 장기 체류자에 대한 이야기가 나왔던 적이 없어요. 그래서 장기 체류자에 대한 얘기를 하고 싶었어요. 이런 사례가 없었거든요. 시민단체에서도 사례가 없어서 일을 못 하고 있었는데 내가 시작하니까 시민단체들도 도움을 주고……. 추방이라는 게 당사자가 아니면 절대 그 느낌을 몰라요. 한국뿐만 아니라 전 세계 사람들에게 미등록자들에 대한 제도 이야기를 하고 싶어요.

한국을 원망하지 않아요. 한국 간 걸 후회하지도 않고요. 만들어진 테두리 안에서만 살아야 하는 건 아니잖아요. 이제 네팔에서 어떻게 살아야 할지 고민해야죠. 인생은 도전이라고 생각해요. 도전 정신만 있다면 헛되지 않은 삶을 살 수 있다고 믿어요. 준비 없이 네팔에 왔지만 설마 죽기야 하겠어요? 친구들도 만나고 여러분도 만나고 하면서 조사 중이죠. 조금 문제가 되는 건 언어? 네팔 사람인데도 네팔어가 좀 서툴러요. 20년 전 말을 하는 거죠. 가족들은 밖에 나가서 말하지 말라 그래요. (웃음) 그거 빼면 지장 없어요.

사실 되게 영화 같은 느낌이죠. 아침에 눈을 떴는데 한국이 아닌 네팔, 내

방 벽이 딱 보이는데, 20년을 건너뛴 그런 느낌.

남산 아래 후암동에서 살았거든요. 한국에서 단 한 번도 따뜻한 집에서 잔 적이 없어요. 그런데 그때가 왜 그렇게 행복했는지 모르겠어요.

깨달음을 얻은 거죠, 한국에서. 부처가 인도에서 해탈했듯이.

◇◇◇◇◇◇◇◇◇◇◇◇◇◇◇◇◇◇◇◇

미누 삼촌을 처음 본 건 인터넷 뉴스에서였어요. 그땐 삼촌도 아니고 그냥 미누 씨였죠. 길별 어딘이 미누 씨를 네팔 초대 길별로 섭외했으니 미리 검색해 보라 하셔서 어쩔 수 없이 찾아본 기사였어요. 그때만 해도 전 사람들이 왜 그렇게 미누 삼촌을 네팔로 보내지 않으려 했는지 이해할 수 없었어요. 어쨌든 법을 어긴 사람인데 왜 그렇게 감싸 주나, 우리나라 사람도 아닌데, 싶었거든요.

미누 씨가 미누 삼촌이 되고 나서야 알았어요. 로드스꼴라 떠별들과 미누 씨가 조카와 삼촌이 되는데, 우리와 삼촌의 국적이 다르다는 건 그다지 상관이 없었어요. 중요한 건 마음이었죠.

한마디 한마디에서 한국에 대한 진득한 애정이 느껴지는 삼촌을 언제쯤 다시 한국에서 만날 수 있을지 궁금해지네요. 그런 날이 오기는 오겠죠?

네팔 서신 ; Nothing but Everything

– 어딘(김현아. 대표 길별)

안나푸르나에서

한 치 앞도 보이지 않는 안개 혹은 구름 속으로 떠별들이 사라져 갑니다. 그들이 메고 있는 연두, 빨강, 분홍, 파랑 그 원색의 배낭들마저 짙은 운무 속으로 사라져 버리고 나면 이제 눈앞엔 내 존재를 지울 히말의 비바람과 구름만이 남습니다.

아주 아무 일도 없지는 않았습니다. 4,130m 안나푸르나 베이스캠프에 오르기까지 누군가는 토하고, 누군가는 발을 접질리고, 누군가는 쓰러져 숨을 몰아쉬기도 했습니다. 그때마다 우리는 조금 담대해지기로 마음을 모았습니다. 숨이 가쁘면 가쁜 대로, 아프면 아픈 대로 찬찬히 몸을 들여다보며 존재의 가없는 하찮음 혹은 가혹한 무거움을 있는 그대로 받아들이기로 했습니다. 잉크빛으로 부풀어 오른 발을 하고도, 메슥거리는 속을 하고서도 떠별과 길별 모두는 우리가 처음 마음먹었던 안나푸르나 베이스캠프까지 올랐습니다.

하룻밤을 묵고, 두어 시간 기적처럼 맑은 아침이 열리고 마차푸차레, 강가푸르나, 힌출리… 안나푸르나의 연봉들을 보았습니다. 그저 무연히 입을 다무는 것 말고는 달리 할 일이 없는 우리 옆으로 보랏빛 들꽃이 지천이더군요. 여덟 장 이파리가 모여 하나의 꽃을 이루고, 그 한 송이 한 송이가 모여 한 무리의 꽃을 이루고, 그 꽃무더기들로 세상은 꽃천지입니다.

어찌 그 꽃만 꽃이겠습니까. 색색가지 비옷을 입고 산을 내려가는 로드스꼴라의 떠별들도 그 자체로 온전히 피어나는 우주의 꽃인 것을. 비구름 속으로 사라지지만, 내 눈앞에 보이지 않지만, nothing but everything!

바글룽에서

우리 학교에 오신 것을 환영합니다.
외국에서 이 먼 곳까지 오셨는데
우리를 도와주시기까지 하네요.

이제는 떠날 시간.
우리는 가슴이 아파요.
기억이 납니다 자꾸만 자꾸만.

다시 올 때는
우리 또 함께 춤춰요.

아주 멀리 떠나지만
기억해 주세요.
람레카의 우리들을.

(떠별들이 5일 동안 머물며 학교 건물을 함께 페인트칠하고 워크캠프를 진행했던 바글룽 지역의 람레카 초등학교 친구들이 마지막 날 떠별들에게 보낸 편지입니다.)

포카라에서

거대한 자본의 연결고리로 이어져 있는 세상에서 작고 소박한 공정무역의 길이 과연 희망이 될 수 있는지 질문하는 우리에게 네팔의 여자들은 튼튼하게 뿌리 내린 은성한 나무의 모습으로 서 있었습니다. 공정무역 사업장 WSDP의 여자들은 차근차근 스스로의 힘으로 경제적 자립을 일궈 냈습니다. 30여 년 동안 외부의 어떤 지원도 받지 않고 일궈 낸 작업장에는 소녀에서부터 할머니까지 스스로의 독립과 가족의 생계, 지역의 고른 풍요로움을 위해 일하고 있습니다. 그녀들은 소비자의 몸에 해가 되지 않는 훌륭한 재료를 사용하려 최선을 다하고, 꼼꼼하고 정밀하게 물건을 만들어 소비자에게 건네려 노력하고 있습니다. 공정한 거래를 통해 생산자와 소비자가 만나는 방식이 서로를 돕는다는 걸 알게 되는 순간입니다.

쓰리시스터즈의 가이드와 어시스턴트 가이드들은 몹시 훌륭합니다. 배려와 돌봄이 몸에 익은 이들과 함께하는 산행은 행복합니다. 위기 상황에 대처하는 자세는 프로페셔널하면서도 따뜻합니다. 세 자매가 아니라 세상의 모든 자매들이지요. 로드스꼴라의 네팔 길벗인 어르준 씨는 150명이나 초대하는 성대한 집들이에 우리를 초대해 주셨습니다. 덕분에 네팔의 집들이 의식을 구경할 수 있었지요. 아, 새로운 삼촌도 생겼습니다. 18년 동안이나 살던 한국에서 강제추방된 미누는 떠별들의 삼촌 역할을 톡톡히 해 주고 계십니다.

지금 떠별들은 포카라의 또래 청춘들과 김밥을 말고 있습니다. 내일은 아마 그들과 함께 거리음악회를 열지 싶습니다. 포카라는 이제 떠별들의 마음의 고향이 되어 가고 있는 듯합니다.

2. 남미 여행

2012. 03. 31~05. 31 (61박 62일)

〔볼리비아〕

라빠스, 띠와나꾸 유적지, 북 융가스, UAC-Carmen Pampa 원주민대학, 아프로 볼리비아노 공동체 또까나, 우유니

〔페루〕

띠띠까까 호수, 쿠스코, 잉카 유적지(삭사이와망, 껜꼬, 땀보마차이, 뿌까뿌까라, 친체로, 모라이, 살리네라스, 오얀따이땀보), 마추픽추, 아레끼빠, 꼴까 계곡, 리마, 코클라 협동조합(아름다운가게 '안데스의 선물' 커피 생산지), 띵고마리아, 나랑히요 협동조합(아름다운가게 '초코렛.' 생산지), 한국문화원 사랑채, 꼬라오 도자기 학교(KOICA 설립)

〔아르헨티나〕

이과수 폭포, 부에노스아이레스, 재아르헨티나 한인회, 레꾸에르도 데 땅고 컴퍼니

남미 답사에 즈음하여

꽃샘추위의 알싸함이 피부를 파고들지만 코끝을 타고 들어오는 공기는 봄의 징후를 알려 오는 계절입니다.

로드스꼴라 3기가 3월 31일 드디어 3학기의 긴 여정을 출발합니다.

이야기에 앞서 사전 답사를 다녀온 소감 먼저 전합니다.

남미,

라고 부르는 거대한 대륙을 한 달 만에 본다는 건 무리스러운 일이지만, 여정 내내 아, 참 잘한 결정이었구나, 라는 생각을 했습니다. 떠별들과 함께 이곳을 볼 수 있다는 생각에, 이 사람들을 만날 수 있다는 생각에, 이 음악을 듣고 이 음식을 먹을 수 있다는 생각에 가슴 설레었습니다. 물론 몸은 고단하기 이를 데 없었습니다. 볼리비아가 한국보다 13배가 큰 나라이고 페루가 14배, 아르헨티나는 20배가 큰 나라입니다. 한 번 이동 거리가 기본적으로 버스로 열서너 시간이 걸리고 많게는 18시간까지 버스를 타기도 합니다. 그럼에도 불구하고 남미라는 대륙이 건네는, 상상을 슬쩍 넘어서는 에너지가 이 모든 고단함을 잊게 만들었습니다.

3기 남미 프로젝트의 목표는 4가지입니다.

첫째, 남미문학을 통해 패러다임의 전환을 엿보는 것입니다. 보르헤스, 마르께스를 비롯하여 남미 작가들의 등장은 20세기 후반 포스트모던이라는 사고의 전환점을 불러오는 주요한 사건이었습니다. 뉴튼식 과학과 합리주의, 이성이라는 근대의 패러다임을 살짝 흔들면서 새로운 질문과 상상으로 인간의 삶과 죽음에 대한 이야기를 들려주는 남미문학은 어떠한 토양에서 만들어졌는지 그 이야기의 배경을 살펴보려고 합니다. 이 프로젝트는 한국에서 가장 많이 남미 작가들의 작품을 번역하고 계신 송병선 교수님이 함께할 예정입니다.

둘째, 공정무역의 루트를 들여다볼 예정입니다. 세계는 하나가 되어가고 있다는 건 밥상을 통해 가장 명징하게 알 수 있는 일이겠지요. '세계화' '신자유주의' 라는 말이 우리의 일상과 어떻게 직결되어 있는지, 그리고 그 속에서 나는 어떻게 살아가야 하는지에 대한 질문을 공정무역 루트를 따라가며 해 보려 합니다. 거대한 자본의 물결을 바라보고 읽어 낼 줄 안다면 때로 그 위에서 즐겁게 파도타기를 할 수도 있겠지요. 이 프로젝트는 아름다운커피, 아름다운선물 등 한국의 공정무역 단체들과 페루 팅고마리아 지역의 나랑히요 협동조합, 페루의 공정무역 기업 코클라 등과 함께 진행됩니다. 또 『아무도 남을 돌보지 마라』의 저자 엄기호 선생님이 함께하십니다.

셋째, 문명의 충돌, 갈등, 화해, 통합 그리고 융합의 과정을 살펴보며 하이브리드에 대한 질문을 하려고 합니다. 남미는 16세기 이후 스페인, 포르투갈의 식민지였으며 그 과정에서 '메스티조'라는 새로운 사람들이 생겨난 곳이기도 합니다. 인류 역사상 필연적으로 일어날 수밖에 없는 문명의 충돌 과정을 살펴보고 지극히 사적인 인간들의 열정과 욕망, 암투가 어떻게 역사라는 거대한 이야기를 엮어 가는지를 들여다볼 예정입니다. 남미의 역사와 문화 특강은 한국외국어대 조구호 선생님, 『페루』

의 저자 이원종 선생님이 함께하십니다.

넷째, 거대한 자연 앞에 서 보는 것입니다. 장대한 안데스, 우유니의 소금사막, 이과수 폭포… 그저 입을 닫는 거 말고는 아무런 할 일이 없는 저 거대한 자연 앞에, 무연히, 서 보는 것. 그것이 우리가 남미에서 해 보고자 하는 일입니다.

남미 현지에서도 많은 길별들이 함께하실 예정입니다.

볼리비아에서는 UAC에서 Language Director를 맡고 계신 박혜정 선생님이 함께하십니다. 볼리비아 한인회와의 즐거운 만남도 예정되어 있습니다.

페루에서는 최근 2~3년 사이 리마에서 '꼬레아' 열풍을 만들어 내고 있는 세라믹 아티스트 조유나, 재즈싱어 조세나 자매가 함께합니다. 쿠스코에서는 한국문화원을 준비하고 있는 '사랑채' 분들을 통해 현지 청소년들을 만나게 됩니다. 코이카 세라믹센터의 박형욱 선생님께서도 많은 도움을 주고 계십니다.

아르헨티나에서는 정치학 박사후과정을 밟고 있는 손혜현 선생님, 아르헨티나 한인회가 떠별들을 반겨 줄 것입니다.

이외에도 다양한 네트워크들이 작동되고 있으며 이 다리bridge들을 따라 떠별들은 남미에서 배우고 놀고 연대할 것입니다.

관심과 격려로 지켜보아 주십시오.

2012년 2월

로드스꼴라 길별 일동

우유니! 이야기하게 하다

– 아띠(황지은, 로드스꼴라 3기)

핫팩은 두둑히! 민트색 스웨터와 목도리, 아시아나 항공에서 몰래 가져온 담요와 오리털 침낭, 두툼한 등산 양말 두 켤레, 제일 따뜻한 바지 두 벌, 오리털 패딩이랑 내피는 입고 가면 되고……. 모자, 선글라스, 녹음기, 노란 스프링 노트와 검정 모나미 펜, 작은 크로스백까지. 겨우 2박 3일 일정인데 30리터 배낭이 빵빵해졌다.

이만하면 됐겠지. 그나저나 엄청 추운 데다 누구는 배낭도 통째로 도둑맞았다는데. 배낭 지퍼 고리들을 와이어로 연결해 단단히 자물쇠를 걸고 옆으로 밀어 뒀다. 새벽 2시가 훌쩍 넘어 있었다.

몇 시간 후면 우유니 소금사막으로 떠난다. 정확히 말하자면 알티플라노의 한복판으로. 알티플라노. 안데스 산맥 중앙에 펼쳐진 고구마처럼 생긴 높고 평평한 땅. 고원이다. 면적은 17만㎢로 남한 면적의 1.7배에 달한다.

나는 우유니 소금사막을 비롯해 2박 3일간 알티플라노의 남부를 돌아보기로 했다. 알티플라노의 해발 고도는 500m부터 5,000m까지이고, 이번 여행에서는 해발 3,000m 후반부터 5,000m에 육박하는 지대까지 올라갈 예정이었다. 그 거대한 땅은 태고의 기억을 간직한 곳이라 불리기도 한다.

태고의 기억이라! 어떤 곳일지 상상이 되지 않아 침대에 누워서도 한참을 뒤척였다.

메마른 햇빛이 살갗을 찔러 온다. 선글라스를 꺼내 썼다. 바람이 거칠어 패딩 위로 담요를 하나 더 둘렀다. 야간버스를 타고 밤새 달려 우유니 투어가 시작되는 작은 마을에 도착했다. 마을은 황량했다. 모래바람이 날리고 무채색 건물이 쭉 늘어서 있었다. 살아 있는 거라곤 잠이 덜 깬 여행자들과 삼삼오오 몰려다니는 개 떼가 전부다.

검붉은색 도요타 지프차가 마중을 나왔다. 우유니 투어를 하는 동안 타고 다닐 차다. 검은 선글라스를 낀 새카맣게 그을린 기사 아저씨가 살갑게 인사를 하며 차 지붕에 배낭을 실어 준다.

출발이었다.

몸으로 기억하다

우유니를 여행하며 손에서 녹음기를 놓지 않았고, 특히나 가이드의 설명은 졸졸졸 따라다니며 빠짐없이 녹음했다. 한국에 돌아가 글을 쓸 때 참고자료로 쓰기 위해서였다. 첫날은 "아하, 아하" 추임새도 넣고 적절히 질문도 해가며 나름 재미나게 들었다. 그러나 다음 날, 나는 미간에 힘을 잔뜩 주고 입을 꾹 다물고 말았다. 발단은 돌의 계곡(Rock Valley)에서였다.

돌의 계곡은 말 그대로 사막 같은 곳에 집채만 한, 혹은 자동차만 한 바위가 이리저리 널려 있는 지대다. 어김없이 가이드의 설명이 시작됐다. 1억5천만 년 전 안데스의 남쪽 끝인 파타고니아 정상에서 출발한 빙하가 3백 년에 걸쳐 이곳에 도착해 산의 표면을 쓸고 갔다. 빙하는 녹았고, 빙하가 긁어 놓고 간 부스러기들만 남았다. 그게 바로 저 바위들이다.

음, 대충 알겠다. 바위들을 째려보며 저들을 스쳐 갔을 빙하를 떠올려 본다. 지금은 모래바람만 풀풀 날리지만 어느 순간엔 녹아 버린 빙하로 물이 그득했을 이곳을 상상한다. 눈앞의 모습일랑 사라지고 1억 년 전 풍경이 짠하고 나타날 것만 같은데, 바위는 무심하고 사람들은 사진을 찍느라 바쁘다.

바위만이 아득하리만치 먼 시간을 품어 온 건 아니다. 우유니 소금사막도 그랬다. 소금사막을 마주한 순간, 숨이 턱 막혔다. 세상은 시리게 푸른 하늘과 순백의 소금밭, 딱 두 개로 나뉘어 있었다. 탄성마저 목구멍으로 넘어갔다. 멍하니 서 있는 것도 잠시, 신난 강아지마냥 뒹굴고 뛰고 한껏 날아올랐다.

그러다 문득 궁금해져 하얀 결정을 살살 긁어 혀에 대 봤다. 짜다.

우유니 소금사막은 아주 오래전엔 바다 밑에 있었다. 시간이 흘러 지각변동으로 바다가 솟아올랐고 빙하기를 거치며 얼었다가, 녹기 시작했다. 주변 산맥에 둘러싸여 분지를 이룬 곳에는 바닷물이 빠져나가지 못하고 거대한 호수가 생겨났다. 그러다 건조한 날씨가 계속되면서 호수 물이 전부 말랐고, 소금 결정만이 남았다. 소금사막의 탄생 배경이다.

한 시절에는 바다 밑에서 잠들었을 이 땅에 사람들이 찾아와 텐트를 치고 소금으로 호텔을 짓고 국기를 꽂고 밥을 해 먹는다. 나도 소금사막 위에서 사진을 찍고 또 찍고 소금도 먹어 보고 철퍼덕 앉아 밥까지 먹었지만 소금사막의 기억은 남의 일 같기만 하다.

그랬다. 실은 우유니를 여행하는 내내 급체한 상태였다. 규모도 규모거니와 태초부터 그네들이 거쳐 온 시간을 오롯이 몸 안에 집어넣기에 내 몸은 무지 작다, 고 하면 변명이 될까. 쪼글쪼글하고 검버섯이 군데군데 핀 할머니의 얼굴에서 그의 꽃다운 처녀 시절을 상상하기 어렵듯, 거대한 자연을 눈앞에 두고도 그들이 거쳐 온 세월을 가늠할 수 없었다.

초조했다. 지금 당장 온몸으로 알아야 할 것 같은데 내 머리엔 금세 과부하가 걸렸다.

해가 지고 숙소에 도착했다. 따뜻한 차로 몸을 녹이고 저녁을 먹었다. 남십자성을 볼 수 있다기에 기분전환 겸 별을 보러 나섰다. 숙소 앞마당에 서서 고개를 쳐들었다. 서서히 목을 뒤로 꺾다가 허리까지 뒤로 젖혔는데도, 죄다 별이다. 하늘에 시선을 고정하고 컴퍼스마냥 빙글빙글 돌다가, 후다닥 담요를 가지고 나와 가장 어두워 뵈는 곳으로 가서 땅에 박힌 자그만 돌을 베고 누웠다.

그리고 세상은, 별로 가득 차 버렸다. 나는 하늘에 별이 저리도 많다는 걸 그날 처음 알았다.

다음 날, 동도 트지 않은 새벽에 출발해 해발 5,000m까지 올라갔다. 여명이 밝아 올 때쯤 덜컹이며 달리던 지프차가 멈췄다. 밖으로 나와 보니 눈도 제대로 뜰 수 없을 정도로 세차게 바람이 불었다. 저 앞은 하얀 연기가 가득했고 계란 썩는 냄새가 풍겼다. 가까이 가 보니 금세 하얀 연기가 사방을 에워쌌다.

기사 아저씨가 더 와 보라며 자꾸만 손목을 잡아끈다. 뿌연 시야를 헤치며 나아가 보니, 달 표면처럼 여기저기 구덩이가 파여 있었다. 그리고 그 안에서 회반죽 같은 것이 부글부글 끓고 있었다. 땅 밑에 있는 마그마 때문이었다.

조금 전만 해도 바람에 살이 에였는데 열기 때문인지 살갗이 훈훈했다. 이 순간에도 지구는 살아 있고 움직이고 있다는 걸 그제야 새삼 깨달았다.

그렇게 알티플라노의 자연은 하나하나 내 몸에 새겨져 갔다. 나는 그저 거침없이 다가오는 그들을 온몸으로 느낄 따름이었다. 따가웠던 햇볕과 지프차 안을 붉게 물들였던 석양, 눈에 닿을 듯 가깝게 떴던 초승달마저도 몸의 감각으로 익혔고 기억했다. 글자에 갇힌 우유니가 아니라 내 몸이 기억하는 우유니다.

아주 당연한 사실들을 한 가지씩 느리게 체득한다. 서른한 개짜리 지구과학 인강을 완강하고 달달달 요점정리를 외운 뒤 시험을 쳐서 1등급을 얻는 것과는 차원이 다르다. 여행에서 돌아와 알티플라노에 대한 지리적 자료들을 읽으니 확실히 다른 느낌이다. 연인의 옛 편지를 읽으며 그를 그려 보듯 딱딱한 글자를 훑어 내리며 감각을 일깨워 본다.

이야기하게 하다

이런 이야기가 있다. 산에서만 살던 사람이 여행을 떠났다. 바다에서만 살던 사람도 여행을 떠났다. 둘은 한 여관에서 마주쳤다.

"해는 산에서 뜹니다."

"아닙니다, 해는 바다에서 뜹니다."

둘은 옥신각신했다. 이때 여관집 주인이 나타났다.

"아닙니다, 해는 지붕 위에서 뜹니다."

셋은 자신이 옳다며 투닥투닥했다. 산에서만 살던 사람과 바다에서만 살던 사람은 다시 길을 떠났다. 산에서만 살던 사람은 바다에 가서야 바다에서도 해가 뜬다는 사실을 알았다. 바다에서만 살던 사람은 산에 가서야 산에서도 해가 뜬다는 사실을 알았다. 여관집 주인은 여전히 지붕 위에서 해가 뜬다고 믿는다.

나는 방구석에 앉아 모니터 앞에서 남들 사는 이야기를 주워듣다, 무슨 바람인지 등산화를 신고 배낭을 메고 여행을 하겠다며 문밖을 나섰다. 그러다 남미에 가게 됐다.

그리고 볼리비아에서, 삶은 또다시 한 번도 꿈꿔 보지 않은 곳으로 나를 데려갔다. 그곳에는 붉은 호수와 검은 호수, 하얀 호수와 초록 호수가 있다. 무지개 빛깔을 띤 산맥과 연기가 폴폴 피어나는 활화산이 있다. 어디를 가나 하얗게 눈이 덮인 설산이 배경처럼 따라다니고, 소금사막을 지나면 광활한 모래사막이 펼쳐진다. 우유니는 여기가 내가 살던 지구가 맞나, 슬쩍 의심이 피어오르는 풍경의 연속이었다.

만일 그런 세상이 있노라고 누군가에게 전해 들었다면 우아, 탄성을 지르면서도 지구 반대편에 이르는 거리만큼이나 먼 세상으로 느껴졌을 거다. 하지만 직접 가 보니 이제는 알겠다. 그곳도 내가 사는 세상의 일부라는 걸! 여관집 주인처럼 살아왔던 나는, 발바닥 가는 대로 실컷 돌아다니고 나서야 믿지 않았던 것들을 비로소 믿게 됐다.

그러니까 우유니의 풍경은 믿기지 않을 만큼 환상적이었다. 하지만 지루함 그리고 졸음과의 싸움이기도 했다. 하루 열 시간에서 열두 시간 지프차를 타고 끝이 없는 대지를 달리다 보면 탄성도 잠시, 가도 가도 똑같은 풍경에 지치기 마련이다. 자는 것도 한두 번이지 계속 자다 보면 여행이 아깝기도 하고 머리가 지끈지끈 아프기도 하다. 수다를 떨다가도 침묵이 찾아오기 마련이고.

그렇게 멍하니 차창 밖을 바라보고 있으면 슬그머니 이야기가 떠오르곤 했다. 소금사막을 지나면 사실 있는 거라곤 하늘과 땅, 바위, 산이나 설산, 구름, 풀, 간혹 가다 호수, 이런 거밖에 없다. 하지만 알티플라노의 자연은 이야기하게 했을 뿐더러 이야기를 읽고 싶게 했고, 이야기를 믿고 싶게도 했다.

남미 대륙의 상상력. 남미로 여행을 떠나기 전 간간이 들었던 그 말을 조금 알겠다. 상상할 수 없거나 매번 상상을 넘어서는 그 대륙은 인간으로 하여금 맘껏 상상하게 한다. 그래서 남미를 여행하고 나면 무슨 얘기든지 뻔뻔

하게 할 수 있는 배짱이 생기고, 기가 막히는 헛소리에도 고개를 주억거리게 된다. '그럴 수도 있지 뭐' 하면서 말이다.

가령 야간버스를 타고 가다 가재가 이 버스는 밤이면 밤마다 새로운 세상으로 사람들을 싣고 가는 환상의 버스 같다는 이야기를 들려주면, 나는 헛소리 그만하라며 냉소하지 않고 가슴 설레며 이야기를 부추긴다. 판타지 영화나 애니메이션의 전유물일 뿐 현실에는 존재하지 않을 거라 단정했던 세상을 직접 보아서일까. 이젠 뭐든 그럴 법하다는 낙낙한 맘이 생긴다.

아무리 소설이 뻥이라지만 도가 지나치다고 여겼던 남미문학도 무슨 이야기를 하려나 하고 느긋이 책장을 넘길 수 있을 것 같다. 그들이 만들어 낸 환상 같은 이야기들이 남미 대륙 어딘가 정말로 실재하고 있을 거라는 은근한 기대감에 혼자 좋아하면서 말이다.

광장과 공원 사이

– 가재(서정현. 로드스꼴라 3기)

5월광장

남미의 도시를 여행할 땐 항상 중앙광장에서 시작했다. 허허벌판 광활한 신대륙을 발견한 유럽 사람들은 네모난 광장을 짓고 그 주위로 교회, 총독부, 병원, 시장 등을 세워 나갔다. 유서 깊은 대성당을 둘러보고 오래된 골동품 시장을 구경하고 화려한 대통령궁을 방문하고 싶은 여행자라면 광장에서 여행을 시작하는 게 맞다.

아르헨티나의 수도 부에노스아이레스에 도착한 후 곧장 향한 곳도 5월광장이었다. 5월광장은 핑크색 대통령궁, 오래된 대리석으로 벽을 마감한 대성당, 지금은 박물관으로 재단장한 옛 총독부 건물이 옹기종기 모여 있는 정치, 종교, 역사의 중심지다.

마침 목요일이어서 광장에는 시위 준비가 한창이었다. '5월광장 어머니회'의 목요시위는 과거 군사정부 시기에 시작됐다고 가이드북에 소개돼 있었다. 광장에 모인 백여 명 남짓한 사람들은 손에 파란색 깃발을 들고 있었다. 할아버지와 할머니부터 엄마의 손을 잡고 온 앳된 소년까지 광장엔 다양한 연령대의 사람들이 눈에 띄었다. 그들은 왁자지껄했지만 일사불란했다. 하얀 버스가 광장에 들어오자 사람들은 일제히 박수를 치고 손가락으로 휘슬을 불고 환호성을 질렀으며, 버스에서 할머니들이 내리자 모두 할머니 뒤로 줄을 맞췄다.

할머니들은 곱게 빗은 머리 위에 하얀 수건을 쓰고 있었다. 사람들을 거느린 채 할머니들도 진열의 맨 앞에 서서 커다란 현수막을 나눠 들었다. 할머니의 얼굴에선 긍지와 함께 어떤 단호함이 느껴졌다.

누군가의 구호가 광장을 뒤덮었다. 시위대는 5월광장의 하얀 탑을 중심으로 돌기 시작했다. 나도 조심스럽게 할머니들과 발을 맞췄다.

자식 찾아 35년

1940년대, 아르헨티나는 제1, 2차 세계대전을 살벌하게 치르던 유럽 시장에 공산품을 공급하며 엄청난 외화벌이에 성공했다. '에비따'로 상징되는 노동자를 위한 복지정책은 아르헨티나의 전후 경제성장 덕분에 가능했다.

그러나 전쟁특수가 끝나고 아르헨티나는 가파르게 경기침체 속으로 빠져들었다. 수출 감소, 외환위기, 살인적인 인플레이션 그리고 친노동자 복지정책을 유지하기 위한 적자재정으로 지속적인 경제 불안 상황에 놓이게 됐다. 전국적인 총파업, 그리고 극단적 이념을 내세운 테러 조직들. 1976년의 군사쿠데타는 사실상 일찌감치 예견된 것이었다.

국민들은 군부가 사회적 혼란을 종식하고 새로운 국가를 건설할 거라고 기대했으나 그들을 기다리고 있던 건 공포와 폭압정치였다. 경제를 회복할 방안을 찾지 못한 채 권력을 잡은 군대의 장성들은 내부의 적을 상정하고 폭력을 휘두르는 뻔한 방식으로 국가의 위기를 타개하고자 했다. 임금 좀 올려 달라고 말하는 노조 지도자, 대학에서 마르크스의 책을 읽었던 학생과 교수, 빈민촌에서 하나님의 사랑을 전파하던 목사, 군부가 내린 보도지침을 따르지 않은 신문기자, 그리고 앞서 붙잡힌 사람들을 위해 청원활동을 한 변호사까지 모두 잡아들였다. 체포가 아니라 법적 절차를 깡그리 무시한 납치였다.

멀쩡한 사람들이 공산주의 무장테러 공작원이라는 죄목으로 끌려가자 대다수의 국민은 침묵에 돌입했다. 귀를 막고 눈을 감고 입을 닫아야 살 수 있던 흉흉한 시절. 그러나 그럴 수 없는 사람들이 있었다. 납치된 사람들의 어머니! 납치된 이들은 대부분 35세 미만의 청년들이었다. 군사독재의 서슬이 퍼렇던 1977년 5월, 열네 명의 어머니들이 자식을 찾아 달라고 호소하는 편지를 들고 5월광장에 모였다. '5월광장 어머니회'가 결성된 최초의 순간이자 목요시위의 시작이었다.

5월광장 어머니회는 매주 5월광장에 모여 시위를 벌였다. 시간이 지나면서 자식을 잃은 어머니의 마음에 공감하고 강압적인 군부독재에 회의를 느낀 국민들도 시위에 함께했다. "내 아들, 내 딸 살려 내!"라고 통곡하던 날도, 그냥 담담히 행진하던 날들도 지나갔다. 군부가 물러나고 새로운 세상이 온 지금, 여전히 자식들은 생사를 알 수 없는 '실종자'로 남아 있다.

영원히 잊을 수 없는 사람

많은 남미 관련 서적에서는 1976년부터 1983년까지를 '더러운 전쟁' 시기라고 불렀다. 군부는 맘에 안 드는 인사들과 학생들을 잡아서 고문하고 집단 살인을 자행한 후 라쁠라따(부에노스아이레스를 가로지르는 강) 강물에 시체를 유기했다. 임신부가 잡혀 와 아기를 출산하면 불임 가정에 강제 입양까지 시켰다니 말 그대로 더러운 전쟁이었다. 내부의 적을 통제한 군부는 외부의 적 영국으로 눈을 돌렸지만 '말비나스 전쟁'에서 패하면서 독재를 지속할 명분을 잃었다.

5월광장의 어머니들은 새롭게 정권을 잡는 대통령이 실종자에 대한 정확한 진상 규명을 마치고 가해자인 군부에게 냉혹한 처벌을 내릴 것으로 기대했다. 5만여 쪽에 달하는 실종자 진상 규명 보고서 '눈까마스(Nunca Mas, 더는 안 돼)'를 내놓으며 한동안 기대에 부응하던 첫 민주화 대통령 알폰신은 이내 수월한 국가 운영을 위해 군을 처벌하기보다 군과 타협하려고 했다. 기소를 60일 안에 마쳐야 한다는 〈기소종결법〉, 그리고 상관의 명령에 따른 고문과 살인에 대해서는 죄를 묻지 않겠다는 법안이 마련되며 결국 가해자 대부분이 사면된다.

알폰신 대통령은 실종자 어머니들을 위한 유화책도 동시에 냈지만, 5월광장 어머니회는 가해자 처벌 없는 정치적 화해를 용납할 수 없었다. 어머니들은 정부가 추진하는 실종자 유해 발굴 작업, 피해자 가족에 대한 보상금 지급, 실종자 추모공원 건립에 대해 모두 반대 의사를 밝혔다. 유해 발굴 작업보다 정확한 진상 규명이, 보상금 지급보다 가해자 처벌이, 어설픈 추모공원보다 고문이 자행된 해군기술학교를 그대로 보존해 후대에 남겨 주는 게 자식들을 진실로 위하는 길이라 여겼다.

알폰신 정부와 뒤이은 정부들의 과거사 청산은 비겁했다. 앞에서는 실종자를 추모하는 척하고 뒤에서는 살인자들의 편의를 봐줬다. 군부와 민선정부는 '더러운 전쟁' 시기를 역사로 만들려 했지만, 5월광장 어머니들은 이 어마무시한 일이 200년 전 식민지 독립처럼 먼 과거로 인식되지 않기를 바랐다. 지나간 과거로 보기엔 자식들의 모습이 너무 생생했다.

할머니가 된 지금도 그녀들은 5월광장에서 외친다.

"산 채로 돌려 달라!"
"죄를 범한 자 모두를 처벌하라!"

탑골공원

5월광장 어머니회의 시위에 참석하면서 문득 교과서로 배운 우리나라의 현대사가 떠올랐다. 비슷한 시기, 한반도에도 이념적 대립을 빌미로 조금 다른 생각을 가진 사람들에게 폭력을 휘두르던 군사정부가 존재했다. 1980년 광주에서 많은 사람이 피를 흘리며 죽어갔지만 군사정권의 독재는 이어졌고, 수많은 사람들이 공안기관에 끌려가 고문을 받다가 죽고 나서야 대통령을 국민 손으로 뽑는다는 민주주의의 상식은 이 땅에 뿌리를 내리게 됐다.

한국으로 돌아와 5월광장 어머니회처럼 군사정권에 의해 피해를 입은 청년들의 어머니들이 모여 있는 단체를 알게 됐다. 민주화실천가족운동협의회. 흔히 '민가협'이라고 줄여서 부르는 이 단체는 1985년 군사정권 시절 구속학생 어머니들이 모여서 아들딸의 석방을 요구하고 자식과 함께 민주화를 외치면서 시작됐다. '문민정부'라던 김영삼 정부가 과거 정치범들을 잡아들이던 국가보안법 폐지에 미온적이자 1993년부터 매주 목요집회를 시작했다고 한다. 2012년 9월, 벌써 900번이 넘는 목요집회를 탑골공원 앞에서 하고 있다는 소식도 알게 됐다.

목요일 2시 탑골공원으로 친구들과 함께 나갔다. 이제 할머니가 되신 어머니들은 "아르헨티나의 어머니들이 민가협 집회에 참석한 적 있었다"며 반가워하셨다. 1994년 여름, 5월광장 어머니회가 군부독재에 맞서 싸우는 가족운동의 세계적 연대를 모색한다는 목적으로 방문한 적이 있다고 한다.

할머니들과 함께 목요집회에 섰지만 5월광장처럼 많은 인파는 찾아볼 수 없었다. 힐끔힐끔 종로를 지나다니는 사람들은 어쩐지 의심의 눈초리를 보내는 것 같았고 스무 명 안팎의 사람들이 조촐하게 집회를 열었다.

탑골공원 안에는 3.1운동 기념 부조가 있었다. 백 년 전 누군가는 일본의 식민지로부터 벗어나기 위해 여기서 "대한독립 만세!"를 외쳤고, 몇 십 년 전 누군가는 대통령을 국민 손으로 뽑아야 한다는 대의를 위해 거리로 나섰다. 지금은 너무나 당연한 일들인데 그때는 왜 그렇게 목숨을 걸고 싸워야 했는지, 그때 태어나지 않은 나는 이해하기 쉽지 않다.

내가 지금 서 있는 이 자리의 편안함이 누군가의 피와 땀과 고통으로 이루어져 있다는 것. 힘든 일상과 여행에서 잊기 쉬운 그 사실을 광장과 공원에 가서 새삼 다시 떠올렸다. 세상 곳곳에선 여전히 누군가가 아직 해결되지 않은 문제들을 위해 싸우고 있다. 5월광장과 탑골공원 사이, 살짝 가슴이 두근거렸다.

페이스북을 탈퇴한 이유

– 이사벨 아옌데의 『영혼의 집』과 『운명의 딸』을 읽고

– 여치(서지현. 로드스꼴라 3기)

얼마 전, 페이스북을 탈퇴했다. 아예 그만둔 것은 아니다. 페이스북에는 '계정 비활성화'라고 하는 일종의 임시탈퇴 기능이 있기 때문에, 잠시 그만둔 것뿐이다.

친구들이 묻는다. 너 페이스북 탈퇴했더라. 왜 그랬어? 나는 페이스북에 너무 많은 시간을 뺏기는 것 같다고 답했다. 그리고 그건 어느 정도 맞는 말이다. 이 사람 저 사람 소식을 보다 보면 한두 시간이 금세 지나간다.

나는 곧 다시 할 거라고, 임시로 탈퇴한 것이기 때문에 언제든 맘만 먹으면 다시 할 수 있다고 말했다. 그러나 그게 언제가 될지는 나도 잘 모르겠다.

이사벨 아옌데를 만나다

그녀의 소설을 처음 접한 건 올 초 겨울의 일이다. 당시 나는 건강을 챙긴다며 단식원에 들어가 있었고, 굶는 것 외에는 딱히 할 일이 없었기에 평소라면 절대 읽지 않을 두 권짜리 장편소설을 단식원에 챙겨 들어갔다. 무료함을 달래기 위해 야금야금 읽던 책의 제목은 이사벨 아옌데의 『영혼의 집』. 난생처음 들어보는 작가의 소개란엔 '가브리엘 가르시아 마르께스를 잇는 라틴아메리카 최고의 작가'라는 화려한 수식어구가 쓰여 있었다.

그러나 책과 담장을 쌓고 살았던 나는 안타깝게도 가브리엘 가르시아 마르께스에 대해서도 잘 알지 못했다. 곧 남미에 갈 것이었기 때문에 얼핏 들어만 봤을 뿐. 어쨌든 한 대륙에서 최고의 작가라는 걸 보니 유명한 사람인가 보다 하며 책 읽기를 계속했다.

아옌데의 처녀작 『영혼의 집』은 복잡다단했던 칠레의 근대사를 4대에 걸친 한 집안의 역사에 담아내고, 그 속에서 자신의 삶을 살아가는 여성들의 이야기를 그린 장편소설이다. 영험한 능력을 지닌 클라라, 인정받지 못한 사랑을 하는 블랑카, 혁명의 시대를 헤쳐 나가는 알바. 『영혼의 집』을 재밌게 읽은 나는 서울에 돌아와 아옌데의 다른 책도 찾아 읽기 시작했다. 두 번째로 접한 아옌데의 소설 『운명의 딸』은 얌전하던 요조숙녀 아가씨의 애인 찾아 삼만 리 여정을 담고 있었다.

알 수 없는 불편함

『운명의 딸』의 주인공 엘리사 소머스는 엄격한 영국인 가정에서 요조숙녀로 자라길 교육받는다. 바른 자세를 유지하기 위해 등에 쇠막대를 묶고 초경에 깜짝 놀라 실크로 가슴을 동여매던 이 아가씨는, 좋은 가문의 남자와 결혼시키겠다는 집안 어른들의 바람과는 달리 한 국영물류회사의 말단 직원 호아킨과 불같은 사랑에 빠진다. 그러나 호아킨은 골드러시에 휩쓸려 엘리사의 만류에도 불구하고 캘리포니아로 훌쩍 떠나 버리고, 엘리사는 뱃속의 아기와 함께 칠레에 남겨진다.

소설은 엘리사가 호아킨을 찾아 캘리포니아를 헤매는 여정을 다룬다. 애인을 찾겠다는 목적 하나로 무작정 캘리포니아행 범선 밑바닥에 숨어든 엘리사는 누가 봐도 무모했다. 혼자도 아닌 몸으로 오랜 시간의 항해를 버틸 수 있을지도 의문이었고, 무사히 도착한다 해도 그 넓은 캘리포니아에서 호아킨을 찾을 수 있는 가능성은 거의 없었다.

그러나 엘리사는 일단 냅다 뛰어들었다. 얌전한 숙녀로 자라 좋은 가문의 남자와 결혼하는 인생을 살고 싶진 않았다. 진정한 사랑이라 믿었던 호아킨과 결혼하고 싶었고, 그래서 그를 찾는 여정에 올랐다.

그리고 찾게 된다. 호아킨이 아닌 뜻밖의 어떤 것을. 안전한 울타리였던 동시에 폐쇄된 세계였던 소머스 가문을 벗어난 엘리사는 처음으로 자유를 맛본다. 꽉 끼는 코르셋이 아닌 헐렁한 바지 사이로 술술 들어오는 바람은 시원하기 그지없었다.

떠나간 애인에 대한 미련을 버리고 완전한 자유를 찾은 엘리사를 끝으로, 책을 덮었다. 책 한 권을 다 읽었다는 뿌듯함, 재밌는 소설을 읽은 데서 오는 만족감이 밀려왔다. 그러나 그와 함께 알 수 없는 불편함 또한 스멀스멀 올라왔다.

아옌데의 소설은 나무랄 데 없이 재밌었지만, 그녀의 소설을 읽고 나면 나는 항상 어딘지 한구석이 불편해졌다. 『운명의 딸』은 『영혼의 집』보다 그 감정이 더했다. 이게 뭘까. 애꿎은 책모서리만 꼬깃꼬깃 접어 댔다.

나는 자꾸만 넘어지는데

인정하기 싫었지만 그 감정은 질투심 비슷한 거였다. 그러니까 나는, 아옌데의 소설 속 여주인공들이 영 못마땅했다. 특히 『운명의 딸』의 엘리사. 기존에 정해져 있던 길, 제도를 벗어나 종횡무진하며 마침내 자유를 얻은 그녀의 모습에, 나는 기가 죽었다. 제도를 벗어났지만 늘 어딘가에 얽매여 있고 헤매고 넘어지기만 하는 내 모습이 그런 엘리사 위로 오버랩되었기 때문일까.

고등학교를 그만둔 내게는 잘 살아야 한다는 강박 같은 것이 있었다. 잘 산다는 거. 그게 뭔지는 잘 모르겠지만 내가 선택한 길이 잘못되지 않았다는 걸 보여 주고 싶었던 것 같다. 여행학교 다니면서 이런 것도 하고 저런 것도 했다고 보여 주고 싶고, 대학도 괜찮게 가야 한다고 생각했다. 나는 '학교에서 나온 이상 뭔가를 보여 줘야만 한다'는 것에 집착했다. 넘어지거나 길을 헤매는 모습 같은 건 남에게 보여 주고 싶지 않았다.

그러나 몸은 마음을 따라 주지 않았다. 넘쳐나는 시간을 어떻게 해야 할지 몰랐고, 지금 내가 이렇게 여행을 다녀도 되는 걸까 불안했다. 첫 번째와 두 번째 학기에 작업했던 결과물이 연이은 혹평을 듣자 움츠러들기 시작했고, 나만 빼고 다른 동료들은 다 한 뼘씩 성장하는 것 같아 초조했다. 난 왜 이렇게 헤맬까. 이러다 계속 헤매기만 하는 건 아닐까. 무엇보다 나를 무겁게 짓누르는 것은 '나 빼고 다 잘 사는 것 같다'는 열등감이었다.

그래서 길 위에서 자신의 삶을 멋지게 살아가는 듯 보였던 아옌데의 소설 속 여주인공들이 마냥 부러웠고, 그 감정이 더 나아가 질투로 번지기까지 했다. 난 왜 저러지 못하는 걸까. 난 왜 끊임없이 남의 시선을 의식하는 걸까. 아옌데의 소설 속에는, 나처럼 헤매고 넘어지는 주인공은 없는 걸까.

다른 사람들은 너보다 더 두려워하고 있단다

있었다. '라틴아메리카 최고의 작가'라는 찬사 뒤로 오랜 망명 생활, 결혼 실패, 딸의 죽음이라는 감당 못할 시련을 겪어야 했던 그녀는 다름 아닌 이사벨 아옌데 그 자신이었다.

삼촌 살바도르 아옌데 대통령이 쿠데타에 의해 실각한 뒤 군사정부의 블랙리스트에 오른 그녀는 베네수엘라로 망명을 떠날 수밖에 없었다. 망명 생활은 외로웠고, 그 과정에서 남편과 갈등의 골도 깊어졌다. 망명지에 고립될 것 같은 불안함, 이혼에 대한 사람들의 손가락질. 그러나 아옌데는 그 모든 두려움과 불안함을 떨쳐 내고 일어섰다. 최고의 작가가 되고, 남부러울 것 없이 살아갔다.

그러던 그녀에게 또 다른 시련이 찾아온다. 사랑하는 딸 파울라의 죽음이었다. 식물인간이 된 딸을 아옌데는 1년 넘게 곁에서 지켜봐야 했다. 그리고 그녀의 간절한 바람에도 불구하고 파울라는 끝내 세상을 떠나고 만다. 아옌데는 좌절했다. 왜 신은 자기에게만 이런 고통을 주는 걸까 원망스러웠고, 다시 일어설 수 없을 것 같았다.

그러나 아옌데는 서서히 다시 일어섰다. 도저히 쓸 수 없을 것 같던 파울라의 이야기를 책으로 내고, 더 깊은 절망에 빠진 사람들을 북돋우며 한 발짝 한 발짝 걸어갔다. 어디서 그런 힘이 난 것일까. 그 밑바닥에는 그녀의 양부가 어린 그녀에게 해 주었던 한마디가 굳건히 자리하고 있었다.

"다른 사람들은 너보다 더 두려워하고 있단다."

그녀는 알았다. 넘어지고 헤매는 건 자신뿐만 아니라 세상 모두가 겪는 일임을. 외로움과 열등감, 다시 일어서지 못할 것 같은 두려움은 세상 모두가 겪는 감정임을. 그래서 두려운 순간이면 항상 마음속에 되새기고는 했다. 다른 사람들은 나보다 더 두려워하고 있다고.

그런 아옌데를 알고 나자 그녀의 소설 속 주인공들이 조금씩 다르게 보이기 시작했다. 『운명의 딸』의 엘리사가 캘리포니아행 범선 밑바닥에 숨어들기까지 겪었던 갈등, 애인을 찾지 못하게 될까 봐 느꼈던 초조함. 전에는 그녀의 영웅적인 면모만 보느라 알아차리지 못했던 것들이 하나둘 눈에 들어왔다. 그녀도 나처럼 헤매던 순간이 있었음을 알았다.

페이스북을 탈퇴한 이유

페이스북을 탈퇴한 이유는 간단했다. 다른 사람과 끊임없이 비교하며 불안해하고 있는 나를 발견했기 때문이다. 헤매고 넘어지기만 하는 나와는 다르게 다른 사람들은 다 잘 살고 있는 것 같아 보였고, 거기에 계속 연연하게 되었다. 친구들이 어디 대학에 수시를 넣었네, 누가 어디서 상을 받았네 하는 내용들이 끊임없이 뉴스피드에 업데이트 될 때마다 나는 자꾸 그들과 나를 비교하고 뒤처지고 있다는 생각에 초조함을 느꼈다. 페이스북을 한 번 들여다볼 때마다 내 자신이 한없이 초라해졌고 앞으로 잘할 수 있을까 두려움이 앞섰다.

아옌데는 나보다 더하면 더했지 덜하진 않았을 것이다. 결혼에 실패했을 때 다른 이들의 손가락질이 두려웠을 것이고, 베네수엘라로 망명했을 때는 세상으로부터 고립되었다는 느낌에 외로웠을 것이다. 그리고 파울라의 죽음 앞에선 다시 일어설 수 없을 것 같았다. 그러나 그녀는 그런 순간마다 양부가 해 주었던 그 한마디를 되새겼다.

"다른 사람들은 너보다 더 두려워하고 있단다."

나는 여전히 불안해하고 두려워하는 중이다. 그러나 그럴 때마다 나 역시 아옌데의 양부가 그녀에게 해 주었던 그 한마디를 떠올린다. 나만 두려워하고 있는 것이 아님을, 누구나 헤매고 넘어지는 순간이 있음을, 삶은 원래 헤매고 넘어지는 순간의 연속이라는 것을. 질투어린 맘으로 읽던 아옌데의 소설은 어느새 제법 따뜻한 위로가 되어 있었다.

> "클라라는 세상은 눈물의 골짜기가 아니라, 신의 우스갯소리에 불과하다고 생각했다. 신도 심각하게 받아들이지 않는 것을 우리가 괜히 심각하게 받아들이는 것은 어리석은 짓이라고 믿었기 때문에 그녀의 주변에는 늘 환한 웃음이 그치질 않았다…." (이사벨 아옌데, 『영혼의 집』 중)

3. 영국 여행

2015. 05. 04~06. 17 (43박 44일)

런던

테이트모던 박물관, 세인트폴 대성당, 버킹엄 궁전, 타워브릿지, 대영박물관, 찰스디킨스 생가, 제인오스틴 센터, 웨스트민스터, 내셔널 갤러리, 런던 탑, 스프링힐 코하우징, 브릭스톤 마켓, 사회적기업 마슬라하(Maslaha), 캠브리지(킹스칼리지/퀸즈칼리지/트리니티칼리지), 옥스퍼드(크라이스트 처치/머턴칼리지/보들리안 도서관), 웨스트웨이 트러스트, 이민사 박물관

[팀별 전국 여행(20일)]

에딘버러 에딘버러 성, 로열마일, 피플스 스토리 뮤지엄, 작가박물관, 에딘버러 박물관, 존 녹스 하우스, 칼튼 힐, 홀리루드하우스 궁전

맨체스터 로치데일 개척자 박물관, 민중역사박물관(People's History Museum), 과학산업박물관, 올드트래포드(맨체스터유나이티드 구장)

윈더미어 힐탑(베아트릭스포터 생가), 글래스미어(W. 워드워즈 자택 도브코티지/라이달 마운트)

하이랜드(글래피난 철교, 네스호), 글래스고(현대미술관, 글래스고 대성당), 헤리퍼드(헤리퍼드 대성당, 마파문디), 요크(요크민스터, 머천트 어드벤처홀, 요크 던전), 하워즈(브론테 박물관, 패리시교회), 헤이온와이 헌책방마을, 스트랫포드 어폰 에이번(셰익스피어 생가) 등

| 모별님께 드리는 편지 |

영국 답사에 즈음하여

미디어의 호들갑과는 다르게 지난겨울은 큰 한파 없이 지나간 듯합니다. 남녘으로부터 매화꽃 소식이 들려오는 걸 보니 정녕 봄이 오려나 봅니다.

건강하신지요?

학교는 새 학기를 맞아 분주하기 이를 데 없습니다. 6기 신입생 22명이 시작파티를 하며 로드스꼴라 생활을 시작했고 5기들도 개강을 했습니다. 신입생들을 맞이하면 늘상 재학생들은 어찌나 의젓한지요. 1년의 세월이 그냥 지나가지는 않았구나, 길별들이 모두 한마디씩 하게 되는 시기입니다. 오늘은 3학기 프로젝트와 영국 여행에 관한 이야기를 드리려 합니다.

로드스꼴라의 3학기는 '동시대를 만나다'라는 주제로 진행됩니다. 지난 2학기 때 역사를 공부하며 사적(史的)인 존재로서 나의 지점을 살펴보았다면, 3학기는 지금 이 시대를 면밀히 들여다보는 공부를 하게 됩니다. 21세기를 함께 살아갈 세계의 이웃들과 어떻게 교류하고 소통할 것인가라는 질문을 품고 여행을 떠나게 되는데 이 과정에서 때로는 세상의 빈곤과 불평등, 불의를 목격하기도 하고 때로는 새로운 비전과 '다른' 꿈을 만나게 되기도 합니다. 5기는 영국으로 여행을 떠날 예정입니다.

영국 여행의 주제는 크게 네 가지입니다.

첫째, 자본주의 오디세이

자본주의는 나를 둘러싸고 일어나는 수많은 문제와 관계를 이해하는 데 꼭 필요한 개념입니다. 이미 인간 세상의 만사만물에 스며든 자본주의를 이해하는 것은 세상의 판을 읽어 내는 일이자, 내 삶의 희로애락이 알고 보면 치밀한 자본의 논리에 의해 좌우되고 있음을 명징하게 알아차리는 공부라고 할 수 있겠습니다.

'자본주의 오디세이'라 이름 붙인 이번 여행은 거기에서 조금 더 나아가, 개인의 일상과 감정까지 조절하고 통제하는 것처럼 보이는 저 완고한 시스템도 그러나 인류의 오랜 역사에서 보자면 그닥 오래된 것은 아니며 언젠가는 또 다른 시스템으로 대체될 수도 있는, 불완전한 인간이 생각해 낸 불완전한 경제시스템이라는 것을 깨닫는 과정이기도 합니다.

한 시스템의 생로병사를 짚어 보며 자본주의의 현재적 지점은 어디이고 그 한계와 대안은 무엇인지 고민을 시작할 수 있다면, 모두가 불안하다는 이 시대에 조금은 덜 불안해하며 스스로를 믿고 연대의 징검다리를 놓을 수 있지 않을까 생각합니다.

둘째, 영국 문학 기행

19세기 영국 요크셔 지방의 한 목사관에서 20대 초반의 에밀리 브론테가 쓴 『폭풍의 언덕』은 불멸의 사랑 이야기로 오늘날까지 수많은 영화와 드라마에 영감을 주고 있습니다. 찰스 디킨스의 『올리버 트위스터』는 여전히 현재적이며, 제인 오스틴의 사적인 이야기 또한 여전히 정치적입니다. 19세기 영국 소설은 고전의 힘을 잘 보여 주는 대표적인 작품들입니다. 버지니아 울프, 토마스 하디, 조지 오웰을 읽으며 우리는 인간이란 무엇인가에 대한 질문을 하고 그 답을 찾아가게 될 것입니다.

서사를 읽어 낼 줄 아는 사람은 스스로의 서사를 구성할 줄 아는 사람이 될 것이라 생각합니다. 주어진 시공간 속에서 운명의 사건과 맞닥뜨리게 된 풍운의 인물들이 만들어 내는 생의 아흔아홉 가지 이야기가 차곡차곡 쟁여져 마침내 우리 떠별들의 이야기로 완성될 것이라 기대해 봅니다.

셋째, 크리에이티브 커먼스(creative commons)

창조적 공공지대를 만들어 내는 사람들을 만나 봅니다. 국가와 시장만 존재하는 세계에서는 모두가 불안하고 불행해질 가능성이 농후합니다. 공정무역, 협동조합, 코하우징(Co-Housing) 등 새로운 아이디어와 상상력으로 지속가능한 삶을 살아가는 사람들의 이야기를 통해 공공의 영역이 만들어 내는 다사로운 활력과 비전을 공유하고자 합니다. 아, 이렇게 살 수도 있구나, 이렇게 살아도 되네, 경계와 경계를 허물어 다양한 영토성, 새로운 삶의 터전을 만들어 내는 사람들의 이야기는 떠별들이 살아갈 생에 싱싱한 힌트가 될 것이라 생각합니다.

넷째, 축구 뮤지컬 연극 발레 등 영국에서 만날 수 있는 다양한 문화 예술 스포츠를 즐겨 볼 생각입니다.

개강과 더불어 본격적으로 공부가 시작되었습니다.

홍기빈 선생님의 '자본주의 경제학 특강'이 뜨거운 열기 속에 진행되고 있고, 영국 문학과 영국 문화 특강들도 속속 열리고 있습니다. 영국 문학 특강은 영문학자이신 서울여대의 이소희 교수와 수원대의 김현숙 교수께서 진행해 주실 예정입니다. 문화비평가 정윤수 선생님의 '축구의 사회학'을 비롯, 영국에서 공부하고 '톱 디자이너'에서 우승한 신용균 디자이너, 희망제작소의 서유미 선생님, 아름다운커피의 한수정 사무국장님이 영국 문화와 우리가 방문하게 될 단체에 대한 이야기를 들려줄 예정입니다. 소설가 김남일 선생님이 지난 학기에 이어 이번에도 문학 전반에 대한 강의를 하실 것입니다. 젠더 워크숍이 진행되고 있고, 마을인문학이 조한혜정 선생님의 강의로 시작됩니다.

영국에서는 박지희 선생님과 김인성 선생님, '스프레드 아이'의 김정원 임소정 선생님께서 로드스꼴라를 맞을 준비를 살뜰하게 해 주고 계십니다.

좋은 인연을 만남에 감사하며
스스로를 살리고, 가족을 살리고, 이웃을 살리는
공부가 되도록, 여행이 되도록
최선을 다하겠습니다.

2015년 4월
로드스꼴라 길별 일동

어떤 사람들의 이야기
– 민중역사박물관

– 길담(백록담. 로드스꼴라 5기)

"오늘 우리가 가는 곳이 어디라고?"

"피플즈 히스토리 뮤지엄요."

"한국말로 하면 민중역사박물관 정도 되겠네."

'People's History Museum'이라는 영어를 멀리 흘려보내고 민중역사박물관이라는 한국말만 기억하고 있던 나는 그곳이 보통 사람들, 노동자들과 자유, 민주화에 대한 전시를 하는 곳이라는 말에 '이제 민중이라는 거대한 집합을 노동자라고 부르나 보다. 아니, 노동자가 민중이 된 것일까'라는 생각을 하며 걸음을 옮겼다. 그리고 곧 민중이라고 불리는 어떤 사람들의 이야기가 우리 앞에 나타났다.

누군가의 선거권에 대해

제18대 대통령 선거를 하던 날 19살이었던 나는 1년만, 아니 석 달만 일찍 태어났어도 내가 원하는 지도자를 선택이라도 해 볼 수 있었을 텐데, 하며 아쉬워했었다. 다른 연령대보다 훨씬 낮았던 20대의 투표율을 보고 입만 번

지르르하고 권리를 사용할 줄도 모르는 사람들이라며 욕을 하기도 했다. "선거를 할 수 있으면 뭐하냐고. 투표를 하질 않는데."

어서 스무 살이 되어 선거권을 가지길 바랐지만 누군가 "누가 네게 선거권을 주었니?"라고 묻는다면 난 별로 할 말이 없었다. "그냥, 누구나 스무 살이 되면 투표를 하잖아."

박물관에서 가장 먼저 본 것은 셀 수도 없이 많은 사람들이 칼을 든 기마병을 피하느라 아수라장이 된 광장 그림이었다. 그 옆의 액자에 있는 손수건 크기의 천에도 같은 그림이 그려져 있었다. 수첩을 꺼내 들고 우선 그림 속에 있는 '1819'라는 숫자를 적었다.

1819년, 연설가 헨리 헌트의 시국 비판 연설을 듣기 위해 맨체스터 피터스 필드에 6만여 명이 모였다. 프랑스혁명과 미국혁명 같은 혁명이 영국에서도 일어날까 두려웠던 의회는 경찰력을 동원해 진압을 시작했고, 그 과정에서 16명이 죽고 400명이 다쳤다(피털루 대학살). 그날 헨리 헌트는 모든 사람에게 투표권을 줘야 한다는 이야기를 했다. 사람들은 이 일을 손수건에 그림으로 남겨 영국 전역으로 알렸다. 맨체스터에서 지금 이런 일이 벌어지고 있다고! 1832년 선거법이 개정되었지만, 귀족과 월 10파운드 이상을 버는 남성 노동자들에게만 투표권을 줬을 뿐이었다.

그 뒤 '차티스트(Chartist)'라는 사람들이 나타났다. 노동자에게도 투표권이 있어야 한다고 주장하는 사람들이었다. 1832년에 개정된 선거법에서 하층 노동계급의 투표권은 완전히 배제되어 있었다. 열악한 환경에서 강도 높은 노동을 하며 하루하루를 살아가던 그들에게는 자신들의 처지를 이해하고 대변해 줄 대표가 절실하게 필요했지만, 그들은 스스로 대표를 뽑을 수 없었다. 차티스트는 모든 성인 남자에게 선거권을 줄 것, 비밀투표를 보장할 것,

매년 선거를 실시할 것을 요구하며 거리로 나섰고, 100여 명의 서명을 받은 헌장 청원서까지 의회에 제출하였지만 거부당했다. 그리고 지도자들이 체포되는 것으로 일단락되었다.

10년간 전국으로 퍼져 나갔던 차티스트 운동은 당시 굉장히 급진적인 운동이었다고 하지만 그것 또한 오로지 남자들을 위한 것이었다. 피털루 대학살 때는 여성들도 다치거나 죽었지만, 노동자들은 여성의 투표권을 위해 목소리를 높인 것이 아니었다.

'votes for women'이라는 글씨 아래의 서랍을 열어 보니 한 여자가 말을 타고 있는 사진이 보였다. 1년에 한 번 열리는 경마대회에서 "여성에게도 선거권을!"이라고 외치며 왕 앞에 나섰다가 말에 밟혀 죽는 에밀리 와이딩 데이비슨의 모습이었다. 차티스트 운동 이후 남성들에게는 정부가 조금씩 선거권을 줬지만 여전히 여성들에게는 투표권이 없었다. 여성들은 이에 항의

하여 단체를 만들고, 거리로 나오고, 의회에 가서 돌을 던지다 잡혀가기도 했다. 잡혀 들어간 여성들은 감옥에서도 우리가 할 수 있는 일은 있다며 단식을 시작했다고 한다.

그녀들이 죽어 가자 정부는 책임을 피하려고 단식하는 여성을 일단 내보냈다가 밥을 먹으면 다시 잡아오길 반복했다고 한다. 그런 치사한 방법으로 진압한다는 게 지독하게 느껴졌다. 그리고 그 모든 것들을 견디며 계속 자신들의 목소리를 냈던 여성들을 실제로 만나보고 싶었다.

1918년 제1차 세계대전이 끝나자 전장 뒤에서 무기를 만들고 치료를 맡았던 여성들에게 보답하듯 결혼한 여성과 30세 이상 여성에게 투표권이 생겼고, 1928년엔 21세 이상의 남녀 모두에게 투표권이 생기게 된다. 스무 살이 되면 당연하게 그리고 자연스럽게 갖게 되는 권리라고 생각했던 투표권은 겨우 200년 전까지만 해도 사람들이 간절히 바라고 온몸을 던져 얻으려 했던 권리였다.

지금까지 나는 당연한 것에 대한 고마움이 없었다. 나의 한 표는 얼마나 많은 죽음과 땀과 노력으로 만들어졌는가. 그런데도 나는 그 권리를 너무 쉽게만 생각했던 건 아닐까? 한국에서 지방선거에 참여하느라 흥분해 있을 친구들의 얼굴이 떠올랐다. 그렇지만 6월 4일, 내 인생의 첫 선거를 나는 길 위에서 자신의 권리를 외치던 사람들을 만나는 것으로 대신했다. 다음번 선거를 기약하면서.

광부들의 파업과 Match Girls

탄광촌 소년의 이야기를 다룬 영화 〈빌리 엘리어트〉를 처음 봤을 때엔 파업을 하는 빌리의 형과 아버지가 이해가 되지 않았었다. '왜 일을 안 하지? 요즘엔 일자리가 없어서 야단인데 일하고 돈 받으면 좋은 거 아닌가?'라는 생각을 했었다. 파업하는 사람들도 그들을 폭행하는 경찰도 이해가 되지 않았고, 빌리의 아버지가 눈물을 흘리며 다시 일을 나가는 장면도 내게는 전혀 감동적이지 않았다. 영화를 네 번이나 더 보고 고등학교에 들어가서야 어렴풋이 이해할 수 있었던 광산 노동자들의 이야기가 이곳에도 남아 있었다.

광부들이 파업하기 전, 영국 전역에는 산업혁명의 영향으로 공장에 기계가 보급되고 있었고 나폴레옹 전쟁으로 인한 경제 불황이 닥쳐오고 있었다. 실업자가 증가하고 물가는 치솟아 노동자들의 생활은 점점 어려워졌다. 노동자들은 이런 상황의 원인이 기계라 생각하여 기계를 파괴하는 '러다이트(Luddite) 운동'을 일으켰다. 러다이트 운동이 정부로부터 폭력적인 탄압을 받게 되자 노동자들은 또 다른 방법으로 파업을 일으키게 된다.

1826년, 임금 인상을 요구했다가 거절당한 광부들이 파업을 시작했고 이는 일반 노동자들에게까지 이어졌다. 경찰이 진압하기엔 인원이 너무 많아 상류계급 사람들이 직접 무기를 들고 시위를 진압했다는 이야기를 들었을 땐 계급으로 나뉜 그들이 전혀 다른 부류의 인간들처럼 느껴졌다. 상류계급 사람들이 보기에 파업하는 노동자들은 말을 나누고 같이 살아가야 할 사람들이 아니었던 모양이다. 계급사회라는 것이 사회를 너무나 삭막하게 만들었던 것 같다.

상류층까지 합세한 경찰의 진압과 당시 집권당이었던 보수당의 강력한 탄압으로 광부들의 파업은 9일 만에 실패로 끝나고 말았다. 그 뒤 영국 역사상 가장 긴 파업이었다고 하는 1984년 광산 노동자들의 파업 또한 상황이 그리 좋지 않았다. 1979년 집권한 마가렛 대처의 정책은 국영기업 사유화와 노동조합 탄압이었다. 1984년, 전국광부노조가 그 표적이 되었고 많은 탄광들이 문을 닫기 시작했다. 북잉글랜드에서 시작된 파업은 전국으로 퍼져 나갔고, 무노동 무임금의 파업 생활은 1년이나 이어졌다.

바로 이때가 〈빌리 엘리어트〉의 시대였다. 광산 노동자들에게 그 파업은 어쩌면 목숨을 걸고 시작한 투쟁이었을지도 모른다. 그러나 파업이 길어질수록 탄광으로 돌아가는 사람들이 늘어났고, 결국 아무것도 좋아진 것 없이 파업은 실패로 끝나고 말았다.

하지만 모든 파업이 다 그랬던 건 아니었다. 19세기 말, 성냥 공장에서 일하던 여성들은 성냥을 만드는 화학 성분 때문에 암에 걸려 죽는 일이 많았다. 노동환경 개선을 요구하며 1889년에 파업을 시작한 여성들을 'Match Girls'라고 부른다. 당시 여성의 권리는 노동자보다도 낮은 상태였다. 처음엔 아무런 효과도 없어 보였던 시위는 이후 3주간 지속되었고, 결국 성공으로 마무리되었다. 그녀들의 이야기는 언론을 통해 영국 전역에 알려졌고, 여성들도 자신의 권리를 위해 싸우고 승리할 수 있다는 것을 많은 사람들에게 보여 주게 되었다.

혁명이라 불리는 것들은 역사 속 찰나의 순간으로 우리에게 이야기를 들려주지만, 파업은 여전히 현실의 문제로 남아 우리 곁에서 말을 건넨다. 빌리의 아버지가 탄광으로 돌아가며 흘렸던 눈물이 이제야 머리와 가슴으로 와 닿았다.

어제는 광주 시내버스가 파업을 했다는 기사가 올라왔다. 버스 기사들이 적어 놓은 글들 중 '사람 대접받으며 일하고 싶습니다'라는 문장이 자꾸만 눈에 남는다. 시간이 흐르고 많은 것들이 바뀌어도 세상은 여전히 돈을 기준으로 두 부류의 사람들로 나뉘어 있고, 파업에 나선 기사들은 돈보다 사람이 먼저라고 계속해서 말하고 있는 것만 같다.

농부도 자본가도 아닌 노동자

18세기 산업혁명으로 많은 공장이 지어지면서 대량의 노동력이 필요했던

공장주들이 고용한 사람들, 자신의 노동력을 제공하고 돈을 받아 가는 사람들, 바로 노동자이다. '노동자'라는 말은 산업혁명과 함께 새롭게 만들어졌다고 한다.

1980년대 수력발전소로 사용하던 건물을 그대로 쓰고 있는 민중역사박물관이 가장 중점적으로 하는 일은 옛날에 사용하던 배너(Banner)를 복원, 보관하는 것과 박물관에 대한 교육이다. 이곳에선 현재 300여 개의 배너를 보관하고 있으며, 다른 박물관의 의뢰로 배너를 복원해 주는 일도 하고 있다고 한다. 유명 작가의 그림도 아니고 값비싼 물건도 아니지만 민중역사박물관에서는 배너를 아주 중요하게 여긴다. 빅토리아 시대, 열악한 노동환경을 극복하기 위해 처음으로 노동조합이라는 것이 생겨난 이후 노동조합이 모이거나 시위를 할 때엔 항상 그들의 모토가 담겨 있는 배너가 뒤를 장식했다. 화려하게 장식된 배너를 노동자들은 자신들의 상징으로 여기며 자랑스러워했다고 한다.

그 시대를 관통한 사건은 산업혁명이었다. 그리고 그 시대를 살아간 사람들은 공장에서 일하던 수많은 노동자였다. 노동자들은 더 나은 환경에서 일하기를 바랐고 자본가들과 동등한 권리를 갖기를 원했다. 그들이 꿈꾸는 세상은 배너에 상징적으로 담겨 있었다. 좀 더 나은 세상을 바라며 광장에 모인 민중들은 조금씩 영국을 변화시켰다. 농부도 자본가도 아닌, 대부분 평범했던 노동자와 그 가족들의 힘으로.

목숨을 내걸고 지키려 했던 것

박물관에서 가장 인상 깊었던 사진을 한 장 찍어오라는 말에 지체 없이 검은 바탕에 웃고 있는 해골 그림 앞으로 걸음을 옮겼다. 선서하듯 한 손을 펴고 웃음 짓는 해골 그림은 장난스러워 보이기도 했지만 어쩐지 섬뜩하기도 했다.

보험이라는 게 있을 리 없던 노동자들이 일하다 죽거나 다치는 경우, 집안에 일할 사람이 없어 생계가 위태로운 사람들을 돕기 위해 만들어진 비밀 결사(Secret society)가 있었다. 당시엔 6명 이상의 사람들이 한곳에 모이면 안 된다는 괴상한 법률이 있었기에 누군가를 돕는 일도 비밀리에 할 수밖에 없었다고 한다. 그 모임에 참여하려면 눈이 가리어진 채 비밀 장소로 가야 했고, 해골 그림 앞에서 비밀을 지킬 것을 맹세해야 했고, 발각되면 죽을 수도 있다는 각오를 해야 했다.

씁쓸한 이야기지만 한편으로는 따뜻하다고 생각했다. 그들이 자신의 목숨을 내걸고 지키려 했던 것은 돈도 권력도 아닌 사람이었다. 박물관에 깃든 이야기는 대부분 자기가 죽을 수도 있다는 가정 아래, 자신의 삶을 내놓고 무언가를 지키려 했던 사람들에 관한 것이었다. 그 시대가 괴롭고 암담했어도 사람들이 계속 살아갈 수 있었던 것은 그 덕분이 아니었을까. 민중역사박물관은 평범하지만 가장 다수였던 사람들을 기억하며, 서로를 사랑하는 마음을 지금껏 지켜 오고 있다.

나는 영국이 무언가를 만들어 낼 때 백 년에 걸쳐 만든다는 얘기가 그냥 나왔다고 생각하지 않는다. 그만큼 천천히 벽돌을 쌓았고, 마침내 단단한 성벽이 됐다. 협동조합만 해도 그렇다. 그것은 경제적, 도덕적으로 황폐했던 노동자들의 사소한 협동에서 그치지 않고 사회 전체로 퍼져 나갔다. 1844년에 로치데일의 가난한 노동자 28명이 첫 벽돌을 쌓은 이후 170년간 다른 누군가들이 벽돌을 쌓아 왔다. 내게 너무나 익숙한 생협도 그 일부로서 쌓여 있을 것이다. 벽돌은 지금도 여전히 쌓이고 있다. 천천히, 꾸준히, 단단하게.

자본주의의 아웃사이더

– 소울(하서영, 로드스꼴라 1기)

"신용카드 고지서 뒤에 숨기 싫죠? 그럼 전화기 들고 다이얼 돌려요. 집주인이 나가래요? 잘됐군요. 전화기 들고 다이얼 돌려요. 여자 친구가 당신을 염병할 얼간이라고 무시해요? 잘됐군요. 그럼 전화기 들고 다이얼 돌려요. 모든 문제는 돈만 있으면 다 해결됩니다!" (영화 〈울프 오브 월스트리트〉 중)

영화 〈울프 오브 월스트리트〉에서 주인공 조던 벨포트는 사업을 같이 할 친구들을 모으면서 말한다. "사람들은 누구나 부자가 되고 싶어 한다고." 사람들은 그래서 주식에 투자한다. 가능한 빨리, 가능한 많은 돈을 얻길 원하는 이들에게 조던 벨포트는 확신을 안겨 줬다. 여기에 투자하면 부자가 될 수 있을 거라는 확신! 그게 정확한 정보인지 아닌지는 그에겐 중요치 않았다.

주식, 투자, 펀드 같은 단어에 대해 내가 갖고 있던 이미지는 그런 모습이었다. 이 기업의 가치가 오를 것인가 내릴 것인가, 즉 나에게 돈이 될 것인가 안 될 것인가로 모든 것이 판단되는 곳. 자본 회계의 합리성으로 인간 세상의 만사만물을 재배치하는, 자본주의의 정중앙에 서 있는 것 같은 이미지. 그 수많은 돈다발 뒤에 숨은 조던 벨포트 같은 머리 좋은 사기꾼들의 모습도 빠지지 않았다. 하지만, 그 자본주의 정중앙에도 아웃사이더는 있다.

"기존 자산운용회사에게는 이 회사가 얼마나 사회에 좋은 영향을 미치는지가 중요한 게 아니라 개인적으로 이 펀드가 얼마나 많은 돈을 나에게 가져다줄 건지가 중요해요. 저희도 다르진 않죠. 자선단체가 아닌 자산운용회사니까요. 하지만 저희는 돈을 벌 수 있으면서도 사회나 커뮤니티에 좋은, 보람된 일을 하고 있는 회사인지를 판단해서 투자를 결정해요."

돈이 아닌, 사회에 미치는 영향에 따라 기업의 가치가 좌우되는 이 듣도 보도 못한 신기한 회사, WHEB는 우리가 만난 공혜원 선생님이 투자분석가로 일하고 계신 곳이다. 2002년에 설립된 이 회사는 현재 전 세계적으로 대두되고 있는 환경, 복지, 보건 등의 문제에 대해 해결책을 제시할 수 있는 회사들을 발굴해 내고 투자하는 일을 하고 있다. 또한 그 회사가 노조원들과 하청업체, 그리고 고객들을 공정하고 합법적으로 대우하고 있는지도 고려하여 투자 대상을 선정한다. 현재 이 회사는 한화 약 7천억 원을 운용하고 있다.

"기본적으로 저희의 판단 기준은 이 회사가 시민의식을 가지고 있느냐 없느냐 그거예요. 좋은 시민인가 아닌가. 이 회사가 미래지향적인 회사면서 좋은 시민의식을 가진 회사다 싶으면 투자하는 거죠."

예를 들자면 LED조명 같은 경우다. 현재 일반 형광등보다 더 널리 쓰이고 있는 LED조명은 형광등보다 수명이 길고 유지비도 덜 든다. 전력 소비가 적은 만큼 원전을 줄이는 데 도움이 될 뿐만 아니라 일반 형광등에 들어가는 수은, 납 같은 중금속이 사용되지 않아 친환경적이다.

"지금은 예전 같은 형광등은 많이 쓰이지 않는 추세죠. 저희 회사는 LED 회사 두 곳에 투자하고 있는데, 엄청난 수익을 가져다주고 있어요. 일반 형광등과 비교하면 매출 차이가 엄청나죠. 어떤 산업에 투자를 하는지가 중요해요. 지금은 잘나가도, 예를 들면 지금은 모두가 아이폰이나 갤럭시를 쓰고 있지만 과연 10년 후에도 그럴까요? 과연 어떤 게 미래산업인지 끊임없이 연구하는 게 저희의 일이에요."

"저희가 다른 자산운용회사와 다르다고 자부하는 게 또 있어요. 기본적으로 금융계 사람들은 숫자만 봐요. 얼마만큼 지출하고 투자하고 돈을 얻었는지, 현금이 어떻게 이동하는지를 중요하게 보는 건 좋은데, 문제는 거기서 끝난다는 거예요. 그게 다가 아니고 이 회사가 어떻게 자신의 고용인들을 관리하는지, 하청업체는 어떻게 다루는지도 중요해요. 큰 기업은 엄청난 파워를 가지고 있으니 횡포를 부릴 수가 있죠. 하지만 사회가 제대로 순환하려면 그렇게 하면 안 돼요. 저희가 하는 일은 그런 행동을 하는 기업의 대표를 만나서 그러면 안 된다고 조언을 하는 거죠. 저희는 힘이 있거든요. 내가 그 기업의 주주고 주인이니까! 그럼 저희 이야기를 들어야죠.

저희가 보는 게 이렇게 다양해요. 고객들을 잘 관리하는지, 자기 직원들을 어떻게 대우하는지, 법을 잘 지키는지도 중요한 판단 기준이에요."

영국을 여행하다 보면 '퍼스트그룹'이라는 상호를 흔히 보게 된다. 기차, 버스 같은 대중교통을 운영하는 회사인 퍼스트그룹은 스코틀랜드에 본사를 두고 있으나 독일, 덴마크, 캐나다 및 미국까지 진출해 있다. 이 회사의 사례를 들어 보자.

"퍼스트그룹은 영국 내에선 노조 관리를 잘하는 회사예요. 그런데 어느 날 미국의 퍼스트그룹 노조 대표가 저한테 이메일을 보내온 거예요. 도와 달라고. 우리가 런던에 가는데 혹시 만나 줄 수 있냐고. 그래서 저희 회사 사람들,

또 이 회사에 투자를 하는 다른 펀드매니저들이랑 같이 얘기를 들어 보니 확실히 제대로 안 되고 있다는 걸 느낄 수 있었고, 증거와 사례도 어마어마했어요. 미국에도 노조 관련 감독기관이 있는데 이미 경고도 몇 번 받았더라고요. 그래서 저희 같은 일을 하는 회사들과 같이 CEO, 회장, 사장을 다 만나서 미팅을 했어요.

그 결과가 엄청 강력했던 게, 이 사람들이 그전까지는 노조가 아무리 뭐라고 해도 끄떡도 안 했어요. 그런데 투자자들이 모여 목소리를 내니까 그 첫 번째 해에 새로 교수를 고용해서 피해자들의 이야기를 듣고, 어떻게 이 상황을 해결할 수 있을지를 고민하기 시작했어요. 그래서 지금은 잘하고 있다고 해요. 노조가 더 이상 저희에게 연락을 안 하죠."

"근데 이건 한국에서는 상상도 못 할 해프닝이에요. 이렇게 되려면 일단 저희 같은 투자자가 많이 모여야 되고요. 그들이 투자를 단지 수입 차원에서만 생각할 게 아니라, 수입도 올리면서 내가 가진 작은 돈이나마 세상에 뭔가 좋은 영향을 미칠 수 있으면 좋겠다는 생각을 가지고 있어야 해요. 그러니 여러분이 저희 같은 투자자가 된다면 참 좋겠죠. 이런 걸 많이 해 본 사람들이 늘어날수록 저희의 목소리가 커질 수 있으니까요."

문제를 해결하고 더 나은 세상으로 바꾸기 위해 우리가 할 수 있는 일은, 때론 길거리로 뛰쳐나와 촛불을 켜고 국민의 분노가 이렇게 크니 당장 시정하라고 소리치는 것일 수도 있고, 또 때로는 이렇게 물밑 작업일 수도 있다. 누군가는 영화를 만들고, 누군가를 책을 쓰고, 누군가는 기업을 만들고, 또 누군가는 이렇게 그 기업의 든든한 '빽'이 되어 주는 것! 60억이 사는 지구에서 그들은 너무나 작고 잘 안 보이겠지만, 그들이 차곡차곡 쌓아 나가는 사회의 기초들이 결국은 문제를 해결할 것이다.

WHEB 같은 회사들이 기업의 시민의식을 고려하는 투자자를 만들고, 노조와의 갈등을 해결한 기업을 만들었듯이, 세상은 이렇게 변화하고 있다. 그리고 그 변화의 중심에 이 아웃사이더들이 서 있다. 이들이 더 이상 아웃사이더가 아니게 되는 날은 언제 올까.

3장

수료 학기

길가온 3과정

수료 학기는 여행의 기획과 실행, 작업 결과물을 만드는 작업을 독립적으로 해내는 과정이다. 지금까지 공부한 내용을 총정리하고 스스로 만든 네트워크를 적극 활용하여 책을 만들거나 영화를 제작하거나 연극을 무대에 올린다. 전시회를 열거나 가이드북을 만들어도 좋다. 스스로 한 학기를 기획하여 운용하고 마무리하는 과정을 통해 자신만의 여행 지도를 만들어 내는 시간이다. 이 과정을 통해 떠별들은 여행을 통해 세상을 변화시키는 진정한 MAP(Make Amazing Planet)의 문화작업자로 성장할 것이다.

그래서
네가 하고 싶은
이야기가 뭔데?

네 번째 학기인 길가온 3과정은 작업을 하는 학기다. 그동안 했던 여행을 바탕으로 책을 쓰거나 영화를 만들거나 콘서트를 하거나 앨범을 만드는 등 본격적인 작업을 하고, 한편으로 여행 기획을 해내야 한다.

문화작업이 다양한 장르 중 하나를 선택할 수 있는데 비해 여행 기획은 필수적으로 해내야 하는 여행학교 떠별의 이수 과제다. 기획안을 쓰고, 사전 답사를 다니면서 동선과 스토리를 만들고 맛집과 숙소를 결정한 다음 웹자보와 포스터를 만들어 홍보를 하고, 고객을 모집하여 실제 여행을 진행하고, 재정 결산 등 결과 보고를 마치면 여행 기획이 완성된다. 이렇게 문화작업 하나와 여행 기획 하나를 완벽하게 실행해 내면 로드스꼴라의 수료증을 받을 수 있다.

1기는 책 출판과 앨범 발매 및 콘서트를, 2기는 공공미술프로젝트와 앨범 발매 및 콘서트를, 3기는 영화제와 앨범 발매 및 콘서트, 책 출판을 했다. 4기는 축제를 기획하고 뮤지컬 공연을 성황리에 마쳤으며 5기는 연극, 여행 기획(다음 해에 '주말 로드스꼴라'를 열게 하는), 앨범 제작을 성공적

으로 해냈다.

보통 수료 프로젝트는 3학기 여행을 떠나기 전에 전체적인 그림을 그린다. 그래서 로드스꼴라의 3학기 여행은 대부분 작업여행이 된다. 특히

책 출판이 정해지면 각오를 단단히 해야 한다. 일정이 매우 빡빡하게 전개되기 때문이다. 여행을 다녀오면 6월인데 적어도 10월까지 출판사로 원고가 넘어가야 다음해 2월 수료 전까지 책이 나올 수 있다. 여행에서 돌아오자마자 바로 작업이 시작되고 여름방학을 고스란히 반납해야 한다는 이야기다.

그래서 출판 프로젝트를 맡은 길별은 미리 엄포를 놓는다. 마음의 각오를 단단히 한 사람만 참여하자, 출판사와 미리 계약을 하고 진행하는 작업이므로 칼같이 마감을 지켜 낼 의지가 있는 사람만 시작하자 따위의 이야기를 떠별들은 몇 번씩 듣게 된다. 뿐이랴. 출판이란 누군가 돈을 내고 우리의 책을 산다는 것, 그렇다면 원고의 질을 담보해 내야 하는데 그러자면 적어도 다섯 번이나 여섯 번 원고가 되돌아갈 것이고 많게는 아홉 번 열 번도 다시 써야 하는 경우가 생긴다, 이 과정을 견딜 수 없다면 다른 프로젝트에 참여하는 것이 낫다……. 시작하기도 전에 진이 다 빠지는 이야기도 몇 번에 걸쳐 반복된다.

1년여의 과정을 거쳐 사실 3학기 때쯤이면 로드스꼴라 떠별들은 글쓰기에 동반되는 스트레스를 충분히 이해하는 단계에 와 있다. 그래서 웬만하면 안 할 것 같은데 출판 프로젝트에는 늘 70퍼센트 정도의 떠별들이 참여한다. 담당 길별의 협박과 으름장에도 불구하고 이 프로젝트를 선택한 떠별들은 드디어 본격적인 책 작업에 돌입한다.

먼저 책의 전체 기획안을 만드는 작업을 한다. 밑그림은 길별이 미리 그려 놓는 경우가 많고, 이를 바탕으로 덧붙이고 빼고 목차 정하는 일을 한다. 책을 쓰는 이유와 목적, 전체 콘셉트, 책을 읽는 대상 등에 대해서도 고민한다. 이 과정을 통해 떠별들은 책의 의도와 방향을 정확하게 이해한다. 그런 다음 자신들이 쓸 파트를 나누어 맡고 이번에는 스스로 자신의 꼭지를 기획한다. 본격적으로 글을 쓰기 전에 참고도서를 읽고 녹취를 풀고 관련 영화를 찾아보면서 써야 하는 글에 대한 윤곽을 잡는다. 그다음엔 구성안을 만든다. 원고의 밑그림에 해당하는 구성안을 놓고 길별은 떠별에게 질문을 던진다. 그래서 네가 하고 싶은 이야기가 뭔데? 어떻든 이에 대한 답이 마련되면 그때부터 글쓰기에 들어간다.

본격적인 원고 작업. 초고는 대부분 살아남는 문장이 거의 없다. 처음부터 끝까지 빨간 펜으로 도배가 된다. 그래도 빨간 펜 작업이 시작된 건 다행인 경우다. 원래 쓰고자 했던 이야기가 제대로 나오지 않으면 엎어버리고 다시 시작하는 경우도 많다.

- 마추픽추에 올라갔어, 그래서 네가 하고 싶은 이야기가 뭔데?
- 잉카의 역사를 알게 됐어, 그게 지금의 너하고 무슨 상관이 있는데?
- 공정무역의 취지가 옳은 건 알겠어, 그런데 정말 너는 네가 쓴 대로 살 수 있어?
- 네루다의 시와 네 인생이 무슨 관계가 있는데?

이때쯤이면 단 하루도 원고와 관련된 생각을 하지 않는 날이 없다. 지하철에서도 화장실에서도 친구와 수다를 떨면서도 밥을 먹으면서도 떠별들의 머릿속엔 그래서 네가 하고 싶은 이야기가 뭔데, 로 가득 차 있다.

그래서 네가 하고 싶은 이야기는 뭔데가 꿈에까지 따라올 즈음 원고는 꼴을 갖춰 간다. 읽고 읽고 읽어서 자신이 쓴 글을 외울 때쯤, 교정과 교열에 들어간다. 몇 번을 다시 봐도 고쳐야 할 문장은 계속 나오고 아아, 더 이상 글이 꼴도 보기 싫을 때쯤 원고는 출판사로 넘어간다.

약간의 초조함과 불안을 동반한 지루한 시간, 출판사의 피드백을 기다리는 시간이다. 원고 괜찮은데요, 라는 연락을 받고서야 비로소 한숨을 내쉬며 떠별들은 책에 들어갈 사진 작업에 박차를 가한다. 참고도서 목록을 꼼꼼히 정리하고 저자 약력도 만드는 등 사소하고 자잘한 후반 작업들을 하면서 떠별들은 다른 작업으로 이동한다.

로드스꼴라의 출판 프로젝트에 참여한 떠별들은 이 과정을 참, 열심히, 했다. 온몸과 마음을 다해 스스로의 작업을 완성해 내는 청춘들을 바라보며 나는 때때로 경이로웠고 문득 존경스러웠다.

'완성'. 개인적으로 중요하게 생각하는 개념이다. 어쩌면 한 마리의 포유류가 세상을 살아가면서 가장 필요로 하는 기능일지도 모른다. 로드스꼴라의 책 『남미에서 배우다 놀다 연대하다』를 읽은 내 느낌의 알맹이는 바로 '완성할 줄 안다'라는 것이다. … 완성이 곧 질(quality)을 보장하는 것은 아니다. 그러나 완성되지 않은 과업은 질을 평가받을 기회조차 얻기 힘들다. 그것은 평자와 감상자의 입장이나 태도, 철학과도 무관한 영역이다. 내가 당신의 생각에 동의하건 동의하지 않건 정확하게 당신의 생각이 표현되었다면 그것은 곧 완성이다.

『남미에서 배우다 놀다 연대하다』는 내용과 형식에서, 더구나 개인기가 아닌 팀플레이로서 하나의 완결 구조를 이루고 있었다. 더구나 책을 이루고 있는 문장들은 제각각 아이들의 것이었다. Ctrl+C, Ctrl+V 흔적이 아니었다. 남의 생각이 아닌 제 생각을 말하는 친구들을 만나는 일은 언제나 즐겁다. 그것은 이 세상 속에서 '나' 라는 '변별력'이다.

– 권산, 『시골에서 농사짓지 않고 사는 법』 저자

1
출판 프로젝트

1) 『백제의 길, 백제의 향기』 출판 기획안

청소년을 위한 백제여행 가이드북 『백제의 길, 백제의 향기』(가제)를 발간한다.

[기획 취지]

역사 공부가 지루하거나 무겁다고 생각하시는 분, 배낭 하나 메고 씩씩하게 혼자 길 떠나고 싶은 분, 여행길에서 좋은 친구를 만나고 싶은 분, 특히 당신이 청소년이라면 여기 여행과 역사가 만나 행복한 공부를 하는 친구들을 소개합니다. 서울에서 교토까지 백제라인을 연결하며 기존의 이야기에 의문을 제기하고, 새로운 이야기를 발견하고, 다른 상상을 하며 자신들만의 여행 지도를 만들어 가는 친구들의 발걸음을 따라가다 보면 당신 역시 독립적이며 자유로운, 여행을 통해 성장하는 여행자가 될 수 있을 것입니다. 여행을 통해 다양한 경험과 행복한 관계 맺기를 원하는 당신에게 여기 길 위에서 인문학을, 길 위에서 역사를, 길 위에서 네트워크를 형성하며 담대하고 섬세하고 따스한 인간으로 성장해 가는 친구들을 소개합니다.

- 여정 : 서울-공주-부여-익산, 서산-아스카-나라-오사카-교토
- 대상 : 여행을 하고 싶은 청소년, 여행을 보내고 싶은 학부모들, 청소년들과 함께 여행을 해야 하는 교사들, 새로운 수학여행을 모색하는 집단, 대안적인 여행에 관심 있는 사람들 등
- 콘셉트 : 이 책 한 권이면 서울에서 일본까지 백제의 유적을 찾아 여행할 수 있다.

[프로젝트의 목적]

1. 한 권의 책이 만들어지는 과정을 경험하고 참여한다. 기획부터 답사, 출판사와 계약, 원고 작업, 퇴고와 수정의 반복, 디자인, 출간, 홍보 작업으로 이어지는 과정을 경험하면서 나의 이야기가 독자들과 만나는 과정, 소통하게 되는 과정을 배워 본다.

2. 지금까지의 공부와 경험이 만나 새로운 내 이야기가 만들어지는 과정을 관찰하고 참여한다. 책을 읽거나 강의를 들으면서 축적된 이야기와 답사를 통해 만나는 현장의 이야기들이 내 몸속에서 만나 어떤 이야기를 만들어 낼 수 있는지 질문한다. 발견, 재해석, 전복의 과정을 통해 만들어지는 '내 이야기'를 만나면서 비로소 내가 누구인지를 발견할 수 있을 것이다.

3. 팀 작업을 통해 공동작업이 만들어 내는 시너지를 경험한다. 토론과 논의를 통해 내가 발견하지 못했던 부분, 미처 알아채지 못했던 부분들을 볼 수 있는 시야를 확보한다. 경험의 확장은 이야기를 깊고 풍부하게 할 것이다.

4. 한 권의 책을 만들 수 있는 몸을 만든다. 몰두와 집중, 지구력과 성실함 없이 완성되는 책은 없다. 중간중간 찾아오는 고통과 고비를 스스로 조절해 내며 목표를 향해 나아가는 몸을 만든다. 이 과정을 충실히 해낸 몸은 추수의 기쁨을 맛볼 것이다.

백제의 길, 백제의 향기 ; 서울에서 교토까지
(호미, 2011, 329쪽)

2)『로드스꼴라, 남미에서 배우다 놀다 연대하다』 출판 기획안

[기획 의도]

1. 여행학교 로드스꼴라가 어떻게 여행을 통해 배우고 놀고 연대하는지 소개한다. 로드스꼴라 3기 떠별들은 남미 문학을 읽고 공정무역에 관련한 강의를 듣고 남미의 역사와 문화를 이해하는 수업을 한 후 남미로 여행을 떠난다. 여행 중엔 볼리비아 UAC 대학생, 한국 문화에 관심이 많은 페루 친구들, 아르헨티나 한인회 등 다양한 사람들과 만나고 이야기를 듣는다. 세비체와 안띠꾸초를 맛보고 행복해하기도 한다. '배우고 놀고 연대하는' 로드스꼴라의 여행을 소개한다.

2. 남미 여행의 실질적인 정보들을 전달한다. 여행 준비물에서부터 다채로운 음식 정보, 놓치지 말아야 할 여행지, 공정무역 샵 투어까지, 남미에 가기 전 꼭 섭렵해야 할 책들과 영화들은 물론 1392년 콜럼버스의 신대륙 '발견' 이후 펼쳐진 대륙의 역사까지 독자들에게 전달하는 가이드북의 역할을 한다.

3. 공정한 여행이 무엇인지 질문하고 이해하고 실천함으로써 공정여행의 의미와 가치를 알린다. 로드스꼴라 남미 여행의 주제 중 하나는 '공정무역'이다. 커피와 카카오 생산지에서 생산자에게 이익이 돌아갈 수 있게 가격을 정하는 일이 왜 중요한지 돌아본다. 더불어 이과수 폭포와 안데스 산맥 등 대자연 앞에서 인간과 강, 나무, 바위 사이에 공정한 관계는 무엇인지 질문해 보며 독자와 공정한 여

행에 대한 공감대를 형성한다.

[예상 독자]

로드스꼴라에서 어떤 방식의 여행을 통해 무엇을 배우는지 궁금한 청소년, 학부모, 대안학교와 일반학교 교사

로드스꼴라, 남미에서 배우다 놀다 연대하다
(세상의모든길들, 2013, 406쪽)
책따세(책으로 따뜻한 세상 만드는 교사들) 2014년 여름 추천도서
〈학교도서관저널〉 2013년 '올해의 책'(인문 분야)

[추천의 글]

"로드스꼴라는 기적의 학교다!"

– 조한혜정(연세대 문화인류학과 교수)

학습이란 경험을 통해 얻게 되는 깨달음이고 크고 작은 만남이 일으키는 기적이다. 교육이란 아무도 가르쳐 주지 않은 질문을 갖게 되는 과정이고, 바로 그런 질문 능력이 인간으로 하여금 수시로 변하는 환경에 적응하는 것을 가능케 하며, 때로는 환경 자체를 변화시키는 힘이 되기도 한다.

학교는 아무리 힘들어도 자기 연민에 빠지지 않고 스스로를 낯설게 바라볼 수 있는 거리감을 가르친다. 혼자 '멘붕'에 빠져 허우적대지 않도록 서로 돕는 법을 가르친다. 사람은 함께 있는 것 자체에서 에너지를 받는다는 것을 일러 주는 곳, 그래서 어떤 난관이 닥치더라도 삶은 살아 볼 만하다는 용기를 갖게 하는 곳(또는 그래야만 하는 곳)이 바로 학교다.

그런데 현재 한국의 학교는 어떤가? 에너지는커녕 스트레스를 받는 공간으로 굴러가고 있지 않은가? 일상적인 폭력에 눈감게 함으로써 어릴 때부터 폭력의 공범자들을 만들어 내는 곳은 아닌가? 일류대학 입학으로 모든 것이 용서되는 한국의 학교체제는 더 이상 학교일 수 없다. 10년 전에는 그래도 뭔가 대안이 있다고 생각한 이들이 적지 않았지만, 이제는 대안조차 생각해 낼 기력이 없을 정도로 병세가 심각하다.

이런 시대에 로드스꼴라 같은 학교를 만난 것은 행운이다. 이 학교는 기적의 학교다. 배움이 불가능한 시대에 배움이 여전히 가능함을 보여주기 때문이다. 온갖 체험들이 한순간에 사라져 버리는 시대에 그것을 몸에 온전히 남기고 책으로 펴낼 정도의 집중력을 키우는 학교이기 때문이다. 훗날 어디에서든 길을 잘 찾게 도와줄 나침반을 선물하는 학교이기 때문이다.

(이 글은 『로드스꼴라, 남미에서 배우다 놀다 연대하다』에 실린 조한혜정 교수의 글 일부를 옮긴 것입니다. -편집자)

2
레이블 프로젝트

[소개]

레이블 프로젝트는 한 학기 동안 음반 기획 및 제작에 이르는 전반적인 프로듀싱 작업과 공연 기획 및 공연을 올리는 작업까지를 진행하는 프로젝트다. 로드스꼴라 떠별들은 자신들의 자작곡들을 직접 연주하고 노래하여 앨범을 제작하고 유통, 공연까지의 과정을 직접 진행시켜 본다.

[목적]

3학기(길가온 2과정)의 결과물로서 진행될 본 프로젝트는 여행을 통해 만들어진 노래들을 기록물로 남기고 하나의 프로젝트로 완성시킴으로써 또 다른 방식의 여행을 떠나는 작업이 될 것이다. 더불어 청소년들 스스로가 직접 하나의 레이블을 만들고 운영해 보는 경험을 통해 하고 싶은 일을 하며 먹고살 수 있는 미래에 대한 그림을 그려 보고 가능성을 타진해 보는 계기를 만들어 보고자 한다.

〈**바람따라 너에게 가는 길**〉 1기 앨범

〈**매일같이 생각, 매일 같은 생각**〉
2기 앨범

〈**그 작고 찌질한 것들에 대한 애착**〉
3기 앨범

〈**뮤지컬 우리**〉 4기 앨범

〈**노답들이 노래하네**〉 5기 앨범

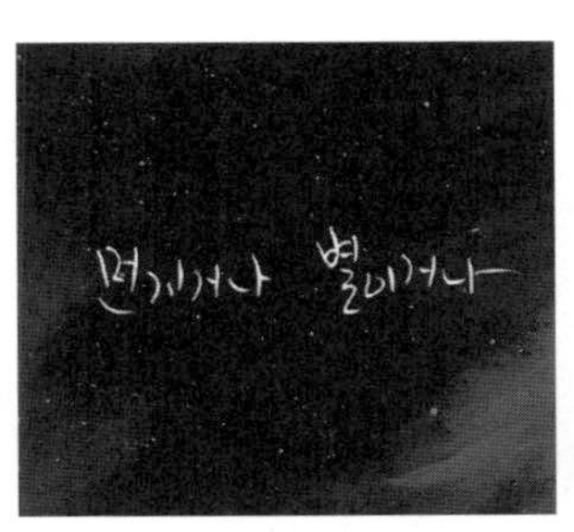
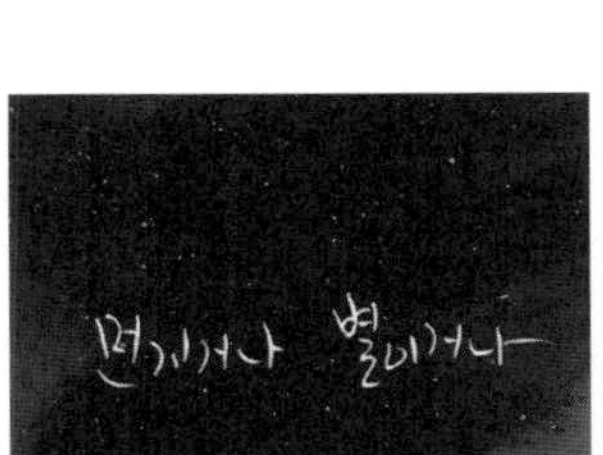

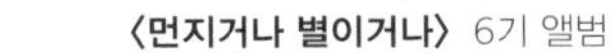

〈**먼지거나 별이거나**〉 6기 앨범

3
공연(뮤지컬, 연극) 프로젝트

공연 프로젝트는 자기들이 여행의 전 과정에서 보고 듣고 느낀 모든 것들을 이야기로 재구성하여 청중들에게 전달하는 작업이다. '그곳'의 이야기들을 '이곳'으로 실어 나름으로써 하나의 세계를 다른 곳과 연결시키는 공연 프로젝트는 '여행자=스토리텔러'라는 로드스꼴라의 정신과도 맥을 같이한다.

4기 떠별들은 베트남 여행의 경험을 토대로 창작 뮤지컬 〈우리〉를 무대에 올렸다(2013년 11월. 홍대 포스트극장). 5기 떠별들 역시 베트남 여행의 결과물을 〈보단, 나의 이름을 불러 주세요 : 우리가 몰랐던 베트남전쟁의 진실〉이라는 창작 연극으로 응축시켰다(2014년 11월. 대학로 소리아트홀). 공연 기획과 홍보, 대본, 작사/작곡, 노래, 연기에 이르는 모든 과정들을 떠별들은 훌륭하게 해냈고, 그렇게 그들의 여행은 한 편의 이야기가 되었다.

[창작 뮤지컬 **'우리'**]

1. 개요

로드스꼴라 4기 떠별들이 30일간의 베트남 여행에서 만난 민간인 생존자, 참전 군인, 시인 등의 이야기를 바탕으로 전쟁은 왜 일어나는지, 나와 어떤 연관이 있는지 고민했던 내용들을 엮어 뮤지컬로 제작.

2013년 11월 28~29일 홍대 포스트극장에서 진행된 〈캬바레 사이공 1막 13장 ; 공정한 시선, 기억의 연대〉라는 제목의 축제에서 공정무역 바자르, 페미니스트 가수 지현 공연, 베트남 평화 다큐 상영 등과 함께 진행.

2. 시놉시스

소설가 응옥타잉은 베트남전쟁에 참전했던 베트콩 출신으로 평화를 노래하는 작가다. 전쟁 당시 두 발을 잃고 한국 군인과 사랑에 빠졌던 팜티호아 할머니의 동생이기도 하다. 한편, 한국 청소년 바라와 반월은 여행을 통해 전쟁 생존자, 참전 군인, 제주 강정마을 주민들을 만난다. 그들은 전쟁이란 대체 무엇이며 '선한 전쟁'이 과연 존재하는지 의문을 품기 시작하는데…….

수료 프로젝트 포스터들

4기 수료 프로젝트(창작 뮤지컬)

3기 수료 프로젝트(영화제)

6기 수료 프로젝트(창작 연극)

4
여행 기획 및 실행

지구온난화, 경제적 불평등, 사회적 차별 같은 전 지구적 과제들은 여행을 통해 서로 연결된다. 종적 다양성을 확보할 수 있는 지속가능한 생태계를 만들고, 문화다양성을 보존하면서 지역경제를 활성화하는 것은 여행을 통해 가능하고, 여행이 있기 때문에 해야 하는 일이다. ㈜트래블러스맵은 여행자에게는 최고의 기회를, 지역에는 최선의 기여를, 환경에는 최소의 영향을 주는 지속가능한 여행을 통해 사회적 과제를 해결하고자 노력하는 사회적기업이다. 로드스꼴라 떠별들은 트러블러스맵이 지향하는 여행에 대해 공부하면서 이에 합당한 여행을 기획하고 실행한다.

여행 프로그램 기획 – 사전 답사 – 기안 및 예산 작성 – 홍보 및 가이드북 제작 – 진행 – 결산 및 결과보고서 작성 – 결과물 발표

이 전 과정을 충실히 해내면서 수료 후 맵의 인턴사원이 될 가능성을 점검한다.

| 로드스꼴라의 초대 : 런닝 인 부산 |

좌충우돌 여행기

– 아띠(황지은, 로드스꼴라 3기)

로드스꼴라 3기는 수료 프로젝트로 여행 기획을 했다. 13명의 떠별들은 다섯 팀으로 나뉘어 지역을 선정하고 여행 콘셉트와 루트를 정하고 1차 답사를 떠났다. 답사 후 3, 4기 길별과 (주)트래블러스맵의 일부 직원들 그리고 4기 떠별이 함께한 자리에서 각 팀의 여행상품 프레젠테이션과 함께 직접 제작한 홍보CF를 상영했다. 3기 떠별을 포함해 모두가 참여한 투표에서 여치·아모르·신나·완두콩·아띠가 기획한 〈로드스꼴라의 초대 ; 런닝 인 부산〉 상품이 가장 많은 표를 얻었고, 실제로 여행을 진행해 볼 기회를 얻었다. 아래 글은 약 3개월간 〈런닝 인 부산〉을 준비하고 진행하며 겪은 다사다난했던 나의 이야기이다.

일단은 스타뜨

2012년 11. 01~11. 15 기획·답사 계획 / 11. 16 1차 답사 / 11. 20 여행상품 프레젠테이션

부산에 가고 싶었던 다섯 명이 모였다. 당연한 듯 여행지는 부산으로 정해졌다. 한국의 대표 여행지 부산에 관한 정보는 인터넷에 잘 나와 있었고, 2박 3일 일정과 답사 루트를 짜는 건 비교적 수월했다. 콘셉트는 SBS 예능프로 〈런닝맨〉을 모티브로 여행지에서 각종 미션을 수행하는 미션여행이었다.

15세~22세의 청소년을 대상으로 한 본격 미션여행 〈런닝 인 부산〉은 꽤 참신한 듯했다. 다만 답사를 떠나는 아침까지 날 가장 고민에 빠지

게 한 건 〈런닝 인 부산〉의 메인 타이틀, '로드스꼴라의 초대'였다. 말 그대로 이번 여행에는 로드스꼴라 3기 전체(13명)가 스태프로 참여할 예정이었다. 모객할 인원수는 15명이니 스태프와 고객의 비율이 거의 1 : 1인 셈이다. 게다가 기획팀 5명을 제외한 8명의 떠별은 경비를 내고 여행에 참여하기로 했다. 고객 15명이 스태프 13명의 경비와 답사비까지 모두 부담하는 것도 무리였지만, 그렇다고 스태프가 여행 경비를 내는 것도 이상했다. 더군다나 전세 버스를 대절하지 않고 서른 명의 인원이 부산 각지에서 미션을 수행하며 다닐 상상을 하니 도통 말이 되질 않았다. 어떻게 해야 이 여행이 실현 가능할지 머리 터지게 고민했다.

결국 다섯 팀으로 나누어 적절한 시간차를 두고 다니며, 기획팀 다섯 명이 각각 한 팀의 투어디렉터 역할을 하는 걸로 결론이 났다. 그 수밖에 없다는 결론에 도달하기까지 '로드스꼴라의 초대'는 미친 짓이라며 어찌나 욕을 해 댔는지. 아무튼 해야만 하는 수료 프로젝트였고, 1차 답사를 빌미로 첫 부산 여행을 간다는 점에서 나는 매우 설렜다.

그러나 2박 3일간의 답사는 녹록치 않았다. 하루 종일 돌아다니다 밤이 되어서야 숙소에 도착하면 잠깐 쉰 뒤 다시 새벽까지 회의가 이어지곤 했다. 그럴싸하게 짜 놓았던 계획들은 생각지 못한 허점에 엎어지기 일쑤였고, 갈 데는 많은데 시간은 부족했다. 치명적 길치들은 맘껏 길을 헤매며 체력을 축냈다. 점점 말이 없어졌다. 마지막 날까지 부지런히 발을 놀리고 눈썹이 휘날리게 달리다가 부랴부랴 서울행 버스에 몸을 실었다.

부산에서 회의를 하던 중 여치는 고백했다. 답사 후 있을 프레젠테이션에서 부산 팀이 뽑히지 않았으면 좋겠다고, 그런데 뽑힐 것 같은 불길한 예감이 든다고. 그런 여치와 달리 나는 노골적으로 부산 팀이 뽑히기를 바랐다. 이유는 간단했다. 나는 여행상품을 팔아서 자비로 충당한 답사비를 반드시 받아 내고 싶었다. 결국 부산 팀은 프레젠테이션 후 이뤄진 투표에서 간발의 차로 선정됐다. 뒷일은 일단 제쳐 두고 우선 기뻤다. 그렇게 여행 기획은 일단락됐고, 12월 8일에 있을 로드스꼴라 영화제를 준비하는 게 급선무였기에 〈로드스꼴라의 초대 – 런닝 인 부산〉은 잠시 잊혀졌다.

달릴 준비 되셨습니까

2012년 12. 10~2013년 01. 20 상품 오픈 및 홍보·모객·여행 준비·2차 답사 계획 / 01. 21 2차 답사

| STEP 1 | 기획안·예산안 작성 및 상품 오픈

로드스꼴라 영화제가 끝난 후 뒷전으로 물러났던 여행 기획은 슬그머니 모습을 드러냈다. 11월의 기쁨은 어디로 갔는지 정말 귀찮았다. 홍보 기간은 한 달 정도였고 모집 마감일을 고려하면 일주일 내에 트래블러스맵 홈페이지에 상품을 올려야 했다.

기획안과 일정, 예산안을 짜고 상품 상세페이지에 올릴 여행 소개 글을 쓰고 필요한 사진을 선정하는 등의 과정을 거쳤다. 후딱 끝낸 뒤 〈런닝 인 부산〉도 다른 여행상품들처럼 번지르르하게 홈페이지 한편을 차지할 줄 알았는데, 이 일을 하면 또 다른 일이 나타나는 식으로 오픈일은 계속 미뤄지기만 했다. 기획안도 완성했고 사진도 다 골랐고 이제 올리기만 하면 되는 줄 알았더니 홈페이지에 상품을 올리는 과정도 복잡한 데다 웹자보도 만들어야 해서 시간이 더 걸렸다. 12월 22일, 드디어 〈로드스꼴라의 초대 – 런닝 인 부산〉을 오픈할 수 있었다.

가장 갈등이 심했던 건 여행상품 가격을 책정하는 과정에서였다. 홍보

기간은 채 한 달도 되지 않았고, 듣보잡 여행대안학교 청소년들이 직접 기획한 여행인 데다, 심지어 추운 겨울에 누가 부산에서 뛰어 주려나. 5시간 걸려 무궁화호 타고 부산에 내려가 올라올 땐 버스 타고 6시간 걸려 서울에 오는 가장 저렴한 방법을 제안했다간 아무도 안 올 것 같았다.

자신감을 잃은 나는 실질적인 팀장 역할을 맡고 있었음에도 불구하고 줏대를 내팽개쳤고, 〈런닝 인 부산〉은 나의 줏대 없음에 이리 나부끼고 저리 나부꼈다. 왕복 교통비를 경비에 포함시키면 너무 비싸다는 의견에 전체 경비에서 냉큼 왕복 교통비를 제하고 투어디렉터 인건비도 빼 버리고 책정한 첫 상품가 15만6천 원! 홍보 배너까지 완성된 상태였건만 그래도 싸지 않다는 말에 꾸역꾸역 가격을 또 낮췄다. 14만9천 원! 더 이상 뺄 것도 없었다. 15만원 아래로 가격을 낮추지 않으면 아무도 거들떠보지 않을 것 같아 결국 상품가는 14만9천 원으로 확정됐다.

우려와 달리 사람은 모였고, 실제 여행 때는 사전에 생각지도 못했던 지출이 여기저기서 생겨났다. 이럴 줄 알았더라면 사람이 모이든지 말든지 합리적인 경비를 책정했어야 했다는 후회가 들었다. 심지어 KTX 파격가 할인으로 무궁화호보다 더 싸게 표를 끊을 수 있어서 처음부터 교통비를 경비에 포함시켜도 될 뻔했다. 트래블러스맵의 신지가 기획한 1박 2일 울진 여행의 경비가 약 20만 원이란 걸 알았을 때, 내 후회는 극에 달했다.

경비뿐 아니라 여행 기획이 처음이어서 아무것도 모른다는 이유로 주변 사람들의 의견에 너무 휘둘렸다. 고민 끝에 이렇게 했다가 다른 사람이 한마디 하면 다시 홀라당 바꿔 버리는 식이었다. 어떤 기준을 세우고 처음부터 잘라 낼 건 잘라 냈으면 훨씬 덜 피곤하지 않았겠나 하는 생각이 든다. 이번 여행 기획에서 가장 필요했던 건 바로 줏대였다.

놀랍게도 〈로드스꼴라의 초대 ; 런닝 인 부산〉은 상품 오픈 12일 만에 조기 마감됐다. 예약 마감 후에도 문의 전화는 지속적으로 왔고 나는 이 사람들이 왜 이럴까, 1차 CF에 2차 CF까지 올린 게 너무 과장 광고였나, 하는 두려움마저 들었다. 아무도 모이지 않으면 3기끼리 행복한 졸업여행을 하자 맘먹었건만 생각 외로 판이 커져 버린 것이다. 트래블러스맵 사무실 책상 한 칸을 차지한 〈런닝 인 부산〉팀은 나름 호황에도 점점 멘붕으로 치달았다. 어찌 됐든 출발일은 정해져 있었고 우리는 이 여행을 해야만 했다.

상품 오픈 후에도 〈런닝 인 부산〉은 여기저기 허술하기 짝이 없었다. 일정이나 예산은 몇 번이고 수정됐다. 미션을 정하고 갖가지 미션 수행 규칙들을 확정하는 것도 끝없는 비효율적 회의를 통해 수정에 수정을 거듭했다. 미션지와 연락망을 만들고 구급약품을 챙기고 필요한 돈을 챙기는 등 온갖 자질구레한 일들은 해도 해도 끝이 나지 않는 데다, 빠지지 않고 실수를 하는 통에 같은 일을 몇 번이나 다시 해서 일의 진척은 더욱 더뎠다. 덕분에 투어디렉터 예행연습은 2차 답사 전날이 되어서야 해 볼 수 있었다. 심지어 아모르는 로드스꼴라 영화제에 출품할 영상편집 때문에 1차 답사에 가지 못해 현지에 대한 감을 못 잡고 있었고, 나머지 네 명도 길치들이라 정확히 길을 기억하지 못했다. 마지막 기회는 출발 전날인 1월 21일에 있을 2차 답사뿐이었다. 그날 기필코 길을 외워야 했다.

길도 모르는데 투어디렉터로서 빠삭히 아는 양 말을 해야 하니 부담감이 밀려왔다. 아무리 확인해도 뭔가 빠진 것 같은 찝찝함이 사라지고 머릿속이 어느 정도 정리가 된 때는 2차 답사 출발을 앞둔 새벽 4시경이었다. 약 세 시간 후인 6시 55분, 영등포역에서 무궁화호를 타고 부산으로 다시 향할 예정이었다.

딱 하루간의 2차 답사는 강행군이었다. 부슬부슬 비가 내리는 와중에 발품을 팔며 길과 교통편을 체크하고 미처 확인하지 못한 사항들을 점검했다. 낮 12시에 부산에 도착한 뒤 밤 10시가 되어서야 숙소로 돌아왔다. 바로 내일이면 떠별들과 고객들이 부산에 도착할 터였다. 서로 손이라도 잡고 마음을 가다듬어야 할 것 같은데 다들 내일 무슨 말을 할지 수첩에 정리하기 바빴고, 몸은 몸대로 지쳤다. 일단 자고 내일 아침에 일어나서 마저 정리하자는 마음으로 잠자리에 들었다. 정말 피곤했음에도 나는 밤새 뒤척였다.

마음만 달린 〈런닝 인 부산〉 실전

첫째 날(2013. 01. 22)

첫날 일정을 끝내고 숙소로 돌아온 투어디렉터 다섯 명은 제정신이 아니었다. 적어도 나는 그랬다. 시크하게 미션을 설명하려던 계획은 홀라당 무너졌고 심지어 버벅댔다. 몇 번이나 실수를 했는지 세기도 싫은 심정이었다. 우리 팀이었던 떠별 가재와 쟈기의 난감한 표정이 자꾸만 머릿속에 스쳐 지나가며 어디 쥐구멍이라도 있음 가서 콕 처박히고 싶었다.

시작부터 일정은 틀어졌고 어찌어찌하여 숙소로 돌아왔건만, 가장 큰 문제는 야심차게 준비한 미션이 너무 쉽다는 것이었다. 후루룩 미션을 수행한 팀원들은 부산에서 달리기는커녕 살짝 지루한 표정으로 여행지를 어슬렁거릴 여유마저 있었다. 오늘 미션 난이도와 내일 미션 난이도는 엇비슷했고, 내일도 그대로 갔다간 〈런닝 인 부산〉은 망할 게 뻔했다. 미션 난이도를 높이기 위한 긴급회의에 돌입했다.

우리 어떡하지, 이야기를 던져 보아도 딱히 대책은 없었다. 게다가 랏차와 신나가 속한 팀 분위기가 좋지 않아 그것도 해결하자니 머리가 지끈지끈했다. 회의는 새벽 1시가 넘어서야 끝났고, 새로운 미션지를 만들었다. 신나와 랏차 팀에는 분위기 완화를 위해 4기 길별 이니그마가 동행하는 걸로 결론이 났다.

둘째 날(2013. 01. 23)

둘째 날에는 난이도를 올린 새로운 미션이 추가되고 투어디렉터 역할에 나름 적응한 덕에 첫날보단 분위기가 괜찮았으나, 그래도 허점은 여지없이 드러났다. 투어디렉터들끼리 말이 맞지 않아 몇 번이나 말이 바뀌니 민망했고, 부랴부랴 만들어 놓은 미션 역시 실수가 많았다. 부산 재래시장에서 이거 먹고 저거 먹고, 먹고 또 먹고 하는 일정에 결국 저녁을 못 먹는 사태가 벌어졌다.

숙소에 돌아와서는 부산 구제골목에서 1만 원 한도 내에서 구입한 옷들로 '만원패션쇼'를 벌였다. 일정 중 제일 재밌는 미션이었고, 위기 속에서 발휘한 뜻밖의 기지이기도 했다. 패션쇼가 끝난 후 각자 여행 소감을 말하는 자리를 가졌다. 의외로 대다수가 재밌었다는 의견이었지만, 모든 게 고까웠던 나는 그 모든 소리가 입에 발린 소리 혹은 거짓말로 들렸다.

닫기 모임이 끝나고서 회의는 또 이어졌다. 전체가 교류할 수 있는 시간이 있었으면 좋겠다는 닫기 모임에서의 의견을 수렴해 새로운 프로그램을 추가하자는 취지에서였다. 그냥 겨울 바다나 얼른 보고 사진이나 찍고 헤어졌으면 했지만, 기획팀이 아닌 떠별들까지 참여한 회의는 또 새벽까지 이어졌다. 광안리 해수욕장에서 단체 게임을 한 판하고 벌칙자들이 편의점에서 차를 타서 일일 다방 서비스를 해 주기로 했다. 미리 가서 세팅을 하고 게임을 진행할 사람을 정했고 일정을 점검했다. 드디어 내일이면 끝이었다.

셋째 날(2013. 01. 24)

출발부터 휘청했다. 약간 늦게 일어난 투어디렉터들은 씻고 짐을 싸느라 바빴고, 모임 시간에 살짝 늦었다. 게스트하우스에서 준 외출증이 분실되어 나와 떠별 몇 명이 숙소에 남고, 나머지는 먼저 광안리로 출발했다. 예정보다 늦은 시간이었다. 외출증 분실은 변상하는 걸로 끝이 났고, 방 정리가 깨끗이 됐나 확인한 뒤 인사를 하고 숙소를 나섰다.

광안리 해수욕장에 도착하니 한창 게임 중이었다. 시간은 11시 반 정도였다. 2시에 서울로 가는 기차를 타야 했고, 서른 명의 인원이 광안리에서 부산역까지 가려면 1시간은 필요했다. 그런데 게임 진행은 더뎌지기만 했고 현장에 있던 투어디렉터들은 누구도 다음 일정을 생각하지 않는 듯했다. 벌칙으로 일일 다방이 끝나고 사진까지 찍으니 12시가 넘었다. 숙소에 맡겨 놓은 짐을 찾아 다시 역으로 가려면 점심 먹을 시간도 없이 빠듯했다. 기차를 놓칠까 봐 초조함은 극에 달했다.

간신히 제시간에 기차를 탔다. 점심 먹을 시간이 없어 예정에도 없던 도시락을 사서 나눠 줬다. 그런데 한 명이 제 가방이 아니라 남의 가방을 가져왔단다. 시간이 없어서 짐을 한꺼번에 숙소 밖으로 내놓고 각자 찾아가라 했었는데, 너무 급했던 탓에 제 짐인지 확인해 볼 정신도 없었던 탓이었다. 1시 기차를 타야 해서 부랴부랴 일찍 출발했던 두 명도 기차는 탔지만 짐을 찾을 시간이 없어 택배로 짐을 부쳐 줬던 터였다. 결국 기차에서 혼자 내려 제 짐을 찾고, 다른 시간대 기차를 타던 떠별들과 합류했다.

아무튼 기차는 출발했고, 서울역에 도착할 때까지 나는 어깨의 긴장을 풀 수 없었다. 집에 도착하고 팀원들이 무사히 도착했는지 확인하고 수고했다는 문자를 보내고 나서도 내 어깨는 여전히 긴장으로 딱딱하게 굳어 있었다.

2월 5일. 폭풍 같았던 부산 여행이 끝난 지 열흘이 넘었다. 그럼에도 부산 여행을 떠올리면 머리가 복잡하고 그때 했던 실수들을 떠올리면 여전히 화가 난다. 도대체 그 여행은 내게 무엇이었을까.

깜빡깜빡하는 커서가 어서 결론을 내라며 재촉하는데, 명쾌하게 이거다! 하는 건 (지금은) 없다. 다만 이번 여행 기획은 떠별이나 학생으로만 쭉 살아오던 내가 난생처음 기획자·인솔자 역할을 하게 된 기회였다. 그 경계를 넘어가 보니 세상이 달랐다. 학생이었을 때는 보이지 않던 게 보이고, 이해할 수 없었던 게 이해가 됐다. 그 경험으로 내가 수용하고 이해할 수 있는 폭이 훨씬 넓어졌다.

그래서, 되짚어 보면 후회되는 것도 많지만, 〈런닝 인 부산〉을 하게 된 게 정말 감사하다. 모두에게 소중한 추억으로 기억되는 여행이었음 한다. 마지막으로 정말 수고 많았던 〈런닝 인 부산〉기획팀과 깨알같이 도와준 든든한 떠별들과 길별들 그리고 함께 여행한 친구들에게 고맙다는 말을 전하고 싶다.

5
젊은 문화기획자들
; 다큐멘터리 〈콩가루 모녀〉 상영 취재기

– 조아(김지은. 로드스꼴라 5기)

제13회 '인디다큐 페스티벌'이 막을 열었다. 인디다큐 페스티벌은 실험, 진보, 대화라는 슬로건을 가지고 국내 독립다큐멘터리의 새로운 제작자들을 발견하고 이끌어 온 영화제다. 이번 영화제가 더욱 특별한 이유가 있다. 바로 여행학교 로드스꼴라를 수료한 오해리(18) 감독의 다큐 〈콩가루 모녀〉가 국내신작전 부문에서 수상했기 때문이다. 청소년이 이렇게 큰 영화제에서 수상하는 일은 드물뿐더러, 영광의 주인공이 다름 아닌 3기 떠별이라는 소식에 「로드락」이 한달음에 달려갔다. 3월 24일 오후 1시, 마포구 동교동 롯데시네마에서 〈콩가루 모녀〉를 상영했다.

영화는 오해리와 엄마 석수경이 언성을 높이는 장면으로 시작한다. 어렸을 때 부모님이 이혼하고 오랫동안 외할머니와 살아온 오해리는 10대 후반 서울에 있는 학교에 입학하면서 엄마와 한집에서 살게 된다. 바야흐로 오랫동안 꿈꿔 온 모녀의 동거였다. 그러나 기쁨도 잠시, 오랫동안 쌓여 왔지만 한 번도 꺼내지 못한 지난날의 사정이 모녀 사이를 삐걱거리게 한다. 언제나 티격태격 다투기만 하던 모녀는 용기를 내어 얽히고

설킨 실타래를 풀어 간다. 언성을 높이다가 눈물을 보이고, 그러다가 이내 서로 토닥이고 달랜다. 앞으로 풀어야 할 이야기들이 여기저기 흩어져 있지만 오해리와 석수경은 그렇게 엄마를, 딸을, 그리고 자기 자신을 들여다보는 '찐한' 시간을 보낸다.

자전적 다큐멘터리로 모녀 간 애증과 오해를 풀어 가는 과정을 그린 〈콩가루 모녀〉는 여행학교 로드스꼴라 3기 오해리의 수료 작품이다. 지난 2월 길가온 과정을 수료한 오해리는 로드스꼴라에선 '신나'라고 불린다. 길가온 3과정 때 각자 주제를 정해 작업하는 개인프로젝트에서 오해리는 여러 매체 중 영상을 택했다. 나는 누구인가, 학교를 다니기 전과 후의 자신을 비교해 보자는 의도로 주변 인물들을 인터뷰하다가 점차 주제가 바뀌었다고 했다.

29분짜리 단편영화는 지난 12월에 열린 제1회 로드스꼴라 영화제 '지도에는 없는 이야기'에서 처음 선을 보였다. 반응이 좋았다. 그리고 이번 인디다큐 페스티벌에서 다시 한 번 많은 관심을 받으며 뜨거운 호응을 얻었다. 자리를 가득 메운 객석에는 로드스꼴라 떠별들을 비롯해 대안학교에 다니는 청소년들이 많았고, 그 밖에도 대안교육에 관심 있는 사람들이 있었다.

오해리 감독이 뜨거운 박수갈채를 받으며 무대에 섰다. 관객들이 궁금한 점을 질문하는 자리에서 오해리는 침착하고 명랑하게 이야기를 들려주었다. 사람들은 이후 계획을 궁금해했다.

"개인프로젝트를 하면서 영상을 처음 시작했는데 생각보다 쉽게 찍었고, 장면들이 모여 하나의 이야기를 이루는 게 신기했어요. 좀 더 해 보고 싶어요. 기회가 된다면 영상을 더 만들어 보고 싶어요."

가끔 학교에서 마주치던 선배를 영화관에서 감독으로 만나니 감회가 새로웠다. 무엇보다 학교 과제로 만든 영상이 이렇게 큰 영화제에서 상영된다는 게 신기했다. 만약 오해리 감독이 로드스꼴라에 오지 않았더라도 영화 만드는 재미를 알 수 있었을까? 자신이 스스로의 힘으로 하나의 작품을 완성해 낼 수 있다는 사실을.

우연히 찾아온 시간을 짜릿한 기회로 만든 오해리 감독. 로드스꼴라에 5기로 입학해 첫 학기를 보내고 있는 나 역시 하나하나 열심히 배우고 즐겁게 작업해서 언젠가 저런 기쁨을 맛보고 싶다. 앞으로도 카메라를 들고 싶다는 오해리 감독. 신나 선배의 엉뚱함과 솔직함이라면 어떤 주제라도 기대가 된다. 다음 작품을 기다려 본다. (「로드락」 2013년 4월호)

DMZ국제다큐멘터리영화제 수상작

<대한민국 1% 미만>

지난 27일 경기도 파주출판도시 일대에서 열린 37개국 115편의 다큐멘터리의 축제인 제4회 DMZ국제다큐멘터리영화제 폐막식에서 수상 작품이 발표됐다.

이날 청소년 경쟁 최우수상을 수상한 작품은 하서영 감독의 〈대한민국 1% 미만〉이다.

이 다큐멘터리는 '국수사과영' 교과서를 붙들고 공부하는 대신 네팔의 조그만 초등학교에서 페인트칠을 하며 놀고, 부엌에서 나물을 무치며 공부하는 아이들의 모습을 그렸다.

'성공'이 아니라 '내가 하고 싶은 일을 하면서 먹고살기'를 꿈꾸는 여행대안학교 '로드스꼴라'의 아이들.

사람들은 그들에게 그렇게 놀기만 해서 어쩌냐고 묻는다. 과연 "그들은 놀고만 있는 걸까"라는 의문을 던져 준다.

(아시아뉴스통신, 2012.10.1)

* 이 기사에 소개된 하서영 감독은 로드스꼴라 1기 소울입니다.

스마트폰에게 길을 묻다

– 어딘(김현아. 대표 길별)

"어딘, 서울에 황사가 심하대요."

볼리비아의 수도 라빠스, 아침 식사를 하기 위해 식당에 갔다가 랏차와 눈이 마주치니 건네는 이야기다. 그래, 가볍게 응대하고 자리에 앉으니 여기저기 이야기꽃을 피우는 떠별들의 소리가 들린다.

– 우리 집 강아지 어제 병원 갔대. 장염, 주사 맞고 약 받아 왔대.
– 우리 언니는 중간고사래. 스트레스 장난 아닌 거 같아.

우물우물 빵을 씹는 동안 여기저기서 고국의 소식이 들린다. 여행 내내 그랬다. 미라플로레스에서도 쿠스코에서도 부에노스아이레스에서도 떠별들이 호텔에 도착해서 가장 먼저 하는 일은 와이파이 비밀번호를 알아내는 것이었다. 그리고 접속했다. 두고 온 것들과.

베네치아의 젤라또는 천상의 맛이었다. 여름 한낮, 광장의 그늘에 앉아 이토록 섬세한 달콤함이라니 감탄을 하며 아이스크림을 먹다 사람을 구경하다 뒤적뒤적 가이드북을 보다 문득, 그가 떠올랐다. 바람 한 줄기 서늘하게 광장을 가르며 지나갔다. 잊었던 것들이, 잊었다고 믿었던 것들이, 두껍아 두껍아 헌집 줄게 새집 다오 모래집을 짓고 그네를 타며, 살고 있었다. 복숭아뼈 언저리, 포시락포시락.

아라시야마, 산토리 생맥주를 한 잔 받아 강가로 갔다. 입술에 닿는 거품의 부드러움, 지진이나 해일을 잘 견뎌 오래 일본이 건재하기를, 하고 바란다. 이토록 진진한 맥주를 길게 즐기고 싶으니. 강은 흐르고 오래된 다리에 하나둘 등불이 켜지고 강물 위를 떠가는 배에서 흩뿌려지는 현악기의 소리가 어둠 속을 미끄러진다. 넋을 놓고 풍경을 바라보다 홀연 풍경 속으로 들어간다. 그리운 이름 하나 비로소 부르며.

스마트폰과 함께 떠나기 전 나에게 여행이란 그런 것이었다. 이곳을 떠나 저곳에서 오래 흐르며 떠돌며 낯선 언어와 낯선 음식과 낯선 바람과 낯선 공기를 만나 비로소 이곳의 것들을 잊으려 할 때 불현듯 떠오르는 이곳, 을 그윽히 들여다보는 것. 여행학교를 시작하며 나는 우리 떠별들 역시 오래 이곳을 떠나 저곳에 머무르며 비로소 내게 절실한 것이 무엇인지, 애틋한 것이 무엇인지 알아차리기를 바랐던 것 같다. 그러나.

– 서울에 폭설 내렸대. 기상관측 사상 가장 추운 날이래.
아프리카에서도,

–서태지가 이지아랑 결혼했다 이혼했대. 말이 돼?
남미에서도,

– 엄마 오늘 오빠랑 피자 먹었대. 나 없이 둘이서 아주 신났어요.
베트남에서도,

우리는 '이곳'을 벗어나지 못했다. 부모들은 자식들이 오늘은 어딜 구경했는지, 무얼 먹었는지, 잠자리는 불편하지 않은지 카톡으로 물어 왔다. 친구나 자매들 역시 끊임없이 말을 걸어 왔다. 이야기가 쌓일 틈이 없었다. ㅋㅋㅋ, ㅎㅎㅎ, ㅠㅠ 따위로 마무리되는 단어 이어붙이기로 떠별들은 그날의 여행을 휘발시키는 듯했다.

갈등이 생겼을 때도 이곳에 있는 친구들보다는 저곳에 있는 사람들과 이야기하곤 했다. 함께 방을 쓰는 문제로, 일정을 짜는 문제로, 뭘 먹을 것인가의 문제로 여행 중에 떠별들은 종종 갈등을 일으킨다. 그 과정을 통해 나와는 '다른' 스타일을 받아들이고 존중하는 것이 말보다는 어려운 것임을 깨닫고 합의점을 찾아내는 훈련을 하게 된다. 스마트폰은 종종 '여기 있는 이 사람'과 치열하게 갈등하기보다는 '저기 있는 저 사람'에게 이 상황을 중계하게 만든다.

스마트폰 이후 여행자들은 길을 잃는 법도 거의 없다. 길찾기 앱을 설치하고 주소를 찍으면 원하는 곳까지 일사천리로 찾아갈 수 있다. 지도를 놓고 동서남북을 가늠하고 주위를 두리번거리고 때로 지나가는 사람에게 말을 거는 일 따위는 이제 하지 않아도 된다. 함정은 거기에 있다. 종종 여행자들은 길을 잃음으로써 지도 밖의 풍경을 발견하게 된다. 목적지로 향하는 길을 우연히 벗어났을 때 만나게 되는 풍광은 뜻밖의 선물이 되기도 하는데, 여행이 목적이 아니라 과정이라는 것을 실감하게 된다. 길을 잃는다는 것은 새로운 길을 만난다는 뜻이니.

생을 살아가다 보면 몸의 감각이 때로 머리의 감각보다 정확할 때가 종종 있다. 두 갈래 길에서 망설이고 표지판이 사라진 곳에서 추리를 하고 동행하는 사람과 의논을 하는 시간은 인류가 오랜 시간 절차탁마하여 갖고 있던 몸의 감각들이 살아나는 순간이다. 낯선 곳에서의 길찾기는 머리보다는 엉덩이를 믿어야 할 때, 두려움 없이, 그렇게 할 수 있는 내공을 길러 준다고 나는 믿는다.

그래서 여행 전에 모별님들께 부탁을 드리는 것이다. 여행 중에는 카톡으로 말을 걸지 말아 주십시오, 무슨 일이 생기면 먼저 연락을 드리겠습니다, 일주일이나 열흘에 한 번 홈페이지에 소식을 남기겠습니다, 우리 서로를 그리워하는 시간을 가져 봅시다. 걱정이 되시면 기도를 해 주십시오.

감사하게도 로드스꼴라의 모별들은 기꺼이 그 제안을 수락하고 동의한다. 그런데 한편 미심쩍고 찜찜하다. 혹시 나는 연연하는 것일까. 공들여 엽서를 쓴다거나 비싼 국제전화를 걸었지만 심중의 말을 끝내 못 꺼낸 그 시간들이라거나 파리의 어느 호텔에서 받았던 친구의 편지 따위……. 21세기 스마트폰과 함께하는 여행이 만들어 낼 새로운 여행은 다를 텐데 말이다.

대저 여행은 무엇이냐고, 스마트폰에게 묻는다.

“

길은 늘 새로운 길을 만나게 마련이었다.
떠별들은 스스로 깨쳤다.
여행을 해 나가면 나갈수록 학교의 기획안이 아니라
진정으로 제 가슴을 움직이는 이유나 목적이 필요하다는 사실을.
나는 이들이 장차 우리에게 들려줄 다양한 삶의
스토리텔링을 지극한 관심으로 기대한다.
다시 길을 떠나시라, 힘차게!

”

김남일(소설가)
『로드스꼴라, 남미에서 배우다 놀다 연대하다』 리뷰집 중

| 제3부 |

길너머 과정

로드스꼴라 수료 이후의 1년(학기로는 5, 6학기)은 여행 관련 기업이나 단체에서 일 경험을 하며 역할을 이동해 보는 시기다. 역할 이동은 세상을 다르게 경험해 보는 중요한 계기가 될 수 있다. 지금까지 학생, 고객 혹은 자녀의 입장으로 세상을 살았다면 길너머 과정에선 교사, 여행기획자 및 인솔자, 일하는 사람의 정체성을 가지고 세상을 마주하는 시간을 갖게 된다. 전화 받기와 걸기, 업무일지 및 지출결의서 작성 따위 기본 업무는 물론 '청소년 교육여행'이라는 키워드로 여행을 기획하고 실행하고 평가하며 책임지는 일을 해내야 한다. 한 집단의 이상과 비전을 공유하고 구체적이고 실현 가능한 목표를 함께 만들어 내며 치열하게 현장을 누비는 경험, 그 과정에서의 고군분투와 시행착오와 땀방울과 눈물이야말로 또 하나의 커다란 배움일 것이다.

가재의 인턴 일기

– **가재**(서정현, 로드스꼴라 3기)

글쓴이는 로드스꼴라 수료 이후 1년간 공정여행 사회적기업인 (주)트래블러스맵에서 인턴 사원으로 근무했습니다(길너머 과정). 이 글은 그때의 기록입니다.

| **면접 편** | 불량한 스펙

"자신이 잘한다고 생각하는 건 뭔가요?"

사장님의 날카로운 질문에 글쓰기를 잘합니다, 라고 대답하기 망설여졌다. 왠지 돈을 버는 회사에서 글 쓰는 능력은 마이너스 요소가 될 거라는 판단이 들었다. 특히 내가 주로 쓰는 글은 나의 부족하고 약한 부분을 고백하는 글이었기 때문에 오히려 무능력한 것처럼 느껴져서 부끄러웠다. 나는 잘하는 게 후딱 떠오르지 않아서 정말 터무니없는 말을 해 버렸다.

"전 몸으로 막 하는 건 잘합니다."

속으로 막춤을 생각하고 있었는데, 실은 글쓰기와 막춤 중에 뭐가 더

회사에 이익이 되는 일인지 확신할 수 없었다. 그래도 믿음직스러운 미소를 날리기 위해 활짝 안면 근육을 밀어 올렸다.

"이익이 많이 나는 상품을 진행하겠어요, 아니면 이익이 많이 안 나더라도 우리 회사가 지향하는 공정여행 상품을 진행하겠어요?"

이번엔 팀장님의 질문이었다. 같이 면접을 보는 두 친구는 이익이 많이 나는 상품을 먼저 진행하겠다고 말했다. 나도 격하게 동감했다. 당연히 돈이 있어야 회사도 굴러갈 수 있으니까. 하지만 어쩐지 면접 자리에서는 경쟁자와 선을 긋는 것도 필요할 듯싶었다. 속내와는 다른 말이 나왔다.

"이익이 많이 나지 않아도 공정여행에 부합하는 상품을 우선 진행해야 한다고 생각합니다. 트래블러스맵 홈페이지에 들어오는 고객들은 공정한 여행이 대체 어떤 걸까 궁금해서 들어오는 건데 그분들을 위한 여행 상품은 있어야 하지 않을까요?"

한 면접관은 내 나이를 보고 군대에 다녀왔는지 물어 왔고, 나는 올해 1년 인턴을 하면서 잘 배우고 내년이나 후년에 갈 계획이라고 말했다. 면접에서 떨어지면 어떤 계획이 있느냐는 질문에는 "예전부터 힘든 시기엔 군대에 갈 생각이었다"고 대답했다. 절실하게 보이려고 즉석에서 지어낸 건지, 나도 모르는 또 다른 나의 진심이었는지 모르겠지만 그 말은 절대 미리 생각해 둔 게 아니었다.

면접을 준비하는 내내 나는 현실을 정면으로 마주한 기분이었다. 대학에서 열심히 스펙 쌓는 친구들이 사회에서 시키는 대로 사는 바보인 것만은 아니구나, 하고 느꼈다. 대안학교에 오면서 남다르게 산다는 자부심이 있었는데 인턴 면접을 마치고 나자 먼지처럼 사라졌다. 다르게 살려면 그만큼 더 성실해야 하는 걸까. 만약 이번 면접이 로드스꼴라 2년 학습과정을 마친 학생들을 대상으로 실시하는 게 아니었다면 난 서류전형에서 떨어졌을 게 분명했다.

나이 스물세 살. 군대 미필. 고등학교는 검정고시 통과. 영등포의 한 대안학교를 수료하고 편의점 CU 야간 근무자로 일하고 있음. 특별한 봉사활동 없음. 어학연수도 아닌 외국 여행 서너 번. 자격증은 전무(全無).

마주한 나의 현실은 살짝 우울했고, 나는 PPT 발표를 준비하면서 "망했어"란 말을 입에 달고 살았다. 면접 직전 PPT가 어디론가 사라지면서 (최종 저장을 안했다!) 그 말은 현실이 되었다. 이어진 질문들과 솔직하지 못한 대답들. 면접 시간은 내게 정말 길었다. 하고 싶은 말은 딱 한마디뿐이었으니까.

"뽑아만 주시면 정말 열심히 하겠습니다."

준비한 PPT를 날려먹고 회사에 채용된 나는 첫 출근날부터 늦지 않기 위해 마음을 다잡았다. 로드스꼴라를 다닐 때는 마음을 다잡는 것만으로는 일찍 일어나기 힘들었는데, 인턴이 되니까 저절로 눈이 떠졌다. 혹시 작심삼일이 될까 봐 엄마에게 매일 아침 7시 반에 전화를 해 달라고 부탁까지 했다. 책임이 덜한 학생이라는 신분에서 회사원이라는 신분으로 변신한 거니까 다른 인턴들도 다들 '절대 늦지 않겠어'라는 각오로 출근을 하는 것 같았다. 한 달이 지난 지금까지 출근 시간을 어긴 인턴은 단 한 명도 없다.

지각을 안 하게 된 나와 세 명의 인턴들은 새로운 문제에 맞닥뜨렸다. 그것은 바로 '정시 퇴근'이다. 저녁 6시가 되기 5분 전에 미리 가방을 싸 뒀다가 6시 땡 하는 순간 뒤도 안 돌아보고 집으로 떠나는 일은 얼마나 어려운 일인가.

그날은 회사 전체가 2013년 주주총회 준비로 바빴다. 나는 주주총회의 위임장 정리를 맡아 분주하게 한 주를 보낸 터였다. 제일 중요한 업무로는 6개월 단위로 운영되는 '어린이 주말여행학교' 부담임을 맡았기 때문에 그것도 나름 잘 준비해야 했다. 월간잡지 「로드락」의 디자인팀이어서 만들어야 할 표지 시안들도 있고, 거기에 실릴 원고도 두 개나 청탁받아서 하루빨리 완성해야 했다. 그날 근무 시간엔 노트북을 멍하니 바라보다가 문득 회사 책상뿐 아니라 집 책상도 한 달째 엉망이라는 사실이 떠올랐다. 미리 써 두었던 주간계획표의 일정은 언제나 급하게 맡은 일들 때문에 뒤로 밀려서 마감 직전에야 착수할 수 있었다. 한마디로 일머리가 전혀 잡히지 않는 상황.

이런 나에게 6시 퇴근이 어려운 것은 어쩌면 당연했다. 생전 처음 하는 일들을 어떻게 제시간에 딱딱 해 놓을 수 있겠어. 스스로 합리화하며 매일 9시, 10시까지 야근을 해 왔고, 집과 직장을 오가는 지하철에서 부족한 잠을 보충했다.

"인턴들! 대체 뭐하니?"

쩌렁쩌렁한 부장님의 목소리였다. '세 시간째 표 하나 만드느라 쩔쩔맵니다'라고 당차게 대답할 수도 없는 노릇이라 모기 목소리로 호호 웃기만 했다. 그래도 내심 칭찬해 주시지 않을까 했는데…….

"누가 보면 인턴들 엄청 부려먹는 줄 알겠다. 야, 일찍 좀 퇴근해라. 어차피 3개월 후에 재계약 못 할 수도 있는데 뭐 이리 열과 성을 다하나!"

그때 퇴근을 하려고 가방을 챙기던 옆자리의 팀장님이 얄밉게 한마디 거들었다.

"인턴 여러분, 퇴근하십쇼!"

나는 순간 "네! 정말 저도 어서 빨리 퇴근하고 싶습니다!"라고 오른손을 들어 따지고 싶어졌다. 그냥 대충 하면 나도 6시에 퇴근할 수 있습니다, 근데 대충 말고 창의적으로 일하라고 하지 않으셨습니까, 그러니까 하나에 집중할 수 있도록 다른 일감을 주지 말란 말입니다, 전 이거 하나 완벽하게 하는 데도 시간이 오래 걸립니다, 근데 계속 매일 새로운 일감을 주면서 지금 해야 할 일이 밀리는데 어쩌란 말입니까아아아아, 야근 밖에 수가 더 있습니까!

객관적으로 보면 부장님과 팀장님의 말씀이 백 번 지당했다. 나도 빨리 퇴근해서 집에서 좀 쉬면서 개인적인 일도 처리하고 -예를 들면 한 달째 못 하고 있는 책상 정리- 다음날 출근 준비를 하면 얼마나 편할까. 그리고 계약서상으로도 분명 6시 이후에 사무실에서 사라져도 뭐라고 욕할 사람은 없다. 그러니까 일을 못하는 내 머리 탓, 일을 무조건 맡고야 보는 내 욕심 탓에 이상한 야근 생활을 이어가던 거였다.

"내 목표는 이제 지각하지 않는 몸을 만드는 게 아니라 칼퇴근하는 몸을 만드는 거다!"

6시에 곧장 퇴근을 하는 날, 나는 하늘로 날아오를 정도로 행복에 겨워 눈물을 흘릴지도 모르겠다.

| **재계약 편** | 인턴들과의 수다

점심시간마다 인턴 네 명끼리 밥을 먹는다. 그래서 출근하자마자 서로의 도시락 유무를 체크하고 메뉴를 조율하고 점심 먹을 시간을 고대한다. 처음엔 다른 동료들과 따로 먹는 게 불편해서 눈치를 봤지만 이젠 우리끼리만 점심시간을 보내는 게 익숙해졌다. 벌써 3개월째다. 인턴을 하며 일을 잘하게 됐다고 확신할 순 없어도 인턴들과의 관계만큼은 확실히 돈독해졌다. 랏차의 말을 빌리면 식사를 마치고 '트림할 수 있는' 사이가

됐다.

얼마 전 우리는 수습 기간을 마치고 정식 인턴(?)이 됐다. 재계약을 한 것이다. 계약서에 사인하기 전부터 '인턴의 희망찬 미래'를 주제로 담소를 나누기로 기약했었다. 서로 인턴을 그만두지 않을 거라는 확신이 있었다. 점심시간은 너무 짧으니 함께 오요리 홍대점에서 저녁을 먹기로 했다. 함께 공연하고 받은 오요리 레스토랑 10만원 상품권이 있었다.

때려치우고 싶은 사람? 종종 그만두고 싶을 때가 있다는 얘기가 모두의 입에서 나왔다. 쟈기는 지난 5월 출시했던 상품이 모객 단계에서 실패해서 재계약 때 입장이 난처했다.

"내가 맡은 꾸러기 유랑단은 작년에 팀장님이 해 놨던 게 있단 말이야. 그리고 다 다시 짤 수가 없는 게 이미 틀이 있던 거였고. 그리고 일회성으로 1박 2일 가는데 아이들에게 뭘 줄 수 있을까. 사실 나는 랏차나 가재가 하고 있는 6개월 과정 지구별 여행자 하면 잘할 수 있거든. 가재가 맨날 고민하는 애들 혼내는 거 있지, 그거 내가 완전 잘해."

전체 판을 읽고 기획을 해서 '고객'을 모아야 하는 쟈기의 고민은 애들을 인솔하고 잘 성장할 수 있도록 도와야 하는 나의 고민과는 결이 달랐다. 같은 초등학생들을 대상으로 한다는 점에서 공통점을 가졌지만 고객으로 대하느냐 학생으로 대하느냐의 차이가 있다.

완두콩도 초등학생을 만나고 있다.

"주말행복체험은 서울시 공모 사업이야. 경제적으로 어려운 환경의 아이들에게 공짜로 서울 여행을 시켜 주는 건데, 문제는 공짜라는 거지. 황금 같은 토요일에 일찍 일어나서 오고 싶겠어? 그것도 서울로? 게다가 공짜니까 막 빼먹고, 참여율 저조하고, 근데 나는 혼낼 수도 없어. 그러면 더 안 오려고 하니까. 웃으면서 오냐 오냐 해야 돼."

완두콩이 서울시와 파트너십으로 일하는 현장에 투입된 이유는 특유의 친화력 덕분이다. 대외적으로 만나는 일은 낯선 사람에게 전화를 거는 일에 망설임이 없는 두콩이가 적격이다.

반면 랏차는 중고생들이 참여하는 6개월 과정의 주말여행학교 '지구별 여행자'를 맡아서 진행 중이다.

"나 조금 업무 시간 여유로워. 왜지? 사실 청소년들은 말 안 해도 알아서 하는 부분이 많잖아. 그리고 팀장님이 내가 할 역할은 계속 애들이랑 친해지고 속 얘기를 들어 주는 걸로 한정해 줬단 말이지. 좀 보람찰 때는 애들이 로드스꼴라 오고 싶다고 할 때야. 우리가 만든 프로그램이 재밌다고 하는 애들이 몇 명 있어."

랏차의 토요일은 어쩐지 유유자적할 것만 같이 들리지만 나름 짱짱 힘들 때가 있다고 한다.

나는 랏차랑 같은 '지구별 여행자'지만 어린이 팀을 인솔한다. 인턴을 하면서 학생에서 선생님으로 바뀐 나는 과거를 돌아볼 때가 많다. 수업 시간에 졸거나 하기 싫다고 뺀질대던 모습도 떠오른다. 당연히 과거에 대한 부끄러움 같은 게 생기고, 저 나이 때는 원래 저러지, 라고 합리화도 한다. 그래서 혼낼 때마다 "나도 저랬는데……." 하고 양심의 가책을 느낄 때가 많았다.

인턴들과 있으면 할 말이 너무 많은데 그게 좋은 건지는 잘 모르겠다. 공적인 업무 얘기부터 사적인 가족 이야기까지, 쓸데없는 농담부터 진지해서 웃긴 인생 상담까지. 회의한답시고 수다를 떨며 농땡이 칠 때도 있다. 재계약 자기평가서에 "인턴들과 수다를 줄일 필요가 있다"라고 적기까지 했다. 종종 사무실이 답답하고 힘에 부칠 때가 있는데, 그때마다 힘이 되어 주는 건 인턴들이다. 동병상련.

| **업무 편 1** | 인턴의 얼굴은 어떻게 늙어 가는가

"가재는 점점 늙는 것 같은데."

여행 이틀째, 구례의 김지호 선생님이 나를 콕 집어 던진 말이었다. 처음에는 농담이라고 생각했다. 끼니마다 반 공기의 밥을 먹고 평소와 달리 걷기 운동을 열심히 했으며 공기 좋은 지리산 자락에서 두 밤이나 잤다. "넌 원래 늙어 보였어"라고 말한다면 할 말은 없지만 더 쭈글쭈글해질 물리적인 이유는 없었다. 난생처음 스무 명의 일행을 이끌고 여행을 진행하는 정신적인 스트레스가 노화를 촉진한다면 모를까. 나는 올 여름, 여행기획자 혹은 인솔자로 불리는 배지(badge)를 달았다.

평소 나는 어려야 한다는 착각 속에 살아왔다. 어딘은 상반기의 주 업무로 어린이 주말학교의 부담임을 맡기면서 스스로 어른임을 자각하라고 말했다. 맞는 말이었다. 지난 2년 반 동안 로드스꼴라 3기로 활동하면서 나는 고등학생 친구들 뒤에 숨어서 청소년인 척하기를 즐겼다. 로드스꼴라에 입학했을 때가 스물한 살이었지만 고등학생들과 어울리며 지냈다. 나의 남자 친구들은 군대에 가고 여자 친구들은 대학교 2학년이 됐을 무렵이었다.

여행기획자여서 청소년으로 위장하기가 어려웠던 것은 이번 여행의 딜레마였다. 계속 스태프와 참가자들이 나를 찾았다. 나는 명확하게 대답하지 않고 "더 알아보고 알려 줄게요"라거나 "결정은 당신에게 맡기겠어요"라고 말했다. 어떤 일을 책임지는 게 부담스럽다는 뉘앙스에서 청소년 딱지를 떼지 못한 나의 미숙함이 고스란히 드러났다. 이러면 안 되는데, 하면서도 스태프, 현지 선생님, 함께 여행을 따라가 준 멘토에게 절대적으로 의지했다. 예를 들면 처음 뵌 선생님에게 우리를 소개하는 인사말을 다른 사람에게 미루거나, 대열의 맨 앞에 서기로 했는데 계속 뒤로 처지는 식이었다.

이런 경우 처음엔 내 잘못이 아니라고 생각했지만 시간이 지나면서 내가 그때 나서야 했던 게 아닌가, 하는 자책의 시간이 찾아왔다. 잘하고 싶은 마음 굴뚝같고 의지는 충만한데 언제나 몸은 움직이지 않았다. 원활하지는 않지만 그래서 스펙터클한 여행이라고 포장해야 하는 나는 참가자와 스태프들에게 미안했다. 일을 잘 못하는 인솔자인 나는 항상 뒤늦게 후회를 했다.

4박 5일 일정의 구례 여행이 끝나는 날, 스태프 회의를 가졌다. 공부 모임을 같이하는 로드스꼴라 수료생 친구들이었다. 그들은 나에게 쓴소리를 쏟아 냈다. 실제 여행에서뿐만 아니라 기획 단계, 홍보 단계에서 나의 무책임함이 그들을 몹시 힘들게 했다는 걸 알게 됐다. 나는 순간 모든 걸 다 때려치우고 싶어졌다. 못하는 건 어쩔 수 없다는 변명을 하기 위해 내 마음대로 되지 않는 수많은 것들을 머릿속에 떠올려야만 했다.

다음 날 사무실에 출근해 숙박비를 입금하려고 구례로 전화를 걸었는데 상대방이 다짜고짜 화를 냈다. 7월 중 정산이었는데 늦게 보내 준다고 말이다. 나는 사무적인 존대와 틱틱거림에 짜증이 밀려왔다. 다음엔 돈 문제는 직접 1대1로 해결해야겠구나 생각했다. 그녀의 한마디 때문에 그날은 모든 일이 손에 잡히지 않았다. 나는 그렇게 얼굴의 주름 하나가 늘었고, 밤마다 규칙적으로 팩을 하면서, 어른스럽게 일을 처리하는 법을 강구하기 시작했다.

| **업무 편 2** | 어색하고 특별한 클로징

로드스꼴라에는 '닫기 모임'이라는 특별한 시간이 있다. 이 제도는 로드스꼴라와 같은 선상에 있는 주말여행학교 '지구별 여행자'에도 그대로 이어진다. 닫기 모임은 여행에서 하루를 정리하는 방식이다. 여행학교 학생들은 자신이 보고 듣고 느꼈던 것을 솔직하게 정리해서 얘기한다. 길어도 좋고 짧아도 좋다. 길별도 말하고 떠별도 말한다. 여행지는 같아도 경험은 다르다. 떠별 시절 나는 제법 이 시간을 즐기는 사람이었다. 종종 길게 한다고 타박을 들으면서도.

인턴이 되고 나서 나는 이 시간을 꺼리는 사람이 됐다. 포지션이 달라졌기 때문인데, 길별의 위치에서 이 닫기 모임을 주재하면서부터다. 그간은 내 얘기를 하는데 집중했다면 이제 전체에서 어떤 이야기가 이뤄지고 있는지 포착해야 했다. 예전엔 남의 이야기가 내 이야기의 부가적인 이야기였다면 이젠 그 자체를 고유하게 하나씩 인식하고 판별해야 하는 의무를 짊어졌다.

얼마 전부터 스물세 명이나 되는 청소년 지구별 여행자 5기 친구들을 세 그룹으로 나누어서 닫기 모임을 진행 중이다. 한 명이 3분씩 얘기해도 한 시간이 훌쩍 넘어 버려서 시간이 부족하고, 그룹 자체가 크다 보니 솔직한 이야기가 나오기 힘들다는 판단이 들었기 때문이다. 나는 하나의 소그룹을 온전히 맡아서 닫기 모임을 열고 있다.

"얘들아, 오늘 했던 것들은 뭐였는지 생각해 볼까?"

일정들을 곱씹을 시간을 준다. 이것은 노련하지 않은 풋내기 길별의 전략이다. 솔직하게 자신이 받아들인 그대로를 말해 주기를 바라며 나는 침묵을 유도한다.

그런데 내가 맡은 팀에 가장 어린 친구들이 모여 있었다. 쉽게 집중이 흐려졌다. 누군가 말을 할 때는 너의 얘기를 듣고 있어, 라는 뉘앙스를 풍겨 줘야 하는데 '지방 방송'이 튀어나오면 얘기 자체가 끊긴다. 어수선한 쪽에 눈빛을 주고 그만 떠들라고 주의를 주느라 말하는 사람에게 집중하지 못했다. 잘 말하고 있는 그 친구에게 미안해졌다. 급격하게 자신감이 줄고 횡설수설하다가 정작 얘기하려 했던 것을 까먹었다.

"오늘 별로 다가오는 게 없었어요. 배고팠고, 본격적으로 베트남 공부 시작하니까 졸리고 그래요."

"음, 그래. 그러면 간식을 줄까?"

이상한 말을 내뱉는 건 내가 당황했다는 증거다. 어떤 친구가 이 여행학교 프로그램에 흥미가 떨어졌다고 할 때 나는 재미를 유도할 자신감도 기다려 줄 여유도 없었다. 어떻게 대해야 할지 몰라 저자세로 임했다. 궁별(궁금한 별. '지구별 여행자' 학생을 부르는 말)들은 금세 길별들의 성향을 파악했더랬다. 아, 저 사람은 잘 안(못) 혼내. 그렇다고 심중의 말을 터놓는 편한 사이가 되지도 않았다. 나는 뭘 하고 있고, 여기는 대체 어디지? 정신이 몸에서 벗어나 공중으로 빠져나갔다.

궁별들은 대부분 일반 학교를 다녀서 이런 나눔 형식에 익숙하지 않은 듯하다. 생활 나눔이 되어야 하고 자신의 시선으로 바라본 것을 나눌 줄 알아야 한다. 그게 함께 여행하는 이점 중 하나이기 때문이다. 하지만 궁별들은 자기 이야기를 하는 데 주저하고 어색해한다. 그들을 대하는 나도 어색해지고 만다. 결국 숙제하는 것처럼 즐겁지 않다. 그래서 꺼리게 된다.

우리 사이에는 아직 긴긴 이야기를 터놓고 말할 수 있는 신뢰가 안 생긴 걸까. 일주일 중 하루라는 시간은 신뢰 형성이 되기엔 부족한 걸까. 할 말이 많아도 입 안으로 삼킨다. 궁별과 길별은 다른 이야기를 해야 한다고 생각하기 때문이다. 내가 먼저 불쑥 속내를 말해 볼까. 닫기 모임을 잘 여닫기 위해 나는 오늘도 고군분투 중이다.

| **업무 편 3** | 지난 6개월 동안 내가 한 일은

열두 명의 궁별들과 함께한 6개월은 제 자신을 돌아보게 해 줬습니다. 저 멀리 별처럼 아득해진 열두 살의 기억을 떠올려 보기도 했고, 다양한 성향을 지닌 아이들 틈에서 어린 나라면 어떤 표정으로 앉아 있을까 상상도 했습니다. 초등학교 4학년 친구들은 저와 띠 동갑이었고 처음에 저는 그 마디의 시간이 조금 놀라웠습니다. 이제 누군가의 선생님이라고 불려도 어색하지 않은 나이가 되었고 성장에 대해 아낌없이 조언해 줄 수 있어야 했습니다. 하지만 아직 어떤 준비도 되지 않았다는 생각이 들었습니다. 성장이란 대체 무엇인지, 나는 어떻게 자랐는지, 대부분의 아이들은 어떤 과정을 지나서 어른이 되는 건지 이런 질문 앞에서 막막했습니다.

6개월 동안 초등학교 4, 5, 6학년 친구들을 매주 토요일 만났습니다. 몸을 움직일 때도 있었고, 타국에서 온 낯선 사람의 이야기를 들어야 할 때도 있었습니다. 악기를 치며 노래를 부르거나 자기가 찍은 사진을 보여 주며 발표도 했습니다. 주말여행학교의 대부분은 이렇게 실내 수업을 통해 구성됩니다. 여행에 앞서 여행을 기록할 수 있는 자기의 표현 방식을 찾고(수업 이름 '여행의 기술' ; 사진놀이, 음악놀이, 이야기책 만들기), 마지막에 떠날 해외여행을 앞두고 여행지에 대한 문화와 언어를 공부하고(여행지 학습), 나도 즐겁고 지구도 즐겁고 현지인도 즐겁고 같이하는 친구들도 즐거울 수 있는 여행은 무엇일지 이야기도 나눴습니다(젠더 워크숍, 공정여행 워크숍).

중간 중간 1박 2일로 국내 여행을 세 번 다녀왔습니다. 아침에 눈을 떴더니 친구가 옆자리에서 코를 골며 자고 있다는 걸 목격한 아이들은 여행의 순간 가장 깊숙하게 서로를 알게 되지 않았을까 싶습니다. 첫 번째 여행에서는 지리산 인월에 있는 '감꽃홍시'라는 작은 게스트하우스에 머물면서 함께 밥을 먹고 신발을 가지런히 정리하고 이불을 차곡차곡 개는 여행자의 기본적인 예의에 대해서 이야기를 나눴습니다. 두 번째는 강원도 영월에 있는 제장마을의 구불구불 산길을 걸으며 자기 몸의 한계를 만나보았습니다. 대부분의 친구들은 페이스를 조절했지만 초반에 무리하게 앞서 나가다가 막판에 울음을 터뜨리고 만 친구도 있었지요. 세 번째 여행은 경기도 가평 연곡분교 캠핑장에 다녀왔습니다. 팀별로 텐트를 치고 식단에 따라 세 끼의 식사를 해결하면서 독립적인 여행자로서 한 걸음을 내디뎠습니다. 마침 여름이어서 계곡물에 풍덩 들어가 물놀이도 신나게 했지요.

7월, 여름방학이 되자마자 궁별들은 캄보디아로 7박 9일 해외여행을 떠났습니다. 거대한 유적지를 배경으로 도시락을 까먹기도 하고, 서울에 두고 온 가족들을 생각하며 선물을 사고, 매끼마다 식탁에서 낯선 음식을 마주했습니다. 캄보디아의 아이들과 잠깐이지만 함께 뛰어놀면서 친구를 사귀기도 했습니다. 촬영된 영상을 편집하면서 다시 한 번 반짝이는 순간을 만났었죠. "여행할 때 아이들은 가장 예쁘다"라고 당당하게 얘기할 수 있습니다.

짧다면 짧고 길다면 긴 여행에서 돌아왔습니다. 8월 수료 파티를 마치고 아이들은 다시 새 학기를 시작하러 각자의 학교로 돌아갔습니다. 이제 토요일마다 다른 일들을 하느라 바쁠지도 모르겠군요. 6개월이 엄청 짧습니다. '아이들은 어떻게 어른이 되는 걸까.' 이 질문은 아직도 유효하지만 가을의 저는 아주 조금 안개가 걷혀서 열쇠말 비슷한 것들이 어렴풋이 보이는 듯한 기분이 듭니다. 책벌레, 찐빵, 바다, 쇼니, 아론, 코리안, 사자, 코코, 아라, 클로버, 부엉이, 해토. 열두 명의 궁별들에게 고맙다는 말을 전하고 싶습니다. 고마워, 얘들아!

| 에필로그 하나 |

;

길 위에서 만난 것들

여행학교 로드스꼴라의 대표 교사인 관계로 종종 질문을 받는다. 아이들과 혹은 학생들과 함께 여행을 하려는데 어디가 좋겠는지, 어떤 프로그램이 있는지, 여행이 아이들에게 미치는 영향은 무엇인지…….

질문이 채 끝나기도 전에 몸속의 등고선이 꿈틀, 한다. 간질간질 발바닥에 새겨진 지질도도 기지개를 켜려 한다. 언어를 벗어나는 몸의 기억들이 경사지의 기복들에서 낮은 포복으로 기어 나온다. 천 년 전의 여왕 앞에서 노래하고 춤추던 고글리의 소녀들, 안나푸르나 산등성이에서 꽃처럼 피어나던 로드스꼴라의 떠별들, 이젠 엄마를 떠나보낼 거예요, 엄마는 엄마의 길을 갈 것이고 나는 나의 길을 가겠죠, 내 영혼은 독립할 것이고 내 몸은 분리될 거예요, 아프리카 여행학교의 길동무들.

아랫배에 엉켜 뭉친 실타래를 푸는 것이 공부라면, 출렁이는 관계의 줄을 균형 잃지 않으며 건너는 것이 공부라면, 상상 너머의 시간과 마주치는 것이 공부라면, 여행은 공부다. 광막할수록 풍성하던 미답의 영역들, 땅 위를 구르던 부모미생전(父母未生前)의 기억, 아흔아홉 겹 꿈속을 넘나들던 당신, 지독한 절망이 게워 내는 아아, 향기로운 한 떨기 꽃, 길 위에서 만난 것들이다.

함께 여행했던 청소년들은 공간을 새롭게 창조했다. 맨발의 소녀들이 푸른 웃음 웃으며 뛰어다녔을 때 천년사적 황룡사지는 청춘의 공간이 되었고, 바다거북을 만나겠다며 네 명의 소녀들이 손을 잡고 잠수하자 하나우마 베이는 가슴 두근거리는 탐험의 공간이 되었다. 연애에 달떴던 소년과 소녀가 은밀히 손을 잡던 공주에서 백제의 사랑은 21세기의 사랑을 만났다. 오래된 것들은 새로운 것을 만나 신생의 시간을 만들어 냈다.

떠났다 돌아오면 몸은 예전의 몸이 아니다. 몸이란 참으로 놀라워 때로 한 마을을 한 도시를 한 나라를 고스란히 품는다. 굽이굽이 육자배기 남도길이 등허리를 따라 흐르고, 킬리만자로 영봉의 만년설이 눈썹 위에 쌓이고, 메콩의 델타가 아랫배에 출렁일 때 몸, 확장된다. 그 깊이와 넓이를 알 수 없을 만큼. 고비산맥을 넘어가던 구름, 태평양을 건너던 새떼, 티베트 고갯마루의 타르초를 뒤흔들던 바람, 눈물, 분노, 온기……. 몸은 새로운 우주가 된다. 빅뱅, 우주는 또 다른 우주를 창조할 것이다.

고글리, 로드스꼴라의 떠별들, 아프리카 여행학교의 청소년 여행자들, 지구별여행자의 궁별들, 주말여행학교의 떠별들과 함께한 여행은 길 위에서 배우고 놀고 연대한 시간이다. 길 위에서 우리는 인간과 코끼리, 나무, 강, 사라져 간 것들, 어쩌면 사라져 갈 것들, 보이지는 않지만 존재하는 것들, 흔들리는 것들의 이야기를 들으려 노력했다. 경계를 넘나들며 만난 이야기를 전하는 사람, 여행자는 그래서 스토리텔러이기도 하다.

여행이 흥미로운 건 같은 풍경을 보지만 각각의 개인에게 다른 기억으로 축적되기 때문일지도 모른다. 각자의 몸속에 쌓인 경험과 여행이 만나 만들어 내는 이야기는 그래서 독창적이고 헤아릴 수 없으며 예측불허다. 오늘 길 떠나는 여행자들의 머리 위에서 반짝이는 북극성이다.

| 에필로그 둘, 혹은 새로운 프롤로그 |

;

로드스꼴라가 당신과 함께하고 싶은 일들

1.

청소년 교육여행의 플랫폼을 만들고자 합니다.

2009년 이래 길 위에서 배우고 놀고 연대했던 이야기들이 로드스꼴라만의 경험과 기억으로 머무르지 않고 공공재로 확장되고 축적되어 교육현장에서 유연하고 쓸모 있게 활용되도록, 다양한 형태의 매뉴얼과 로드맵을 만들어 나가겠습니다. 텍스트와 필드가 만나고 과거와 현재와 미래의 시간이 교차하는 이곳과 저곳을 가로지르며 길 위에서 만들어 낸 관계의 꽃, 사랑의 에너지, 연대의 힘이 공동체의 발전과 공동체 구성원 사이의 통합과 연대에 기여할 수 있도록 온오프라인을 넘나드는 플랫폼을 만들어, 국내외의 교실과 현장이 만나고 논의하고 꿈꾸는 네트워크를 형성하겠습니다.

2.

청소년 교육여행 전문가를 양성하는 장이 되고자 합니다.

공교육과 대안교육의 장에서 여행은 주요한 교육과정으로 자리매김하고 있지만 '여행'과 '교육'과 '청소년'이라는 세 가지 키워드에 대한 이해와 경험을 바탕으로 현장에서 실무를 담당하는 사람은 현저히 부족한 것이 현실입니다. 청소년과 함께하는 교육여행은 무엇보다 '안전'과 '네트워크'가 중요한데 이는 다년간의 경험을 통해서만 쌓이는 소중한 인적 자산입니다. 로드스꼴라는 책임과 소양과 전문성을 가진 청소년 교육여행 길라잡이, 청소년들과 함께 드넓은 세상을 주유하며 호연지기를 길러줄 여행전문교사를 길러 내는 장이 되고자 합니다.

3.

서울역이 국제선 기차표를 살 수 있는 국제역, 인터내셔널 스테이션이었다는 것을 아시는지요. 나혜석이 부산에서 출발해 서울 지나 중국에서 유럽으로 이동하며 세계일주를 한 이야기나 베를린올림픽에서 금메달을 딴 손기정이 서울역에서 기차를 타고 베를린으로 갔다는 일화는 익히 들어 아실 겁니다. 서울역에서 블라디보스토크행 기차표를 사서 시베리아 횡단열차로 이어 타고 모스크바 지나 유럽으로 갈 수 있다는 생각은, 한반도가 고립된 섬이 아니라 대륙과 해양을 잇는 허브가 될 수 있다는 상상과 연결됩니다. 주 3회 서울-만주 기차가 운행되고 영국까지 가는 기차표를 서울역에서 살 수 있는 시절이 다시 온다면 얼마나 가슴 뛰는 일일까요, 우리 꿈의 지도는 얼마나 확장될까요. 가슴 설레는 대륙 횡단의 여정을 함께 만들어 갈 당신을 기다립니다.